本书是四川省社科规划重大课题"四川白酒产业供给侧结构性改革新路径研究"的最终成果。

同时，本书受如下两个课题资助：（1）川酒发展研究中心重点项目（CJZ24-01）；（2）长江上游地区白酒数智化管理与生态决策优化重点实验室项目（zdsys-09）。

中国社科
产业供给侧结构性改革新路径研究
以四川白酒产业为例

曾祥凤◎著

光明日报出版社

图书在版编目（CIP）数据

产业供给侧结构性改革新路径研究：以四川白酒产业为例 / 曾祥凤著．－－北京：光明日报出版社，2025.5．－－ISBN 978－7－5194－8769－0

Ⅰ．F426.82

中国国家版本馆 CIP 数据核字第 2025BV6542 号

产业供给侧结构性改革新路径研究：以四川白酒产业为例
CHANYE GONGJICE JIEGOUXING GAIGE XIN LUJING YANJIU: YI SICHUAN BAIJIU CHANYE WEILI

著　　者：曾祥凤	
责任编辑：杨　茹	责任校对：杨　娜　李佳莹
封面设计：中联华文	责任印制：曹　净

出版发行：光明日报出版社

地　　址：北京市西城区永安路 106 号，100050

电　　话：010-63169890（咨询），010-63131930（邮购）

传　　真：010-63131930

网　　址：http://book.gmw.cn

E － mail：gmrbcbs@ gmw.cn

法律顾问：北京市兰台律师事务所龚柳方律师

印　　刷：三河市华东印刷有限公司

装　　订：三河市华东印刷有限公司

本书如有破损、缺页、装订错误，请与本社联系调换，电话：010-63131930

开　　本：170mm×240mm	
字　　数：217 千字	印　张：17.5
版　　次：2025 年 5 月第 1 版	印　次：2025 年 5 月第 1 次印刷
书　　号：ISBN 978－7－5194－8769－0	
定　　价：95.00 元	

版权所有　　翻印必究

序

推进供给侧结构性改革，是适应和引领经济发展新常态的重大理论创新。党的十八大前后，我国经济社会发展长期积累的深层次矛盾和问题日渐凸显，这些问题的主要矛盾是结构性的，矛盾的主要方面在供给侧。这就要求我们把改善供给结构作为主攻方向，破除无效供给，创造适应新需求的有效供给，从而提升整个供给体系质量，实现由低水平供需平衡向高水平供需平衡跃升。

供给侧结构性矛盾主要集中于产业层面。白酒产业是我国特色传统产业，是实现经济高质量发展的重要依托，但在我国社会发展进入新时代、经济发展进入新阶段、驱动力量面临新旧动能转换之际，我国白酒产业发展中的不平衡不充分问题仍然比较突出，产业供给质量总体上还不太高，供给结构还不太合理。基于四川白酒产业的产量和收入占全国白酒产业半壁江山，以及区域内白酒产业运行和发展具有典型代表性，本书以四川白酒产业为例探讨产业供给侧结构性改革的新路径。

概括而言，本书主要内容包括理论框架、实证分析、政策建议三大部分，共十四章。

第一部分：理论框架，由绪论、文献综述与理论基础、产业供给侧的四维度结构共三章构成。此部分立足我国社会主义新时代的宏伟背景和白酒产业政策调整的产业环境，通过对相关文献的梳理，创新性地提出四川白酒产业供给侧的四维度结构理论，据此建立研究框架，为后文分析提供理论依据。

第二部分：实证分析，由第四章至第九章共六章构成。其中，第四章和第五章分别为四川白酒产业发展环境分析和四川白酒产业基本面分析，旨在使人们认清四川白酒产业供给侧结构性改革面临的严峻挑战与重要机遇，并准确把握四川白酒产业供给侧结构性改革的历史方位，促使行业和企业、政府部门认识到供给侧结构性改革的必要性和紧迫性。第六章至第九章分析了四川白酒产业供给侧的四维度结构，即四川白酒产业的制度结构、动能结构、产业组织结构、产品结构。这几章通过对四维度结构各方面的分析，使人们了解其发展现状，找准存在的问题，以便对症下药、有的放矢。

第三部分：政策建议，内容包括第十章至第十四章共五章。其中，第十章从五个方面提炼阐述四川白酒产业供给侧结构性改革的基本思路。第十一章至第十四章基于前文的理论框架和实证分析，分别从制度结构优化、动能结构转换、产业组织结构优化、产品结构优化四个维度，提出新时代四川白酒产业供给侧结构性改革的主要政策措施。

本书的主要特色有以下几方面。（1）采用新的视角和依据来剖析四川白酒产业的主要矛盾。本书立足新时代我国经济领域主要矛盾转化和经济发展格局的重大战略变化、国家层面白酒产业政策重大调整等背景所引起的市场变化和产业自身变化角度，考察四川白酒产业发展中存在的主要矛盾及矛盾的主要方面，从实践上全面把握四川白酒产业供给侧存在的机遇和挑战，从而准确定位四川白酒产业发展的目标和方向。（2）首次提出产业供给侧改革的四维度结构分析框架。本书从制度结构、发展动能结构、产业组织结构、产品结构四个维度构建四川白酒行业供给侧结构性改革的研究框架，并认为这四个维度是具有内在联系的统一体。(3) 突出研究的系统性，以建立四川白酒产业发展的长效机制为目标，突出长期政策组合，同时关注短期政策工具。制度结构、动能结构、产业组织机构优化总体上属于长期政策组合，而适应需求变化的产品结构优化偏向中短期措施。

本书在整体框架方面属于中观层面的产业发展研究，但产业层面的研究也需要微观层面的企业研究作为支撑。因此，本书的研究不仅对推动白酒产业供给侧结构性改革领域的学术研究具有重要的理论参考价值，而且对引导白酒企业转型升级、促进四川白酒产业深度转型、推动四川白酒产业高质量发展具有重要的现实意义。从读者对象看，本书不仅为行业研究人员提供了理论依据，还为行业从业人员和政策部门提供了重要参考。

最后，希望关注和关心四川白酒产业发展的人士能够从这本书中获得启迪，同时也欢迎各位有识之士提出宝贵建议。

目 录
CONTENTS

第一章 绪 论 ·· 1
 第一节 研究背景与研究意义 ·· 1
 第二节 研究方法和基本思路 ·· 5
 第三节 主要内容和基本框架 ·· 7
 第四节 主要的创新点与贡献 ·· 12

第二章 文献综述与理论基础 ·· 15
 第一节 相关文献综述 ··· 15
 第二节 理论基础 ·· 26

第三章 四川白酒产业供给侧的四维度结构 ······················· 42
 第一节 制度结构 ·· 42
 第二节 动能结构 ·· 46
 第三节 产业组织结构 ··· 50
 第四节 产品结构 ·· 60
 第五节 四维度结构间的关系 ·· 65

第四章　四川白酒产业发展环境分析 …… 69
第一节　宏观经济环境 …… 69
第二节　市场需求状况 …… 72
第三节　科技创新现状 …… 84
第四节　行业竞争格局 …… 89
第五节　产业政策环境 …… 97
第六节　社会文化环境 …… 100

第五章　四川白酒产业基本面分析 …… 102
第一节　产业发展基础 …… 102
第二节　产业规模状况 …… 106
第三节　产业内部结构 …… 111
第四节　产业运行绩效 …… 116

第六章　四川白酒产业的制度结构分析 …… 119
第一节　制度供给的现状 …… 119
第二节　制度供给存在的问题 …… 128

第七章　四川白酒产业动能结构分析 …… 135
第一节　发展模式向集约型转变 …… 136
第二节　资源配置效率不高 …… 137
第三节　技术装备水平总体落后 …… 142
第四节　产业创新能力不足 …… 144

第八章　四川白酒产业组织结构分析 148
第一节　四川白酒产业组织结构概况 148
第二节　四川白酒产业组织结构存在的问题 161

第九章　四川白酒产业产品结构分析 167
第一节　四川白酒品种结构 168
第二节　四川白酒品质结构 175
第三节　四川白酒品牌结构 181

第十章　四川白酒产业供给侧结构性改革的思路 187
第一节　紧抓产业政策调整契机，优化地方政策 187
第二节　围绕"5+1"产业完善产业培育方案 189
第三节　深入实施创新驱动战略 193
第四节　大力推动质量变革，满足美好生活需要 195
第五节　更好利用两个市场、两种资源 196

第十一章　优化四川白酒产业制度结构 199
第一节　深入推进改革开放，优化营商环境 200
第二节　推动产业政策向竞争政策转型 202
第三节　优化产业管理模式 203
第四节　加快完善现代企业制度 204
第五节　加强非正式制度供给 206

第十二章　推动四川白酒产业新旧动能转换 207
第一节　供给侧结构性改革要求新旧动能转换 207

第二节　四川白酒产业新旧动能转换的内容…………………211
　　第三节　优化四川白酒产业的动能转换机制…………………219

第十三章　优化四川白酒产业组织结构……………………………224
　　第一节　优化横向产业组织结构………………………………224
　　第二节　优化纵向产业组织结构………………………………229

第十四章　优化四川白酒产业产品结构……………………………234
　　第一节　优化白酒品种结构……………………………………234
　　第二节　优化白酒品质结构……………………………………237
　　第三节　优化白酒品牌结构……………………………………240

参考文献………………………………………………………………243
后　记…………………………………………………………………264

第一章

绪 论

本章主要介绍本书的研究背景与研究意义、研究方法和基本思路、主要内容和基本框架、主要的创新点与研究贡献,方便读者了解本书的概貌。

第一节 研究背景与研究意义

一、研究背景

党的十九大报告提出:"经过长期努力,中国特色社会主义进入了新时代,这是我国发展新的历史方位。"① 这个新时代是决胜全面建成小康社会,进而全面建成社会主义现代化强国的时代,是全国各族人民不断创造美好生活、逐步实现共同富裕的时代,其划时代特征的基本标志是我国已经处在从富起来迈向强起来的新的历史方位上。正是基于新

---

① 习近平. 决胜全面建成小康社会 夺取新时代中国特色社会主义伟大胜利:在中国共产党第十九次全国代表大会上的报告 [N]. 人民日报,2017-10-28 (5).

时代这一历史方位的判断,党中央进一步指出,我国社会主要矛盾已经转化为人民日益增长的美好生活需要和不平衡不充分的发展之间的矛盾。① 这一重大判断对我们在新时代继续推进社会主义现代化事业,具有统领和指导全局的理论支撑作用。②

新时代社会主要矛盾的内涵清晰地聚焦于发展的"不平衡不充分"这一关键性问题上。因此,我们要想总体上把握现代化战略方针的主题,就必须紧扣供给侧结构性改革这条主线,通过优化制度结构、动力结构、产业结构、区域结构、产品结构等,着力提高供给体系质量和效率,有效地解决"不平衡不充分"的问题。

总之,在新时代,我国经济已由高速增长阶段转向高质量发展阶段,社会主要矛盾发生重大转变,我国必须坚持质量第一、效率优先,以供给侧结构性改革为主线,推动经济发展质量变革、效率变革、动力变革,提高全要素生产率,推进产业基础高级化和产业链现代化,建设现代化经济体系。党的十九大关于我国社会主要矛盾变化的判断为下一步改革和发展指明了方向,明确了新时代、新矛盾、新战略、新思路,这对四川白酒产业供给侧结构性改革起着理论指引作用。

四川白酒闻名中外,世界十大烈酒中四川省独占两个。从国内看,四川白酒产业的规模优势更加突出,其占全国的比重持续稳步上升。2020年,四川白酒行业的产量和主营业务收入占全国白酒行业的比例分别为48.8%和49.6%。在我国社会发展进入新时代、经济发展面临新旧动能转换之际,四川白酒行业同样由高速增长阶段转向中高速增长阶

---

① 习近平. 决胜全面建成小康社会 夺取新时代中国特色社会主义伟大胜利:在中国共产党第十九次全国代表大会上的报告[N]. 人民日报,2017-10-28(5).

② 贾康. 建设新时代的现代化经济体系:从我国社会主要矛盾的转化看以供给侧结构性改革为主线[J]. 人民论坛·学术前沿,2018(5):52-54.

段，发展速度下降导致行业在高速发展过程中掩盖的不平衡不充分问题逐步暴露出来。这些问题突出表现为产业规模优势突出但产业绩效明显落后于行业平均水平（2020年，四川白酒产业的利润只有全国白酒行业的33.4%，大幅度低于收入占比和产量占比），与黔酒等竞争具有较大差距；行业抗风险能力不强，在行业深度调整期严重下滑；产品不能适应国内需求结构的新变化，同时也缺乏国际市场竞争力。究其原因发现，四川白酒产业在转型发展中出现产业新旧动能转换乏力、行业品牌结构不合理、产业组织结构失衡、产业链仍然处于中低端等问题。以上这些问题都属于供给侧结构性问题，因此我们需要从"供给侧"和"结构性"这两个主题来解决问题。

二、研究意义

当前，我国社会发展进入新时代，主要矛盾发生转换，经济发展中存在的问题需要新的解决思路和新的举措。在我国社会发展进入新时代、经济发展进入新阶段、驱动力量面临新旧动能转换之际，四川白酒行业的结构性问题日益暴露出来，这些问题突出表现为产业新旧动能转换乏力、行业品牌结构不合理、产业组织结构失衡、产业链发展水平不高等。这些结构性问题，导致四川省白酒产业绩效明显偏低、抗风险能力不强，不能适应国内需求结构的新变化，同时也缺乏国际市场竞争力。

数据表明，四川白酒产业至今尚未完全走出行业调整期，粗放型发展模式尚未扭转。这说明上述结构性问题难以通过传统的主要依靠投资驱动的需求管理政策解决，因此需要从新的视角来考察上述现象，揭示其原因，要有精准的判断作为决策依据，要用新的战略思路来解决新矛盾、新问题。这个新战略、新思路就是深入推进产业供给侧结构性改革，其内容涵盖制度结构、动能结构、产业组织结构、产品结构四个领域的改革。这四大领域存在内在联系，因而推动四川白酒产业供给侧结构性改革必须从四大结构领域进行系统的设计、规划和实施。

概括而言，本书研究的价值主要体现在以下几个方面。

1. 理论价值

在新的发展阶段，研究和化解经济中的结构性矛盾是经济研究领域的重要任务。本书运用政治经济学、产业经济学、管理学、统计学等学科理论，立足社会主义新时代大背景，提出产业供给侧的四维度结构模型，并在此基础上建立基本分析框架，从制度结构、动能结构、产业组织结构、产品结构等方面对四川白酒行业供给侧结构性改革进行系统研究。这对推动四川省乃至全国白酒产业供给侧领域的学术研究，提升四川轻化工大学白酒领域学术研究水平，提高中国白酒学院的学术声誉，具有重要的理论参考价值。

2. 应用价值

白酒产业是四川的传统特色优势产业，但是其优势目前主要体现为规模优势，还存在诸多供给侧的结构性问题。本书针对四川白酒行业的结构性问题，依据有关新时代社会矛盾转化的论断来考察上述现象，揭示其原因，并认为四川白酒产业处于由数量型增长向质量效率型增长的转变阶段。我国需要从制度结构、动能结构、产业组织结构、产品结构四个领域深入推进白酒产业供给侧结构性改革，使良好的制度结构激发市场活力，良好的产业组织结构促进竞争，高效的动能机制提升生产效率，合理的产品结构满足市场需求。这对促进四川白酒产业深度转型，推动四川白酒产业高质量发展，有效提升四川白酒产业竞争力，进而促进四川"5+1"现代产业体系、建设经济强省、推动治蜀兴川再上新台阶具有重要的现实意义。

第二节 研究方法和基本思路

一、研究方法

本书采用多种方法研究四川白酒产业供给侧结构性改革问题。

（1）运用文献分析法，梳理相关研究观点及其研究方法，重点围绕我国社会主要矛盾转化和新时代重大论断的提出背景与战略意义、供给侧结构性改革的提出背景与重要理论观点等，界定研究主题，增强研究的科学性、价值性、针对性。

（2）采用调研访谈法，选择五粮液、泸州老窖等知名酒企和酒业集中发展区进行实地调查，分析四川白酒产业供给侧改革实施情况、存在的困难及其原因，同时向行业主管部门了解地方白酒产业定位、发展规划和制度供给，以便既能从微观层面剖析白酒产业态势，又能从宏观层面上把握白酒产业发展方向，增强研究的实际应用价值。

（3）采用专家访谈法，在研究初期、中期和后期访谈国内专家，了解他们对新时代白酒产业发展状况、发展思路、发展措施的重要判断和基本观点，把准研究的方向，扩大研究成果的格局。

（4）规范分析和实证分析相结合。坚持服务国家、服务社会、服务行业意识，强化研究的理论基础，以规范分析进行初步研判，同时以白酒产业数据的统计分析为佐证，避免主观判断。

二、研究的基本思路

本书按照提出问题→定义与假设→建立分析框架→进行实证分析→

提出政策建议→专家反馈→完善项目论证的研究程序，综合运用理论分析与实地调查相结合、实证研究与规范分析相统一的方法，以产业经济学、制度经济学、统计学等学科知识为理论支撑，以党的十九大以来关于新时代主要矛盾转化的重大判断和发展战略为依据，以国际经济形势变化为外部参照条件，以四川白酒产业的发展状况、主要矛盾、产业地位为初始条件，以白酒产业高质量发展为根本要求，根据国家和地区的发展战略，紧抓我国白酒产业政策调整的机遇，把准四川白酒产业的主要矛盾，紧紧围绕我国打通内需这一战略基点，畅通白酒产业国内国际双循环。我国深入推进改革开放，优化四川白酒产业发展的政策，推动白酒产业发展动能转换，推进白酒产业基础高级化和产业链现代化，实现四川白酒产业供给质量和供给效率明显提高、产业竞争力显著增强，形成四川白酒产业持续健康稳定发展的良好态势。

概括地说，本书的研究思路主要按照以下路线展开。

（1）通过对相关文献梳理总结，阐述本书的理论基础，并以此建立新时代四川白酒产业供给侧结构性改革的分析框架，首次提出制度结构、动能结构、产业组织结构、产品结构的四个维度结构理论。

（2）依据该分析框架对四川白酒产业的发展环境和基本面进行总体判断，以便准确把握四川白酒产业发展过程中面临的重要机遇和重点挑战。其中，本书重点关注白酒产业政策调整对四川白酒产业带来的积极影响和不利冲击。

（3）从制度结构、动能结构、产业组织结构、产品结构四个维度对四川白酒产业的结构性矛盾进行剖析，具体内容分为四章，采用定性分析和定量分析相结合的方法剖析微观层面的企业内部结构性矛盾、中观层面的行业内部结构性矛盾和深层次的制度结构性矛盾。

（4）在此基础上依据前述理论分析框架对四川白酒产业供给侧结

构性改革的基本思路进行系统设计，将四川产业高质量发展战略和国家产业政策调整后的地方应对等纳入供给侧结构性改革的总体思路中。

（5）针对四川白酒产业供给侧的四大结构性问题提出相应的政策措施，即通过创新制度结构激发市场活力，通过建立高效动能机制提升生产效率，通过优化产业组织结构促进有效竞争，通过优化产品结构满足美好生活需要，实现产业供给质量和供给效率明显提高、产业竞争力显著增强，加快形成四川白酒产业高质量发展态势。

第三节　主要内容和基本框架

本书立足我国社会主义新时代的背景，以党的十九大以来关于新时代主要矛盾转化的重大判断和发展战略为依据，以国际经济形势变化为外部参照条件，综合运用政治经济学、产业经济学、统计学等学科理论，通过对相关文献的梳理建立本书的理论基础，形成四川白酒产业供给侧的四维度结构理论。本书据此建立研究框架，并通过实证分析总结四川白酒产业的发展环境和发展状况，剖析四大结构性矛盾。在此基础上，科学设计四川白酒产业供给侧结构性改革的思路，推动形成政府引导、市场主导、企业运作、社会各种资源要素参与的白酒产业发展机制，加快形成四川白酒产业的新技术、新产品、新模式、新业态，推进四川白酒产业基础高级化和产业链现代化，实现四川白酒产业高质量发展。

本书的主要内容包括以下几方面。

第一章：绪论。本章依据我国社会主要矛盾转化的重大论断，从四川白酒产业高质量发展要求出发，结合我国经济新常态下经济转型和供给侧结构性改革这条主线，总结新时代四川白酒产业供给侧结构性改革的背景，通过文献分析法确定本书的研究主题，明确研究的理论方法、技术路线和主要内容。

第二章：文献综述与理论基础。本章首先对相关文献进行综述，以便准确把握本书的相关学术观点及其理论进展，进一步明确本书的研究主题，并为本书的研究提供理论借鉴和创新方向。在此基础上，概述本书的理论基础，主要内容包括新时代主要矛盾转化理论、供给侧结构性改革理论、均衡发展理论、产业转型升级理论。最后，本书根据文献综述与理论基础，重点对四川白酒产业供给侧的四维度结构（制度结构、动能结构、产业组织结构、产品结构）进行阐述。总而言之，本章的内容旨在为本书研究新时代四川白酒产业供给侧结构性改革的新路径提供理论支撑。

第三章：四川白酒产业供给侧的四维度结构。本章分析四川白酒产业供给侧的四维度结构。鉴于本书研究主题是四川白酒产业供给侧结构性改革，因此，我们首先需要明确四川白酒产业供给侧的结构包含哪些维度和要素，这是建立四川白酒产业供给侧结构性改革的理论框架的前提。为此，本书从产业发展机制角度，将四川白酒产业供给侧的结构划分为四个维度，分别是制度结构、动能结构、产业组织结构、产品结构，并且建立了四个维度结构之间的逻辑关系。

第四章：四川白酒产业发展环境分析。本章分析新时代四川白酒产业供给侧结构性改革的外部环境，主要研究在我国社会发展阶段转变、国家发展战略调整以及世界新科技革命与产业革命深化的背景下，四川白酒产业供给侧改革面临的重大挑战与机遇，这是四川白酒产业供给侧改革的外部条件。其主要内容包括国际国内形势变化下的市场需求状况，新技术革命、产业革命和高质量发展阶段的白酒行业技术发展状况，市场进一步开放和产业政策调整下白酒行业竞争格局的变化，国家层面产业政策调整及其政策影响分析等。

第五章：四川白酒产业基本面分析。本章主要总结新时代四川白酒产业的总体运行状况，分析产业运行的主要特征和存在的主要问题。主要内容包括四川白酒产业的基础条件、产业规模状况、产业内部结构、产业绩效。为了深刻揭示四川白酒产业的运行状况，本书收集了大量的统计数据，通过定量分析剖析四川白酒产业的规模特征、产业结构性矛盾和产业绩效不优的严峻情况，促使行业和企业、政府部门认识到供给侧结构性改革的必要性和紧迫性。

第六章至第九章：四川白酒产业供给侧结构分析。四川白酒产业供给侧结构包括四个维度结构，因此第六章至第九章分别分析四川白酒产业的制度结构、动能结构、产业组织结构、产品结构。其中，对制度结构主要运用制度经济学的理论，采用定性方法分析四川白酒产业制度结构的现状及其存在的结构性矛盾；对动能结构主要依据狭义的产业增长动能的定义，采用定性和定量相结合的方法，从其产业增长模式、要素投入方式、技术装备水平、产业创新机制与创新效果等方面进行分析；对产业组织结构主要运用产业组织理论，围绕横向产业组织结构中的行业集中与市场绩效、纵向产业组织结构中的产业集群规模化与专业化发展之间的结构性矛盾进行分析；对产品结构从白酒行业生产与经营的技术特征出发，主要从品种结构、品质结构、品牌结构三方面分析其发展现状与存在的主要问题。

第十章：四川白酒产业供给侧结构性改革的思路。本部分立足新时代背景，结合国家战略目标和地方具体实践，紧跟行业政策变化，依据四川白酒产业发展状况及其主要矛盾，设计四川白酒产业供给侧结构性改革的思路。主要内容包括五个部分：一是紧抓产业政策调整契机，获得地方政策的支持；二是围绕"5+1"现代产业体系，完善白酒产业培育方案；三是深入实施创新驱动战略，增强发展动能；四是大力推动质量变革，满足人民美好生活需要；五是更好利用国际国内两个市场、两种资源。

第十一章至第十四章：新时代白酒产业供给侧结构性改革的主要措施。本部分以四川白酒产业供给侧四维度结构领域的发展现状及其存在的主要矛盾为基础和出发点，通过相关研究提出具有针对性的政策建议。其内容包括四章，即分别从制度结构优化、新旧动能结构转换、产业组织结构优化、产品结构优化四大领域推动四川白酒产业供给侧结构性改革，促进产业供给质量和供给效率提高，促进产业竞争优势提升，大力推动川酒振兴发展。

本书的研究框架如图1-1。

<<< 第一章 绪 论

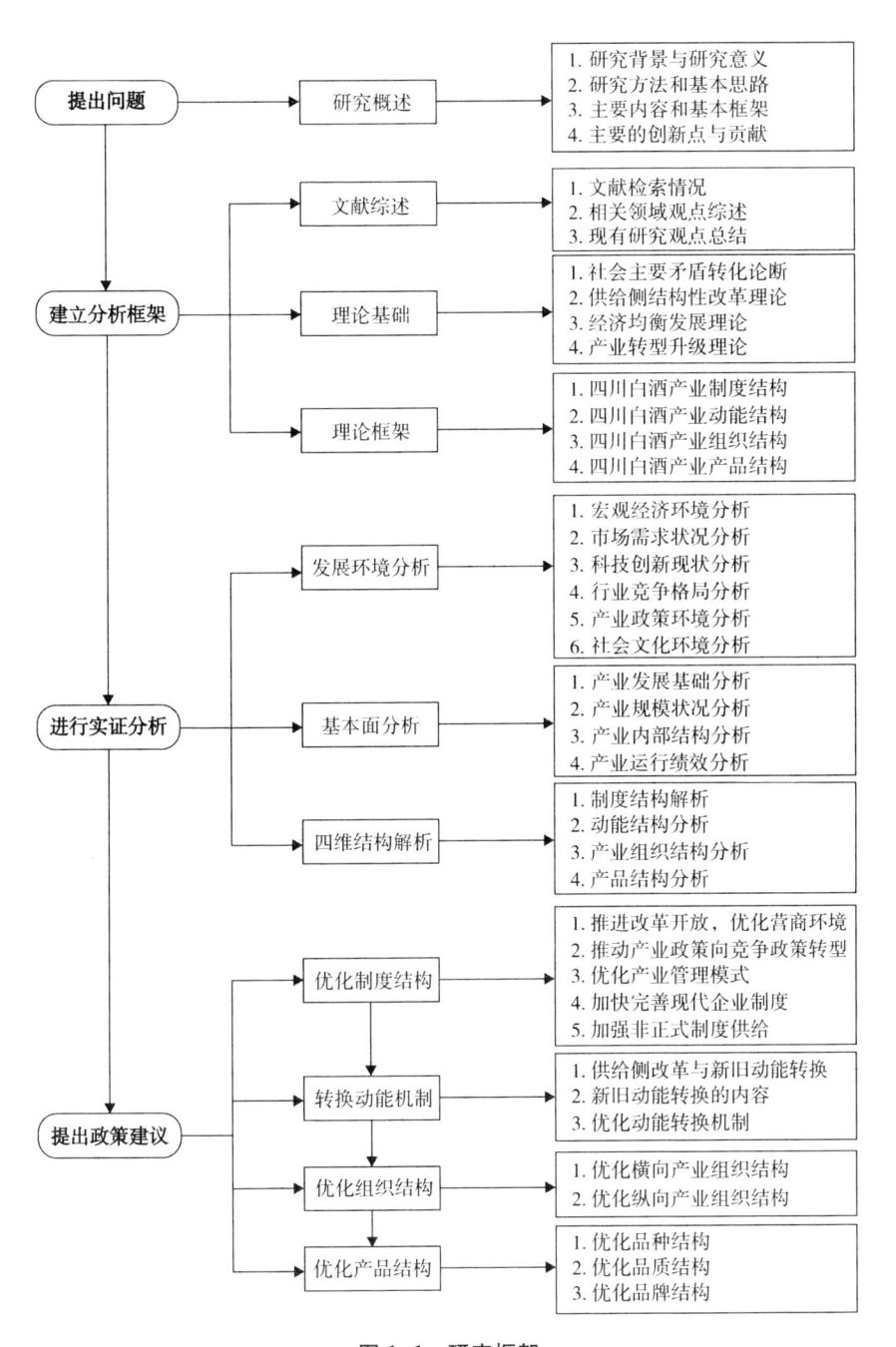

```
提出问题 → 研究概述 → 1. 研究背景与研究意义
                      2. 研究方法和基本思路
                      3. 主要内容和基本框架
                      4. 主要的创新点与贡献

建立分析框架 → 文献综述 → 1. 文献检索情况
                        2. 相关领域观点综述
                        3. 现有研究观点总结

            → 理论基础 → 1. 社会主要矛盾转化论断
                        2. 供给侧结构性改革理论
                        3. 经济均衡发展理论
                        4. 产业转型升级理论

            → 理论框架 → 1. 四川白酒产业制度结构
                        2. 四川白酒产业动能结构
                        3. 四川白酒产业组织结构
                        4. 四川白酒产业产品结构

进行实证分析 → 发展环境分析 → 1. 宏观经济环境分析
                            2. 市场需求状况分析
                            3. 科技创新现状分析
                            4. 行业竞争格局分析
                            5. 产业政策环境分析
                            6. 社会文化环境分析

            → 基本面分析 → 1. 产业发展基础分析
                          2. 产业规模状况分析
                          3. 产业内部结构分析
                          4. 产业运行绩效分析

            → 四维结构解析 → 1. 制度结构解析
                            2. 动能结构分析
                            3. 产业组织结构分析
                            4. 产品结构分析

提出政策建议 → 优化制度结构 → 1. 推进改革开放，优化营商环境
                            2. 推动产业政策向竞争政策转型
                            3. 优化产业管理模式
                            4. 加快完善现代企业制度
                            5. 加强非正式制度供给

            → 转换动能机制 → 1. 供给侧改革与新旧动能转换
                            2. 新旧动能转换的内容
                            3. 优化动能转换机制

            → 优化组织结构 → 1. 优化横向产业组织结构
                            2. 优化纵向产业组织结构

            → 优化产品结构 → 1. 优化品种结构
                            2. 优化品质结构
                            3. 优化品牌结构
```

图 1-1 研究框架

第四节　主要的创新点与贡献

一、研究视角创新

本书的理论创新之一在于采用新的视角和依据来剖析四川白酒产业的主要矛盾。具体而言，本书立足新时代我国经济领域主要矛盾转化的大背景，从四川白酒产业市场变化和自身变化等角度考察白酒产业发展中存在的主要矛盾及矛盾的主要方面。从国际环境看，当今世界正经历百年未有之大变局，新一轮科技革命和产业变革蓬勃兴起，同时单边主义和保护主义有加剧趋势，新冠疫情对全球经济活动造成巨大冲击，导致全球产业链、供应链面临着一定程度的撕裂或脱钩的风险，世界经济不稳定性、不平衡性在加剧。国际形势变化要求我们调整发展战略，加快形成以国内大循环为主体、国内国际双循环相互促进的新发展格局。① 从国内形势看，我国已经从高速增长阶段转向高质量发展阶段，主要任务是牢牢把握扩大内需这个战略基点，以供给侧结构性改革为主线，推动经济发展质量变革、效率变革、动力变革，提高经济供给体系质量，促使供给结构符合人民日益增长的美好生活需要。从白酒产业看，2020年1月1日起，白酒产业限制性政策解除。这一方面有助于产业资源向优势产区和名优白酒企业倾斜，提高行业集中度；另一方面可能改变现有的以产区资源优势为核心的竞争模式，形成产业发展的新格局。四川作为全国第一产酒大省将迎来重大的产业发展形势变革。我们

---

① 刘鹤. 加快构建以国内大循环为主体、国内国际双循环相互促进的新发展格局[N]. 人民日报，2020-11-25（6）.

认识世界经济的重大挑战、中国经济的重大变化、白酒产业政策的重大调整有助于我们从实践上全面把握四川白酒产业供给侧存在的机遇和挑战，从而准确把握四川白酒产业的发展定位。

二、理论创新

本书最重要的理论创新是从制度结构、发展动能结构、产业组织结构、产品结构四个维度构建四川白酒行业供给侧结构性改革的研究框架，我们认为这四个维度是具有内在联系的统一体。现有理论要么研究供给侧结构的某一个具体维度，要么将所有结构维度全部纳入分析框架中，但没有理清这些结构维度之间的作用关系。本书的四维度结构理论则抓住供给侧结构的四个关键维度，在四维度结构的作用关系上，通过体制机制创新构建高效率的制度结构，推进供给侧结构性改革。这对四川白酒行业的管理模式、竞争方式、白酒企业的管理模式和经营机制将产生直接的影响。动能结构变革需要良好的制度环境，是实现产业质量变革、效率变革的手段。其内在作用机理在于，良好的制度环境能够对企业等经济主体产生有效激励，促进企业提高质量、优化生产管理组织方式，从而在合理的企业规模下有效率地生产。产业组织结构优化既是动能变革的结果，也是提高市场运行效率、实现产品结构优化的重要因素。合理的产业组织结构表明企业规模是有效率的，即不但能够降低企业的平均成本，而且能够促进竞争，提高市场运行效率。因此，深刻认识四个维度结构之间的作用关系有助于从理论上整体把握、在实践中系统推进四川白酒产业供给侧结构性改革。

三、实践价值

本书研究成果具有鲜明的政策含义：推动四川白酒产业供给侧结构

性改革需要从制度结构、动能结构、产业组织结构、产品结构四个维度进行系统的规划和实施。四川白酒产业供给侧改革涉及生产、流通、分配、消费四大环节，对应着企业、市场、消费者、政府四大主体。如何充分发挥四大主体的作用，促进四大环节有序健康运行，我们需要通过制度结构设计激发市场活力，通过产业组织结构优化促进竞争，构建高效的动能转换机制提升生产效率，提供合理的产品结构满足市场需求，从而形成四川白酒产业供给质量和供给效率明显提高、产业竞争力显著增强的高质量发展态势。

第二章

文献综述与理论基础

本章首先对相关文献按照不同研究主题进行综述，以便读者准确把握本书涉及的相关理论和学术观点，进一步明确本书的研究主题，相关文献为本书的研究提供理论借鉴和创新方向。在此基础上，本章提出本书的理论基础，主要内容包括新时代主要矛盾转化理论、供给侧结构性改革理论、均衡发展理论、产业转型升级理论。这四个方面的理论为研究四川白酒产业供给侧结构性改革的新路径提供了理论依据。

第一节 相关文献综述

一、文献检索情况

截止到 2020 年 10 月 30 日，经中国知网数据库期刊文献检索，以"供给侧"为主题的文献共有 34589 篇，其中涉及产业研究的文献有 5398 篇，与白酒产业供给侧相关的文献只有 17 篇。

各年度的文献分布见表 2-1。

表 2-1 中国知网"供给侧"主题类期刊文献时序分布　　单位：篇

检索词	2020年	2019年	2018年	2017年	2016年	2015年	2014年	文献量
供给侧	2177	5204	6081	11555	9359	192	21	34589
产业+供给侧	417	858	1035	1641	1410	35	2	5398
白酒+供给侧	0	2	2	8	5			17

从"供给侧"主题类期刊文献时序分布看，研究文献开始时间在 2013 年，在中共中央做出我国经济运行的主要矛盾是供给侧结构性矛盾的正确判断后，相关研究文献数量呈现跳跃式增长，2017 年文献数量达到高峰，2018 年后逐步下降。从研究内容看，2013 年的 9 篇文献有 4 篇运用供给管理理论进行分析，是学界较早从国内经济增长速度放缓和产能过剩角度进行的理论研究。此后三年，研究文献呈现指数式增长。

另外，现有文献中"产业"领域的文献占比只有 15.60%，并且白酒产业供给侧领域的文献为 17 篇，占比只有 0.31%，远低于白酒产业在经济总量中的比例（0.55%）。[①] 可见，有关白酒产业供给侧改革的研究太少了。

二、相关领域观点综述

（一）供给侧改革的背景

供给侧改革的背景主要源自国内和国际经济环境变化。国内方面，2016 年，我国经济总量（GDP）达 744127 亿元，占世界经济总量的

---

① 白酒产业供给侧领域的文献比例 = 17/5398 = 0.31%，2020 年白酒产业在经济总量中的比例（白酒产业主营业务收入占全国工业行业主营业务收入比重）= 5836.39 亿元/106.14 万亿元 = 0.55%。

14.84%，并且人均 GDP 超过 8100 美元，预示我国经济发展进入新阶段。2019 年，在全球经济减速的情况下，我国 GDP 达到 99 万亿元，人均 GDP 突破了 1 万美元，经济实力进一步提升。另外，我国已是一个经济大国，但还不是经济强国，经济发展质量不高，并且存在突出的结构性问题。这些结构性问题有要素资源约束趋紧导致生产成本提高、中低端产品供给过剩但高端供给不足、传统产能过剩但新兴业态发展不足、经济总量大但国际竞争力不强。总体看，我国仍处于"三期叠加"的新常态阶段，社会主要矛盾已经转化为人民日益增长的美好生活需要和不平衡不充分的发展之间的矛盾。① 国际方面，世界经济仍处于国际金融危机后的深度调整期，欧美发达经济体深层次矛盾难以化解，逆全球化和贸易保护主义的上升短期内难以扭转，全球经济将在艰难中前行，这对中国外贸增长形成新的巨大压力。为此，各国都在加快调整发展模式，各主要经济体均对新能源、新材料、智能制造以及互联网进行应用，加快抢占经济制高点和全球话语权，大力发展具有比较优势的产业。2019 年年末，暴发的新冠疫情不仅造成了全球性公共卫生危机，而且对全球产业链和供应链造成巨大冲击。美国采取的量化宽松货币政策加剧了全球债务风险、资产泡沫风险，加剧了世界经济的运行不稳定、不确定性风险。美国等发达国家在应对新冠疫情中的不合作态度激化了国际社会的矛盾，全球多边治理机制进一步削弱，这对旨在应对世界经济衰退的全球宏观经济政策的实施带来巨大的阻碍。

因此，社会经济发展中存在的问题需要立足国内，深化体制机制改革，充分利用国际国内两个市场、两种资源，畅通国际国内经济双循

---

① 习近平．决胜全面建成小康社会 夺取新时代中国特色社会主义伟大胜利：在中国共产党第十九次全国代表大会上的报告［N］．人民日报，2017 - 10 - 28（5）．

环，加大结构调整力度，实现从经济大国到经济强国的转变。

（二）供给侧改革的理论依据

从根源上来看，凯恩斯的需求管理政策无法解决结构性扭曲的问题。[1] 我国经济在表面上呈现的需求不足和产能过剩，实质上是供给侧结构性问题在需求侧的虚假表现。我们如果在原有的思路上继续采用需求管理势必会南辕北辙，[2] 因此需要从供给侧寻求解决经济结构性问题的思路，通过供给侧结构性改革矫正供给响应机制。[3] 在中国经济面临新常态的矛盾和挑战的背景下，推进供给侧结构性改革有助于优化供给结构，提升供给质量，促进经济增长方式转向，增强增长动力，实现经济稳定增长。[4] 因此，供给侧结构性改革就是通过加快转变经济发展方式、调整经济结构，培育并形成新的增长动力，实现更高水平的可持续发展。这一改革将优化我国以产业结构为主的供给结构，提高供给质量和水平，来满足人民的需要。[5] 有学者将其表述为"供给侧+结构性+改革"。[6] 我国供给侧结构性改革目的是以需求为导向增加有效供给，

---

[1] ANTONIO S, STEVEN A S, CARLO C, et al. Fiscal Policy for the Crisis [J]. IMF Staff Position Notes, 2009, 2008（1）：1.

[2] 徐康宁. 供给侧改革的若干理论问题与政策选择 [J]. 现代经济探讨，2016（4）：5-9.

[3] 刘尚希，苏京春. 供给侧结构性改革、新动能与供求新平衡 [J]. 中共中央党校学报，2018，22（2）：110-118.

[4] 贾康，苏京春. 论供给侧改革 [J]. 管理世界，2016（3）：1-24；刘海凌，何眉. 从我国经济发展"新常态"看供给侧改革 [J]. 财会研究，2016（1）：65-69；胡鞍钢，周绍杰，任皓. 供给侧结构性改革：适应和引领中国经济新常态 [J]. 清华大学学报（哲学社会科学版），2016，31（2）：17-22.

[5] 逄锦聚. 经济发展新常态中的主要矛盾和供给侧结构性改革 [J]. 政治经济学评论，2016，7（2）：49-59.

[6] 黄群慧. 论中国工业的供给侧结构性改革 [J]. 中国工业经济，2016（9）：5-23；王昌林，付敏宗，郭丽岩，等. 供给侧结构性改革的基本理论：内涵和逻辑体系 [J]. 宏观经济管理，2017（9）：14-18.

路径是以市场为导向增强资源配置的活力,动力是以改革为引擎增加有效制度供给,最终提升经济增长的质量和效益,实现供求结构高效对接、生产力解放发展、经济中高速发展、产业迈向中高端。① 我国经济学家的主流观点认为,我国供给侧改革是在中国特色的历史背景下进行的,其理论依据不同于20世纪70年代至80年代流行于欧美的供给学派观点及其政策主张。② 一些经济学家坚持以马克思主义政治经济学的基本原理为指导,③ 大多数观点倾向借鉴供给学派的一些观点,构建中国特色的社会主义供给理论。④ 近年来的实践表明,中国供给侧结构性改革的背景、依据和目标与供给学派有实质性差别,改革举措具有许多中国特色和创新,大大超越了供给学派和里根经济学。⑤

(三) 供给侧改革的思路和措施

供给侧改革的关键是激发企业的活力和动力,让企业成为独立经营的产业主体,并使其不断成长。⑥ 供给侧改革的主攻方向是提升供给体

---

① 马晓河. 推进供给结构性改革若干问题思考 [J]. 中国特色社会主义研究, 2018 (1): 5-13.
② 贾康, 苏京春. 论供给侧改革 [J]. 管理世界, 2016 (3): 1-24; 林毅夫. 供给侧改革的短期冲击与问题研究 [J]. 河南社会科学, 2016, 24 (1): 1-4; 《推进供给侧结构性改革的基本理论与政策框架》课题组. 推进供给侧结构性改革的基本理论与政策框架 [J]. 宏观经济研究, 2017 (3): 3-15.
③ 逄锦聚. 经济发展新常态中的主要矛盾和供给侧结构性改革 [J]. 政治经济学评论, 2016, 7 (2): 49-59.
④ 林毅夫. 供给侧改革的短期冲击与问题研究 [J]. 河南社会科学, 2016, 24 (1): 1-4; 贾康, 苏京春. 论供给侧改革 [J]. 管理世界, 2016 (3): 1-24; 方福前. 寻找供给侧结构性改革的理论源头 [J]. 中国社会科学, 2017 (7): 49-69.
⑤ 方福前. 供给侧结构性改革、供给学派和里根经济学 [J]. 中国人民大学学报, 2020, 34 (3): 72-81.
⑥ 厉以宁. 持续推进供给侧结构性改革 [J]. 中国流通经济, 2017, 31 (1): 3-8.

系质量和效率，根本途径是深化改革，推进体制机制建设，① 在发挥市场作为促进经济结构调整的主要力量的同时，发挥政府的引领作用、规划作用和调节作用。② 为了避免供给侧结构性改革陷入政策失效，我们必须改变政策变迁中的路径，推进国家经济治理政策转型。③ 因此，供给侧结构性改革的路径选择需要有识辨、有创新，④ 要把制度变革摆在全要素生产的关键位置上，聚焦科技、制度两大方面构成的"全要素生产率"，⑤ 将全要素生产率的提升和制度供给的优化结合起来，⑥ 通过物质要素的供给和制度安排的供给形成的合力，构建与需求侧"原动力"相对应的供给侧结构性动力机制。⑦ 除了制度供给优化和技术供给创新外，产品的有效优质供给也是供给侧结构性改革需要解决的问题。⑧ 总体而言，供给侧结构性改革的主要措施可以概括为以下几方面：一要正确处理政府与市场、供给和需求、短期和长期、减法和加法"四大"关系；二要提高要素质量和配置效率；三要提升企业发展水平和素质；四要以促进产业转型升级为中心任务推进供给侧结构性改革；

---

① 王昌林，付保宗，郭丽岩，等．供给侧结构性改革的基本理论：内涵和逻辑体系［J］．宏观经济管理，2017（9）：14-18．
② 厉以宁．持续推进供给侧结构性改革［J］．中国流通经济，2017，31（1）：3-8．
③ 黄新华，马万里．从需求侧管理到供给侧结构性改革：政策变迁中的路径依赖［J］．北京行政学院学报，2019（5）：53-58．
④ 李智，原锦凤．基于中国经济现实的供给侧改革方略［J］．价格理论与实践，2015（12）：12-17．
⑤ 贾康．供给侧改革及相关基本学理的认识框架［J］．经济与管理研究，2018，39（1）：13-22．
⑥ 邓磊，杜爽．我国供给侧结构性改革：新动力与新挑战［J］．价格理论与实践，2015（12）：18-20．
⑦ 贾康，苏京春．论供给侧改革［J］．管理世界，2016（3）：1-24．
⑧《推进供给侧结构性改革的基本理论与政策框架》课题组．推进供给侧结构性改革的基本理论与政策框架［J］．宏观经济研究，2017（3）：3-15．

五要以创新为驱动力。因此，供给侧结构性改革是一种以供给侧为主要方向和工作中心的综合性政策创新。

（四）工业领域供给侧改革

工业领域是供给侧结构性改革的主战场。目前，我国工业经济发展进入新阶段，工业经济的复杂性充分显现，其中存在的突出矛盾是结构性问题，包括产业结构、企业结构、产品结构、技术结构等方面的问题。[1] 产品质量低下和产业效率低下，[2] 是以"产能过剩"和"供给缺口"并存为主要特征的结构性问题，[3] 需要通过经济体制改革，经济结构优化、总供给能力、总供给质量提高，以及总供给在规模和结构上与总需求相适应、相匹配来解决。[4]

因此，进入新阶段的工业经济亟须进行供给侧结构性改革，[5] 针对供给结构不适应需求结构变化的结构性矛盾进行结构调整和体制机制改革，[6] 通过要素端和生产端的改革，[7] 改善营商环境，提高创新能力，

---

[1] 张富禄. 推进工业领域供给侧结构性改革的基本策略 [J]. 中州学刊, 2016 (5): 32-37.

[2] 符亚男, 徐广林, 林贡钦. 论新常态下中国供给侧结构性动力机制的优化 [J]. 新金融, 2016 (6): 50-54.

[3] 孙早, 许薛璐. 产业创新与消费升级: 基于供给侧结构性改革视角的经验研究 [J]. 中国工业经济, 2018 (7): 98-116.

[4] 方福前. 寻找供给侧结构性改革的理论源头 [J]. 中国社会科学, 2017 (7): 49-69.

[5] 张富禄. 推进工业领域供给侧结构性改革的基本策略 [J]. 中州学刊, 2016 (5): 32-37.

[6] 黄群慧. 论中国工业的供给侧结构性改革 [J]. 中国工业经济, 2016 (9): 5-23.

[7] 纪念改革开放40周年系列选题研究中心. 重点领域改革节点研判: 供给侧与需求侧 [J]. 改革, 2016 (1): 35-51; 冯俏彬, 贾康. 我国供给侧改革的背景、理论模型与实施路径 [J]. 经济学动态, 2017 (7): 35-43.

降低生产成本。① 需要遵循产业结构升级的内在机理,构建有效的促进微观企业转型升级的机制,② 推进企业改革,包括解决地方国有企业过度依赖问题,③ 通过产业政策合理有序地调控企业进入与退出,④ 激发企业的活力和动力,⑤ 借助制度动力、创新动力和结构调整动力为经济发展提供新引擎。⑥ 此外,实现产业政策和竞争政策的协调是推进供给侧结构性改革的重要保障。⑦

(五) 白酒产业领域的供给侧改革

白酒产业作为我国的传统优势产业,与人民生活关系密切。近年来,产业发展的关注度得到提高,国内有关白酒产业转型和发展的研究成果不断增加。这些研究大致可分为四个方面。一是产业转型和供给侧改革的背景,主要是粗放式发展模式造成产能严重过剩、质量问题频发、技术创新不足,其根源在于体制和机制难以适应国内外市场竞争的

---

① 杨东伟. 供给侧改革与中国工业未来发展 [J]. 中国工业评论, 2016 (1): 16-21.
② 徐礼伯,武蓓,张雪平. 产业结构升级的内在机理与遵循之策: 兼论供给侧改革的着力点 [J]. 现代经济探讨, 2016 (9): 21-24.
③ 李艳,杨汝岱. 地方国企依赖、资源配置效率改善与供给侧改革 [J]. 经济研究, 2018, 53 (2): 80-94.
④ 周开国,闫润宇,杨海生. 供给侧结构性改革背景下企业的退出与进入: 政府和市场的作用 [J]. 经济研究, 2018, 53 (11): 81-98.
⑤ 厉以宁. 持续推进供给侧结构性改革 [J]. 中国流通经济, 2017, 31 (1): 3-8.
⑥ 邓磊,杜爽. 我国供给侧结构性改革: 新动力与新挑战 [J]. 价格理论与实践, 2015 (12): 18-20.
⑦ 黄勇. 供给侧结构性改革中的竞争政策 [J]. 价格理论与实践, 2016 (1): 20-22; 金碚. 供给侧政策功能研究: 从产业政策看政府如何有效发挥作用 [J]. 经济管理, 2017, 39 (7): 6-18.

<<< 第二章 文献综述与理论基础

需要。① 二是产业转型和供给侧改革的思路,相关观点认为需要突破产业政策限制,走农业产业化道路;② 需要从政府、产业和企业三个层面转变白酒产业发展方式,③ 从企业层面、产业生态系统层面、政策制度层面实现高质量发展,④ 需要根据产业内外环境变化,适时从战略内容和战略决策程序两个方面推进白酒产业战略转型,⑤ 寻求改革路径上"供给侧"与"需求侧"的统一。⑥ 三是产业转型和供给侧改革的路径与措施,从白酒产业内部来看,需要以创新驱动白酒产业发展,⑦ 重树白酒行业"工匠精神",⑧ 加强品牌战略、产品开发、科学技术等方面的创新能力,⑨ 优化发展白酒产业集群,⑩ 以及发展新型白酒酒庄、打

---

① 曾祥凤,苏奎. 我国白酒产业发展方式转型研究 [J]. 四川理工学院学报(社会科学版),2016,31(4):78-87.
② 杨柳. 产业政策限制约束下的川黔白酒发展研究 [J]. 酿酒科技,2015(6):131-133.
③ 曾祥凤,苏奎. 我国白酒产业发展方式转型研究 [J]. 四川理工学院学报(社会科学版),2016,31(4):78-87.
④ 曾绍伦,王强. 白酒上市公司质量评价及高质量发展路径研究 [J]. 四川轻化工大学学报(社会科学版),2020,35(2):18-32.
⑤ 曾祥凤. 我国白酒产业战略转型路径研究 [J]. 四川理工学院学报(社会科学版),2017,32(1):1-13.
⑥ 苏奎. 供给侧结构性改革背景下我国白酒产业新型增长路径探索 [J]. 四川理工学院学报(社会科学版),2017,32(1):14-25.
⑦ 马勇. 以创新驱动白酒产业发展 [J]. 酒世界,2015(1):52-53.
⑧ 黄平,杨国华,黄筱鹏,等. 新常态下白酒行业的发展思考 [J]. 酿酒科技,2017(1):17-24.
⑨ 蒋佳. 名优白酒企业在行业深度调整期的应对策略:以四川为例 [J]. 四川理工学院学报(社会科学版),2014,29(3):73-81;蒋玉石,骆婕茹,赵丽娟. 新常态下的中国白酒行业发展趋势及应对策略研究 [J]. 四川理工学院学报(社会科学版),2015,30(6):46-55.
⑩ 詹瑜. 贵州仁怀白酒产业集群的形成路径、发展机制及启示 [J]. 酿酒科技,2019(3):131-136.

造白酒酒庄集群充分发挥产业空间集聚的规模外溢效应，提高产业竞争力。① 从白酒产业外部看，需要促进产业融合发展，使白酒产业与旅游文化产业融合发展产生新业态。② 此外，我们应大力推动中国白酒国际化，政府或行业协会扮演行业引领者角色，依托中国白酒产业"品牌伞"，打好中国白酒的"文化牌"和"标准牌"，进一步提高中国白酒的国际竞争力与影响力，加速中国白酒国际化进程。③ 四是产业转型和供给侧改革的目标和方向，推进白酒产业向质量增长型发展模式转变，④ 推动白酒产业结构、产业组织以及企业组织形态优化，⑤ 实现品牌提升、企业提升和产业提升。⑥

三、对现有研究观点的总结

综上所述，现有文献对白酒产业供给侧结构性改革从研究背景、理论依据、分析方法、研究结论等方面为本书奠定了研究基础。

（1）供给侧结构性改革具有必然性和紧迫性，是化解新时代我国经济中的主要矛盾的政策工具，是改革攻坚任务，不可回避。

（2）供给侧结构性改革要立足本国的经济环境、产业结构和科技

---

① 杨继瑞，杜思远，白佳飞. 白酒产业聚集与区域经济发展：兼谈四川新型白酒酒庄打造路径［J］. 消费经济，2020，36（1）：83-89.
② 张凤婷，徐哲，黄秋洁. 供给侧改革背景下旅游文化融入白酒产业的路径研究：以四川省为例［J］. 酿酒科技，2018（1）：113-117.
③ 杨柳，郭丹，高佳羽，等. 中国白酒国际化策略分析［J］. 酿酒科技，2018（12）：134-141.
④ 曾祥凤. 我国白酒产业战略转型路径研究［J］. 四川理工学院学报（社会科学版），2017，32（1）：1-13.
⑤ 杨柳，徐洁. 中国白酒产业转型升级的概念、目标和实施路径［J］. 酿酒科技，2016（12）：17-23.
⑥ 刘淼. 泸州老窖积极探索中国名酒的高质量发展路径［J］. 中国酒，2020（1）：50-51.

创新，同时要充分利用国际国内两个市场、两种资源，畅通国际国内经济双循环，加大结构调整力度，增强改革效果。

（3）供给侧结构性改革的关键抓手是产业结构领域，具体表现为产业（内部）结构、企业结构、产品结构、技术结构等方面，通过上述领域的结构性改革推进产业基础高级化和产业链现代化。

（4）供给侧结构性改革需要相应的体制环境和推进机制，可以有效激发市场主体活力。因此，我国需要进一步推进改革开放，优化营商环境，创新体制机制，通过打造制度优势来弥补地处内陆的发展短板。

当然，由于研究目的和研究方法等方面的差异，现有研究存在以下不足。

（1）供给侧结构性改革的相关研究还在探索之中，理论创新还在深入，尚未形成统一的理论体系和分析框架。为此，本书继续跟踪学界的最新研究进展进行具体运用和发展。

（2）目前，我国还缺乏白酒产业供给侧结构性改革的理论分析框架。为此，本书根据已有的供给侧结构性改革理论，创新性地提出四川白酒产业供给侧改革的四维度结构理论，尝试通过理论创新，建立理论分析框架。

（3）我国有关白酒产业供给侧结构性改革的实践还在探索中，理论研究甚少。为此，本书通过调研访谈强化实践认识，并将实践认识与理论分析相结合，提高研究成果的有效性和实用性。

（4）已有研究对白酒产业主要矛盾的判断不够准确。关于传统优势产业，我们应如何解释和解决新时代白酒产业的新矛盾，尤其是从地方实践角度推进白酒产业供给侧结构性改革？本书对这些问题进行系统的研究，以便为理论研究和实践部门提供借鉴和参考。

第二节 理论基础

一、主要矛盾转化与新时代阶段论断

界定社会的主要矛盾是我国制定一系列路线方针政策的基础。[①] 党的十九大报告指出:"中国特色社会主义进入了新时代,我国社会主要矛盾已经转化为人民日益增长的美好生活需要和不平衡不充分的发展之间的矛盾。"[②] 这个重大论断反映了我国经济社会发展巨大变化的国情,明确了我国当前和未来一段时间面临的主要矛盾和所处的新历史方位。只有深刻领会和准确把握新时代的主要矛盾和基本依据,我们才能认识新时代、把握新时代、引领新时代。[③] 简而言之,党的十九大明确了新时代、新矛盾、新战略、新思路,这对白酒产业供给侧结构性改革起着理论指引作用。

(一)马克思主义矛盾理论

新时代社会主要矛盾的转化有其深厚的理论渊源。[④] 马克思主义的矛盾理论和矛盾分析方法是研究我国社会主要矛盾变化的理论基础。

[①] 张占斌. 新时代中国社会的主要矛盾与深化供给侧结构性改革 [J]. 行政管理改革,2017(11):31-33.

[②] 习近平. 决胜全面建成小康社会 夺取新时代中国特色社会主义伟大胜利:在中国共产党第十九次全国代表大会上的报告 [N]. 人民日报,2017-10-28(5).

[③] 唐洲雁. 正确把握新时代主要矛盾的转化 [J]. 前线,2017(12):20-22.

[④] 舒展,罗小燕. 新时代社会主要矛盾转化的理论渊源与现实依据 [J]. 南京理工大学学报(社会科学版),2018,31(6):78-85.

1859年，马克思在《〈政治经济学批判〉序言》中明确指出，"生产力决定生产关系，经济基础决定上层建筑，生产关系要与生产力相适应，上层建筑要与经济基础相适应"，① 他认为生产力和生产关系、经济基础和上层建筑之间的矛盾是贯穿人类社会一切形态的基本矛盾，是社会发展的根本动力。马克思、恩格斯之后，列宁、斯大林在社会主义的革命实践中发展了社会矛盾理论。列宁指出，社会主义仍然存在着生产力和生产关系的基本矛盾，并且社会主要矛盾是社会基本矛盾的特殊形式。②

中国共产党领导全国人民在社会主义革命和建设过程中对社会主要矛盾及其变化进行了富有价值的探索。毛泽东同志在《矛盾论》中指出："任何过程如果有多数矛盾存在的话，其中必定有一种是主要的，起着领导的、决定的作用，其他则处于次要和服从的地位。"③ 毛泽东等党和国家领导人在吸取国际共产主义经验教训的基础上，将马克思主义关于社会基本矛盾的学说与我国具体国情相结合，认为社会主义国家也同样存在生产力和生产关系的基本矛盾，形成了关于社会主义社会基本矛盾的论述。因此，党在社会主义建设过程中对社会主要矛盾的认识和实践为我国社会主义现代化建设提供了正确的方向。

（二）中国社会主要矛盾的演变

马克思主义认为，基本矛盾是推动社会前进的动力，而主要矛盾是基本矛盾在不同时期矛盾主要方面的突出表现，反映着一个社会形态某个发展阶段存在的最突出的问题，但社会主要矛盾在不同的社会

---

① 中共中央马克思恩格斯列宁斯大林著作编译局. 马克思恩格斯选集：第2卷［M］. 北京：人民出版社，2012：2-3.
② 舒展，罗小燕. 新时代社会主要矛盾转化的理论渊源与现实依据［J］. 南京理工大学学报（社会科学版），2018，31（6）：78-85.
③ 毛泽东. 毛泽东选集：第一卷［M］. 北京：人民出版社，1991：322.

形态以及同一个社会形态的不同历史阶段有不同的表现。① 朱力将我国社会主要矛盾的变化分为五个发展阶段，即新中国成立初期政治过渡阶段、社会主义经济建设开始阶段（1956—1962年）、两条道路斗争阶段（1962—1978年）、改革开放阶段（1979—2017年）、新的历史阶段（2017年—）。②

实际上，在1978年之前，关于社会主义路线的认识之所以会出现问题，是我们对社会主要矛盾认识所经历的过程，因而它们都可以归入一个大的阶段。为此，胡鞍钢等将我国社会主要矛盾的演变分为三个大的阶段。③ 一是中国在极端贫困时进入社会主义建设时期的社会主要矛盾。1956年，党的八大首次提出，"国内的主要矛盾不再是工人阶级和资产阶级之间的矛盾，而是人民对于建立先进的工业国的要求同落后的农业国的现实之间的矛盾，是人民对于经济文化迅速发展的需要同当前经济文化不能满足人民需要的状况之间的矛盾"④，提出今后的主要任务是大力发展社会生产力。二是改革开放实现中国经济腾飞时期的社会主要矛盾。党的十一届三中全会提出要把党和国家工作的重点转移到以经济建设为中心的社会主义现代化建设上来。1981年，党的十一届六中全会提出，在社会主义改造基本完成以后，我国所要解决的主要矛盾，是人民日益增长的物质文化需要同落后的社会生产之间的矛盾。⑤

---

① 舒展，罗小燕. 新时代社会主要矛盾转化的理论渊源与现实依据［J］. 南京理工大学学报（社会科学版），2018，31（6）：78-85.
② 朱力. 中国社会矛盾70年演变与化解［J］. 学海，2019（6）：22-29.
③ 胡鞍钢，鄢一龙. 我国发展的不平衡不充分体现在何处［J］. 人民论坛，2017（S2）：72-73.
④ 徐崇温. 毛泽东对适合中国国情的社会主义建设道路的探索［J］. 马克思主义与现实，2010（3）：133-141.
⑤ 中共中央文献研究室. 三中全会以来重要文献选编：下［M］. 北京：中央文献出版社，2011：168.

这一时期，通过大力发展生产力，我国居民生活从基本解决温饱到达到小康水平，从全面建设小康社会到全面建成小康社会，中国已进入上中等收入国家行列，社会主要矛盾发生了新的转化。三是中国经济发展进入新常态，从高速增长转向高质量发展，从快速富裕起来转向全体人民共同富裕起来，从世界大国转向世界强国，我国社会主要矛盾已经转化为人民日益增长的美好生活需要和不平衡不充分的发展之间的矛盾，学界认为这个论断是党的十九大报告的一个重大理论和实践突破。①

（三）新时代我国社会主要矛盾

进入新时代，我国的基本矛盾并没有发生变化，但基本矛盾的突出表现即主要矛盾发生了重大转变。党的十九大报告指出："我国社会主要矛盾的变化，没有改变我们对我国社会主义所处历史阶段的判断，我国仍处于并将长期处于社会主义初级阶段的基本国情没有变，我国是世界最大发展中国家的国际地位没有变。"② 一方面，我国社会主义初级阶段的生产力与生产关系这一基本矛盾决定的基本国情不变仍将长期存在；另一方面，社会主义初级阶段的社会主要矛盾已经转化为人民日益增长的美好生活需要和不平衡不充分的发展之间的矛盾。

关于社会主要矛盾变化的重大政治判断，不少专家学者从不同角度进行了深入分析和阐述。胡鞍钢和鄢一龙认为，与人民日益增长的美好生活需要相比，发展的不平衡不充分主要体现在以下五个方面：一是社会生产力发展不充分，不能满足人民对不同产品和服务的结构和质量的需求；二是发展仍然不平衡，不能满足人民日益增长的经济和社会公平

---

① 胡鞍钢，鄢一龙. 我国发展的不平衡不充分体现在何处［J］. 人民论坛，2017（S2）：72-73.

② 习近平. 决胜全面建成小康社会 夺取新时代中国特色社会主义伟大胜利：在中国共产党第十九次全国代表大会上的报告［N］. 人民日报，2017-10-28（5）.

需求；三是物质文明与精神文明不平衡，不能满足人民日益增长的文化需求；四是人与自然发展仍然不平衡，不能满足人民日益增长的生态环境需求；五是经济建设与总体安全仍然不平衡，不能满足人民日益增长的安全需求。①

韩喜平和金光旭认为，发展层面的不平衡不充分问题从根源上看主要还是经济发展方面的问题，主要体现为宏观的发展基本面"不平衡不充分的发展"、中观的发展过程"不平衡不充分的发展"、微观的发展效果"不平衡不充分的发展"三个方面。② 其中，中观的"不平衡不充分的发展"集中表现为产业结构不够合理、发展方式不够先进、发展动能相对不足、发展效率提升缓慢、市场灵敏度反映较差、生产力布局不够匀称等一系列问题。微观的发展效果的"不平衡不充分的发展"集中表现为产品质量相对较低、产品科学技术含金量较低和资源消耗浪费较大、环境污染相对较高这样的"两低两高"问题。这些问题表面上是生产本身以及生产环节上的问题，本质上是围绕生产构建的一整套体制机制方面的问题。因此，解决发展不平衡不充分的根本出路在于供给侧结构性改革。

（四）社会主要矛盾转化与新时代新方位

社会主要矛盾的新变化是中国特色社会主义进入新时代的根据。③经过改革开放40余年的快速发展，我国生产力水平大幅度提升。2010年，我国成为世界第二大经济体，进入世界银行划分的中等收入国家

---

① 胡鞍钢，鄢一龙. 我国发展的不平衡不充分体现在何处［J］. 人民论坛，2017（S2）：72-73.
② 韩喜平，金光旭. 准确把握新时代社会主要矛盾的科学内涵［J］. 马克思主义理论学科研究，2018，4（2）：94-101.
③ 李君如. 社会主要矛盾新变化和中国特色社会主义新时代［J］. 中共党史研究，2017（11）：14-15.

中，2019年我国人均GDP突破1万美元大关，但是我国产品供给呈现结构性矛盾，即低层次的产品供给过剩，高质量、高科技含量产品短缺，主要矛盾表现为低层次的产品供给不能满足人民对美好生活需要之间的矛盾。因此，中国特色社会主义新时代是解决新的社会主要矛盾来满足人民日益增长的美好生活需要的时代。过去，我们要解决的是"有没有"的问题，现在是要解决"好不好"的问题。党的十九大报告指出："我们要建设的现代化是人与自然和谐共生的现代化，既要创造更多物质财富和精神财富以满足人民日益增长的美好生活需要，也要提供更多优质生态产品以满足人民日益增长的优美生态环境需要。"[①] 解决这个问题要靠供给侧结构性改革。

总之，党的十九大关于我国社会主要矛盾变化和新发展阶段的重大判断为下一步改革和发展确立了新时代的指导思想，提出了新时代的历史使命，描绘了新时代的宏伟蓝图，做出了新时代的战略部署[②]，是推进各个具体领域改革开放的理论指引。

（五）社会主要矛盾转化论对川酒产业供给侧改革的启示

新时代面临新任务，迎来新使命，必须确立新目标，制定新战略。白酒产业是我国的传统产业，更是四川具有显著优势的特色传统产业。在产业发展的过程中，由于体制因素、市场因素等多方面因素的影响，四川白酒产业出现了一些突出的结构性矛盾，这些矛盾既涉及中观产业层面的不平衡不充分发展问题，如产能过剩问题、产业链低端化问题等，也涉及微观层面的不平衡不充分发展问题，如产品质量和产品结

---

① 习近平. 决胜全面建成小康社会 夺取新时代中国特色社会主义伟大胜利：在中国共产党第十九次全国代表大会上的报告 [N]. 人民日报，2017-10-28（5）.

② 韩洁，刘羊旸. 确立新时代指导思想描绘宏伟蓝图 [EB/OL]. 中国社会科学网，2017-10-27.

构低端化,以至于产业供给质量不能满足人民日益增长的美好生活需要。从发展阶段来看,四川白酒产业已经由高速增长阶段转向高质量发展阶段,原有的侧重投入数量的增长模式面临严峻的资源和环境压力,其根源既有经济层面的原因,也有体制机制不完善、不健全的原因。我们只有抓住四川白酒产业发展中存在的主要矛盾,明确四川白酒产业所处的发展阶段,抓重点、补短板、强弱项,才能够采取有效措施转变产业发展方式、转换产业增长动力,推动四川白酒产业从中低端结构增长转向中高端结构增长,更好地满足人民日益增长的美好生活需要。

二、供给侧结构性改革理论

(一)供给侧结构性改革理论

推进供给侧结构性改革并将其作为经济工作的主线,是党中央在准确把握我国现阶段经济运行主要矛盾基础上做出的重大决策,是重大理论和实践创新。[1] 党的十九大报告中关于我国社会主要矛盾转化的重大论断和关于我国经济转向高质量发展阶段的重大论断赋予推进供给侧结构性改革更高的要求和更重要的意义。满足人民日益增长的美好生活需要,解决发展不平衡不充分的问题,推动经济高质量发展,都要求深化供给侧结构性改革。[2] 供给侧结构性改革,就实质而言,就是要通过发展生产,加快转变经济发展方式,加快调整经济结构,加快培育形成新的增长动力,改善我国以产业结构为主的供给结构,提高供给质量和水

---

[1] 林兆木. 坚持以供给侧结构性改革为主线 [J]. 新湘评论, 2019 (5): 47-49.
[2] 林兆木. 坚持以供给侧结构性改革为主线 [J]. 新湘评论, 2019 (5): 47-49.

平，来满足人民的需要。①

供给侧结构性改革有其现实背景。"十二五"时期以来，由于国际国内多方面因素的影响，我国经济运行面临的诸多矛盾和问题，既有供给侧的，也有需求侧的，既有周期性的，也有结构性的，但主要矛盾是供给侧结构性的，其深层根源是体制机制问题。② 我国经济的供给侧诸多矛盾和问题表现为以下几方面。一是经济增长速度下滑。改革开放至2010年的30余年，我国经济年均增长率高达9.8%，但从2010年开始我国经济增长速度连续下滑，由高速增长转为中高速增长。二是产能过剩严重。2014年，我国工业总体产能利用率约为78.7%，不少行业的产能利用情况堪忧，③ 我国工业总体处于产能过剩状态，部分行业已经属于严重产能过剩。三是创新驱动不足。我国科技创新能力不强，科技对经济的贡献率不高，依靠科技投入驱动经济发展的理念还没有形成。作为衡量经济发展方式转变和创新驱动的重要指标，我国2015年R&D经费占GDP比重为2.1%，没有实现"十二五"期间达到2.2%的目标。④ 从支出结构看，基础研究和应用研究经费占R&D经费比例远低于发达国家，人员费占R&D经费比例远低于发达国家。四是发展方式和产业结构不合理。长期以来，我国经济高速增长是以高资源消耗为代价的，是典型的粗放式增长。目前，我国单位GDP能耗仍然是世界平

---

① 逢锦聚. 经济发展新常态中的主要矛盾和供给侧结构性改革 [J]. 政治经济学评论，2016，7（2）：49-59.
② 林兆木. 坚持以供给侧结构性改革为主线 [J]. 新湘评论，2019（5）：47-49.
③ 邹蕴涵. 我国产能过剩现状及去产能政策建议 [J]. 发展研究，2016（7）：17-21.
④ 万钢. 科技部长万钢："十二五"研发经费占GDP比重未达标 [EB/OL]. 观察者网，2016-01-12.

均水平的1.5倍,多地能耗总量超标。① 与此同时,我国单位GDP二氧化碳、二氧化硫等主要污染气体的排放高于世界平均水平,较多的污染气体排放与环境容量有限的矛盾日渐突出,环境污染已经成为影响我国经济可持续发展和社会和谐稳定的重大问题之一。从产业结构看,第二产业的高速增长带动了我国经济增长,但也导致第二产业比重较高,第三产业发展相对滞后。五是劳动生产率低。2015年,我国劳动生产率水平仅为世界平均水平的40%,是美国的7.4%。② 以上这些问题基本都是生产领域的问题,也就是供给侧的问题。由此可见,我国处于并将长期处于社会主义初级阶段的基本国情没有变。③

因此,新矛盾呼唤新理论。我国社会主要矛盾的转化,是全局性的变化,也是历史性的变化,对党和国家工作提出了新要求。党的十九大提出的习近平新时代中国特色社会主义思想,为解决发展不平衡不充分的各种问题提供了理论指导和基本方略。④ 从经济层面看,我国需要坚持新发展理念,通过科学发展解决存在的问题。我国要坚持供给侧结构性改革的工作主线,适应和引领经济新常态。供给侧结构性改革是对马克思主义政治经济学的创新发展,同西方经济学的供给学派有根本区别。它既强调供给又关注需求,既突出发展社会生产力又注重完善生产关系,既发挥市场在资源配置中的决定性作用又更好发挥政府作用,既

---

① 朱妍,于孟林. 我国单位GDP能耗是世界平均水平1.5倍,多地能耗总量超标[EB/OL]. 人民网,2020-11-25.
② 张翼. 中国劳动生产率提升:增速快但不容歇脚[N]. 光明日报,2016-09-18(2).
③ 逄锦聚. 经济发展新常态中的主要矛盾和供给侧结构性改革[J]. 政治经济学评论,2016,7(2):49-59.
④ 胡鞍钢,王然. 科学把握中国特色社会主义新时代的强国战略:访清华大学文科资深教授胡鞍钢[J]. 高校马克思主义理论研究,2018,4(1):8-16.

着眼当前又立足长远，既包括改善商品和服务供给又包括改善体制机制和制度供给，强调用改革的办法解决供给侧结构性矛盾。供给侧结构性改革归根结底是要使我国供给能力更好地满足人民日益增长的美好生活需要，从而实现社会主义生产目的。[①]

（二）供给侧改革理论对川酒产业发展的启示

经济理论表明，经济结构转换升级是经济增长的重要动力。当现有经济结构阻碍经济增长时，我们要勇于推动结构性改革，提高资源配置效率。具体而言，四川白酒产业供给侧结构性改革有其现实背景。在白酒行业的"黄金十年"及其后的行业深度调整期，四川白酒产业在发展过程中暴露出增长模式粗放、产能过剩问题突出、行业效益滞后等严峻问题。这些问题主要是供给侧结构性问题，我们需要从供给侧寻找解决方案。我们的基本思路是，通过结构性改革提高四川白酒行业内部的资源配置效率，促使行业供给与市场需求匹配。这就要求我们通过体制机制改革转变四川白酒产业发展方式，加快培育形成新的增长动力，大力优化要素结构、技术结构，推动四川白酒产业效率变革和质量变革，提高四川白酒产业供给质量，满足人民的美好生活需要。

三、均衡发展理论

均衡发展是一种理想状态，西方经济学家通过严格的数学模型证明一般均衡的存在性，认为完全竞争的市场机制能够实现一般均衡，这为鼓吹经济自由主义、反对国家干预提供了理论依据。马克思研究了社会总生产中两大部类的比例数量关系，提出了两大部类均衡发展理论。此外，均衡发展理论在区域发展和产业关系领域有着广泛的研究和应用。

---

① 林兆木．坚持以供给侧结构性改革为主线［J］．新湘评论，2019（5）：47-49.

(一) 古典经济学的均衡理论

一般均衡理论由法国经济学家瓦尔拉斯1874年在《纯粹经济学要义》一书中首次提出。该理论认为，每种商品或生产要素价格的变化，不仅受其自身供求的影响，还要受到其他商品和生产要素的供求与价格的影响。我们假定消费者的目的是获得最大效用，企业力图获得最大利润，据此能够构建一般均衡模型，通过对一般均衡方程求解，瓦尔拉斯证明了在市场上存在着一系列的均衡价格和均衡数量来实现供求均衡，这样能使每个消费者、企业达到各自的目的。该理论的实质是要说明资本主义经济能够实现稳定的均衡状态。这一思想由萨缪尔森、阿罗等经济学家进行完善和发展，但瓦尔拉斯的一般均衡理论对经济结构均衡关注不多。

(二) 马克思的均衡发展理论

马克思在研究社会资本再生产时，提出两大部类的平衡理论，并认为社会资本再生产的顺利进行需要两大部类之间与两大部类内部、生产与消费之间保持合理的比例关系。[1] 可见，马克思有关社会资本再生产两大部类的平衡关系从本质上说就是一种经济结构均衡理论，这对指导我国三次产业以及生产与消费之间保持合理的比例关系，调整不合理的经济结构（或比例关系），实现经济稳定均衡增长具有重要的指导意义。

杨晓玲根据马克思的两部类平衡理论，提出我国存在供给效率低的问题，我国对此必须制定兼容性结构调整政策，并大力推进旨在实现公平竞争的各种改革措施，在提高效率的过程中调整生产关系，在生产关

---

[1] 马克思. 资本论：第二卷 [M]. 北京：人民出版社，1975：389-588.

系再生产中提高经济效率。① 杨继国等将马克思两部类结构均衡模型扩展为四部类结构均衡模型,提出供给侧结构性改革应该跳出西方宏观经济学的总量分析方法,立足结构均衡,使供给结构与需求结构匹配。②

(三) 产业均衡发展理论

产业结构均衡化是实现产业结构高度化的基础。现有理论研究可分为三方面。

一是从三次产业结构的角度分析产业均衡化问题,如姜涛根据产业结构均衡化的标准和实现产业结构高度化的目的,对我国上海第二次、第三次产业结构均衡化进行定量分析。③ 王文举从生产函数出发,建立了经济系统中三次产业资源优化配置模型,揭示了我国劳动力从第一产业向第二、第三产业流动的合理性和经济学机理。④ 赵明亮发现三次产业内各主要行业对国民经济发展的需求及带动作用存在明显差异,认为产业的协调发展是新常态下中国经济增长主要动力来源之一。⑤ 张鹏飞从供给侧角度探究产业结构变迁的根本动力,发现部门之间劳动生产率增长速度的差异是导致产业结构持续变迁的根本动力。⑥

二是从产业演变角度,研究传统产业和新兴产业动态均衡发展。例

---

① 杨晓玲. 从马克思经济学视角论中国基本经济结构的再平衡 [J]. 当代经济研究, 2015 (9): 39-44.
② 杨继国, 朱东波. 马克思结构均衡理论与中国供给侧结构性改革 [J]. 上海经济研究, 2018 (1): 5-16.
③ 姜涛. 上海二三次产业结构均衡化研究 [J]. 华东经济管理, 2005 (4): 11-13.
④ 王文举. 三次产业间资源优化配置均衡分析 [J]. 经济经纬, 2010 (2): 21-24.
⑤ 赵明亮. 新常态下中国产业协调发展路径: 基于产业关联视角的研究 [J]. 东岳论丛, 2015, 36 (2): 123-129.
⑥ 张鹏飞. 产业结构持续变迁的根本动力: 来自供给侧的反思 [J]. 浙江学刊, 2016 (6): 184-188.

如，林学军从产业对国民经济的带动角度提出，战略性新兴产业应当对经济发展具有指向性、外部性和创新性影响。① 王宇和刘志彪提出，对传统产业的改造有助于实现新旧产业均衡发展和经济的平稳增长。②

三是从产业投入角度研究资源型产业和非资源型产业均衡发展问题。③ 资源型产业长期以来在我国的经济增长中扮演着重要角色，但资源的稀缺性导致资源型区域经济发展面临严峻挑战，由此反作用于资源型产业的发展。与此同时，资源型产业的发展对非资源型产业有明显的挤出效应，这是资源型区域实现经济持续发展面临的难题。因此，我们必须在资源型产业与非资源型产业二者之间寻找平衡点，破除"资源诅咒"，实现可持续均衡发展。白酒产业属于资源型产业，其发展带来的推动作用和抑制效应同样是宜宾、泸州等白酒产业集中区实现地区经济长远发展需要考虑的重要问题。

（四）均衡发展理论对川酒供给侧改革的启示

均衡发展强调经济系统的各个部分之间的协调发展，在一定程度上也可看作结构性理论。中央提出"供给侧结构性改革"，是为了更好地改善供求关系，推动新供给与新需求达到新均衡。广义的均衡发展不仅包括（产品供需）数量的均衡，还包括了（产品供需）质量的均衡，不仅指一个产业内部的均衡，还指各产业之间的均衡，不仅指国内市场的均衡发展，还指国际市场的均衡发展。因此，均衡发展说到底包含了结构性（均衡）要求。当前，我国社会主要矛盾已经转化为人民日益增长

---

① 林学军.战略性新兴产业的发展与形成模式研究［J］.中国软科学，2012（2）：26-34.
② 王宇，刘志彪.补贴方式与均衡发展：战略性新兴产业成长与传统产业调整［J］.中国工业经济，2013（8）：57-69.
③ 彭佑元，程燕萍，梅文文，等.资源型产业与非资源型产业均衡发展机理：基于合作创新的演化博弈模型分析［J］.经济问题，2016（2）：80-85.

的美好生活需要和不平衡不充分的发展之间的矛盾，解决这个主要矛盾需要从供给侧角度来推动微观、中观层面乃至宏观层面的均衡发展，需要优化国际国内两个市场、两种资源。相应地，对四川白酒产业而言，均衡发展要求协调好白酒产业与相关产业的发展，需要协调好四大白酒产区与其他非重点产区的发展，需要协调好白酒产业内部的产业链不同环节的发展、不同企业的发展，需要协调好四川白酒主要产区与国内竞争性产区的发展、四川白酒国内市场发展与国际市场竞争的均衡发展。

四、经济转型和产业升级理论

经济转型往往表现为经济结构和产业结构的变化。新结构经济学认为经济结构内生决定于要素禀赋结构，经济发展本质上是一个技术、产业不断创新，结构不断变化的过程。[1] 其作用机理在于，经济结构的变化要通过产业结构表现出来，产业转型的终极方向由要素禀赋结构及要素相对价格决定。[2] 新结构经济学进一步认为，政府在弥补市场失灵、改变经济结构、促进经济发展中发挥积极作用。我国经济发展不仅面临着出口导向型战略向内需主导型战略的转变，还面临着日益严峻的资源和环境问题，因此我们需要认真思考我国的经济结构性转变问题。从需求角度看，中国已经进入中等收入国家行列，经济发展的着力点和长期增长引擎发生转变，扩大内需成为我国经济发展的战略基点，相应地，我国的产业结构也应该由外需型结构转为内需

---

[1] 林毅夫. 新结构经济学：重构发展经济学的框架 [J]. 经济学（季刊），2011，10（1）：1-32.

[2] 巴曙松，郑军. 中国产业转型的动力与方向：基于新结构主义的视角 [J]. 中央财经大学学报，2012（12）：45-52.

型结构。①

总之，当前的经济转型是从解决物质层面的温饱问题转变为满足生活质量层面的美好需要。这就要求我们从微观的企业层面、中观的产业层面转变产业发展方式、优化产业结构、转换增长动力，实现宏观层面的中高速增长状态下的经济高质量发展。为此，我们需要新的战略来解决微观、中观和宏观层面的结构性矛盾和不平衡不充分发展问题。这个新的战略就是通过供给侧结构性改革，实现供需结构再平衡。

从产业层面看，产业转型升级是经济增长新旧动能转换的外在表现，新旧动能有序转换是产业转型升级的内在动力，同时产业转型升级又为新旧动能有序转换提供强大支撑。② 面对促进新旧动力转换和加快经济新动力形成的重大问题，工业高端化发展和新型工业化是经济新动力形成的核心支撑和主要来源，产业转型升级过程中的生产率提升和高质量投资将为中国 GDP 可持续增长提供关键的支撑作用。从这个意义上说，短期内传统产业的转型升级仍将是中国经济新动力的主要来源之一，应成为改革的着力点和发力点。③ 当然，当前中国工业部门中经济新旧动力的转换和新动力的形成仍面临众多体制和机制性障碍因素的束缚和制约，我国应在明确相应改革突破口的基础上全面深化改革，从产业战略层面完善外部市场环境和激励机制。④

---

① 洪银兴. 产业结构转型升级的方向和动力 [J]. 求是学刊, 2014, 41 (1): 57-62.
② 赵丽娜. 产业转型升级与新旧动能有序转换研究：以山东省为例 [J]. 理论学刊, 2017 (2): 68-74.
③ 张杰, 贾璐, 高德步. 中国经济新动力的转换、测算与对策研究：基于工业部门视角 [J]. 天津社会科学, 2017 (1): 86-96.
④ 张杰, 贾璐, 高德步. 中国经济新动力的转换、测算与对策研究：基于工业部门视角 [J]. 天津社会科学, 2017 (1): 86-96.

具体到四川白酒产业，我国同样需要从新时代特征及其新要求来考察该产业在四川"5+1"现代产业体系和地方经济发展战略中的定位，以及该产业发展中的不平衡不充分问题，以便运用新的战略加快新旧动能转换，实施稳增长、调结构、促改革重大举措，促进产业转型升级，从而推动亿万级食品饮料产业高质量发展。

第三章

四川白酒产业供给侧的四维度结构

研究产业层面的供给侧结构性改革首先需要明确其结构由哪些维度和要素构成。这是推进四川白酒产业供给侧结构性改革的理论基础和出发点。从产业运行机制看,产业供给侧的结构可分为四个维度:制度结构、动能结构、产业组织结构、产品结构。其中,产品结构是产业供给侧矛盾的最终体现,反映了生产端的产品结构是否合理、是否能够充分满足人们的需要。动能结构和产业组织结构影响产品结构,是产业供给侧矛盾的内在原因。制度结构影响动能结构和产业组织结构,是产业供给侧矛盾的根源。因此,产业供给侧四个维度的结构既反映了产业运行的结构性特征,也表明了四个结构之间存在密切的作用关系。这是本书提出的四维度结构理论,也是本书的逻辑框架核心。

第一节 制度结构

一、制度与制度的实施机制

制度是旨在约束人们追求个人利益最大化的规章制度、守法程序、风俗习惯及观念意识形态等,[1] 通常分为正式制度和非正式制度。新制度经济学家诺思指出,制度是一个社会的活动规则,是人为设定的决定人们相互关系的一些制约,包括"正规约束"和"非正规约束",以及这些约束的"实施特性"。[2] 其中,"正规约束"是指正式制度,是人们有意识建立起来的并以正式方式加以确定的各种制度安排,它通常是成文的并由权力机构来保证实施,如法律、政府法令、公司章程、商业合同等。[3] 我们通常所说的制度主要是指正式制度或正式规则。"非正式制度"也称"非正式约束",是社会共同认可、不成文的行为规范,包括风俗习惯、伦理道德、意识形态等无形的约束规则。[4] 在诺思看来,制度的主要功能就在于通过内部和外部两种强制力来约束人的行为,防止交易中的机会主义行为,来减少交易后果的不确定性,帮助交易主体形成稳定的预期,从而减少交易费用。[5] 诺思进一步指出,正式制度安排只是决定选择的总约束的一小部分,人们生活的大部分空间仍然是由非正式制度安排来约束的。[6] 总之,非正式制度是正式制度得以确立的基础,也是正式制度发挥作用的必要条件。[7]

---

[1] 柯武刚,史漫飞. 制度经济学:社会秩序与公共政策 [M]. 韩朝华,译. 北京:商务印书馆,2000:31-37.
[2] 诺思. 制度、制度变迁与经济绩效 [M]. 杭行,译. 韦森,译审. 上海:格致出版社,上海三联书店,上海人民出版社,2014:3-5.
[3] 李光宇. 论正式制度与非正式制度的差异与链接 [J]. 法制与社会发展,2009,15(3):146-152.
[4] 张继焦. 非正式制度、资源配置与制度变迁 [J]. 社会科学战线,1999(1):200-207.
[5] 诺思. 制度、制度变迁与经济绩效 [M]. 杭行,译. 韦森,译审. 上海:格致出版社,上海三联书店,上海人民出版社,2014:4,6.
[6] 崔万田,周晔馨. 正式制度与非正式制度的关系探析 [J]. 教学与研究,2006(8):42-48.
[7] 任保平,蒋万胜. 经济转型、市场秩序与非正式制度安排 [J]. 学术月刊,2006(9):67-72.

制度供给是否有效取决于制定的实施机制是否有效或具有强制性。[①]一项新的制度安排的功能与作用在于，给制度内部成员提供一种在制度外不可获得的利益，防止外部成员对制度内部成员的侵害，并协调社会组织之间的利益冲突，防止组织内部成员出现机会主义行为或"搭便车"行为。可见，制度安排的主要功能是提供一种激励机制。实施机制是指有一种社会组织或机构对违反制度的人做出相应惩罚或奖励，从而使这些约束或激励得以实施的条件和手段的总称，它对制度功能与绩效的发挥是至关重要的。[②] 因此，制度或制度安排应该内含着实施机制，[③] 没有实施机制的政治制度、法律条文和规章制度难以真正发挥对经济主体的激励功能。

二、四川白酒产业的制度结构

正式制度和非正式制度及其实施机制界定了社会经济的激励结构。四川白酒产业的制度结构同样由正式制度和非正式制度及其实施机制构成。其中，正式制度包括法律、政府法令、行业规定、公司章程、契约等形式，如国家层面的酒类税收法规、食品安全和质量监管、白酒产业政策及相关法律法规、酒类产业发展规划（纲要）、白酒生产许可证制度、白酒行业规定或标准等其他有关法规文件。同时，地方政府往往会根据国家的法律法规制定地方性法规，如四川省的白酒产业五年发展规划、产业转型升级指导意见、重点产业培育方案、深化国有企业改革实

[①] 窦玲. 东西部区域经济制度供给的差异及其原因 [J]. 西北大学学报（哲学社会科学版），2010，40（5）：46-51.

[②] 柳新元. 制度安排的实施机制与制度安排的绩效 [J]. 经济评论，2002（4）：48-50.

[③] 柳新元. 制度安排的实施机制与制度安排的绩效 [J]. 经济评论，2002（4）：48-50.

施方案等。此外，行业规定、公司章程、商业契约等也属于重要的正式制度。

非正式制度包括酒的历史观、饮酒文化习俗、白酒消费观念等，它的具体形式并非正式制度那样有明确、具体的载体，但是人们在酒类领域的大部分活动是由非正式制度来约束的。其在社会经济生活中具有重要的作用，有助于降低正式制度的运行成本。酒文化宣传活动、酒类广告与促销等活动都可以通过影响酒类文化习俗或消费观念而对酒行业产生影响。可以观察到的现象是，当某区域的群体对某种白酒的人文历史、口感、风味易于接受时，该白酒的消费会增加、市场更加繁荣。当然，非正式制度只有与正式制度一致的时候才能降低正式制度的运行成本。我国的改革开放本质上是促进经济体制的完善，但其过程本身也表明正式制度存在缺陷，因此需要非正式制度弥补正式制度的不足。例如，研究表明，在非高新技术企业，政治关系和商业协会的保护机制有利于激励企业的创新投入。[1] 正因为如此，非正式制度也被看作正式制度演进和实施的手段与工具，即被看作实施机制。[2]

除了正式制度和非正式制度，影响四川白酒产业发展的另一个重要因素是实施机制。这里讲的实施机制是指对上述正式制度或非正式制度推进（实施）的力度、进度和规模。国家或地方的法规政策的落实、落实的程度和效果，这在很大程度上取决于这些法规政策的实施情况。如果实施力度大、进展快，相关制度的功能就能得到很好的发挥。例

---

[1] 梁强，李新春，郭超. 非正式制度保护与企业创新投入：基于中国民营上市企业的经验研究 [J]. 南开经济研究，2011（3）：97-110.

[2] 柳新元. 制度安排的实施机制与制度安排的绩效 [J]. 经济评论，2002（4）：48-50.

如，四川正在推进白酒产业高质量发展，这不仅需要制定正式的条例或方案，即明确产业高质量发展的经济目标、内容和资源保障，还需要良好的实施机制，即落实到具体的实施部门、明确具体的实施环节、体现具体的执行力度。

关于四川白酒产业的运行和供给侧结构性改革，我们需要关注其正式制度和非正式制度的构成，关注其正式制度和非正式制度中存在的制度供给不足和供给过剩的问题及原因，关注制度实施的环境和条件以及实施机制畅通的问题。

第二节 动能结构

一、产业增长动能的定义

"动能"一词被广泛使用，源于习近平总书记2014年在博鳌亚洲论坛的主旨演讲中首倡的"中国经济动能论"。其后，增长"动能"成为经济转型与产业转型领域的高频用词。2017年1月20日，国务院办公厅发布《关于创新管理优化服务培育壮大经济发展新动能加快新旧动能接续转换的意见》，其提出要加快培育壮大新动能、改造提升传统动能，促进经济结构转型和实体经济升级。文献梳理分析也表明，学界对"动能"一词并没有统一的界定。马晓河认为，新动能就是替代或改造以往的经济增长动力来源，能为经济带来增长的动力。[1] 刘世锦提出经济增长的六个新动能，包括微观层面、产业层面的动能，还有体制

---

[1] 马晓河. 经济高质量发展的内涵与关键［N］. 经济参考报，2018-07-11（5）.

改革和对外开放的动能。① 因此，经济发展的动能不止来自要素、投资和技术，还来自制度的变革与完善。② 在王小广看来，新旧动能转换是指传统的增长结构和发展动力向新的增长结构和发展动力转换，是经济社会结构全面升级的过程。③ 在刘凤良看来，实现新动能的转换就是要进一步挖掘经济增长新源泉，他认为中国经济有七大动能转换，包括要素质量、自主创新能力、国际价值链、内需消费、深度工业化、结构改革等。④ 王玉君认为，产业是经济发展的基础，没有高质量的产业作支撑，新旧动能转换就是空转、空换。因此，我们要坚持把产业支撑作为新旧动能转换的核心。⑤

因此，综合有关专家学者关于经济"动能"的观点，我们认为，产业增长的动能可以从广义角度和狭义角度两个层面来理解。广义的产业增长动能是指驱动产业增长的各种因素，包括体制机制因素、微观驱动因素、结构因素。相应地，我们将产业增长的广义动能分为体制性动能、创新性动能和结构性动能三大类。

（1）体制性动能，是指体制机制变革对产业增长的推动作用。灵活高效的体制和机制能够降低经济活动的成本、提升收益水平，从而对经济主体产生有效激励，促使他们自发进行创业创新活动。从经济活动的过程来看，体制机制是基础性动能。

---

① 刘世锦. 经济转型与新的增长动能：2017宏观经济展望与结构性改革[J]. 中国经贸导刊, 2017 (3): 27-28.
② 魏杰, 汪浩. 转型之路：新旧动能转换与高质量发展[J]. 国家治理, 2018 (21): 31-38.
③ 王小广. 新旧动能转换：挑战与应对[J]. 人民论坛, 2015 (35): 16-18.
④ 刘凤良, 于泽, 闫衍. 如何构建中国经济新动能[N]. 中国证券报, 2016-10-10 (A12).
⑤ 王玉君. 加快新旧动能转换推动高质量发展[J]. 中国党政干部论坛, 2018 (6): 85-88.

（2）创新性动能，是指以要素质量提高、技术进步和管理优化为主要形式的创新动能，主要通过企业来推动。这是经济增长的第一推动力。创新动能的发挥要以体制性动能为基础实现效率提升，推动结构升级。

（3）结构性动能，是指经济结构优化升级对产业增长的推动作用，既包括新产业、新业态、新模式为主要内容的新动能，也包括传统产业、传统业态优化升级产生的动能。因此，从产业层面看，结构性动能实际上就是业态结构、产业链结构、产业结构优化升级对经济增长的推动作用。

狭义的产业增长动能指驱动产业增长的直接因素，即以要素质量、技术进步和管理水平提高为主要形式的创新动能。我们认为，体制性动能取决于制度结构，创新性动能取决于创新结构，结构性动能取决于产业组织结构和产品结构，这是本书提出四川白酒产业供给侧四维度结构性改革的内在逻辑。为了避免内容交叉重复，在进行四维度结构的分章分析时，我们所讲的产业增长动能是指狭义角度的创新性动能。

二、四川白酒产业的新旧动能

培育和发展经济新动能是推进供给侧结构性改革的抓手。[1] 四川白酒产业在发展过程中面临系列结构性问题，我们需要通过转换发展动能、转变发展方式，推动产业内部结构优化升级。因此，培育和发展新动能，实现新旧动能转换是推进四川白酒产业供给侧结构性改革的关键。四川白酒产业的发展动能是指驱动四川白酒产业增长的各种直接因素，即狭义的产业增长动能，包括要素投入方式、技术水平变化、管理

---

[1] 汪杰，马晓白. 培育发展新动能是供给侧改革的必然选择［J］. 中国发展观察，2017（8）：33-36.

模式变化等。结合白酒产业的生产特征和发展周期，四川白酒产业增长动能按照其阶段性功能可分为旧动能、新动能，以便分析旧动能和新动能的构成，科学评价旧动能的历史作用，合理设计新动能的结构，优化动能机制，通过新旧动能转换推动四川白酒产业供给侧结构性改革。表3-1对四川白酒产业新旧动能进行了比较。

表3-1 四川白酒产业的新旧动能

动能类型	要素投入方式	技术类型	管理方式
旧动能	要素数量	传统技术	传统管理
新动能	要素质量	新兴技术	新型管理

（一）四川白酒产业的旧动能

旧动能是指在原有发展环境中形成的产业增长动能。具体而言，白酒产业的旧动能主要包括要素数量的投入模式、传统技术、传统管理，这是适应原有发展环境的产业增长动能。在产品短期时代，增加供给的有效方式是增加要素投入、扩大投入规模。与之对应，我国白酒产业在较长时期主要依靠投入要素数量来实现增长，属于粗放式的增长模式。研究表明，投资扩张是导致白酒产业从"黄金十年"繁荣到随后的行业深度调整的重要推手。[①] 从技术水平来看，白酒生产主要采用传统酿造工艺，大规模的批量化生产面临较多难题，生产装备的机械化水平落后，加之长期以来创新动力不足、研发投入强度偏低，不利于技术水平的提高。此外，与粗放式增长对应的是传统的管理模式。

（二）四川白酒产业的新动能

新动能是适应新的发展环境所形成的产业增长动能，是相对于旧动

---

① 曾祥凤，苏奎．我国白酒产业发展方式转型研究［J］．四川理工学院学报（社会科学版），2016，31（4）：78-87．

能而言的。具体而言,白酒产业的新动能主要体现为要素质量提高、技术进步和管理创新,推动整个产业实现高效率可持续增长。在新的发展阶段,产业发展环境发生了巨大的变化。一方面,新技术革命和产业革命促进新技术的使用,一些新兴业态兴起,如白酒生产过程中的自动化、智能化生产,销售环节的线上线下融合、体验消费等;另一方面,我国居民收入的持续增长引起消费结构快速升级,原有的主要依靠要素投入数量和规模驱动的投入方式、技术模式和管理模式已经滞后,因此必须提高要素质量,推动技术进步并创新管理模式来应对供给和需求两方面的深层变化。

第三节 产业组织结构

一、产业组织结构相关理论

产业组织结构可分为横向产业组织结构和纵向产业组织结构。其中,横向产业组织结构是指产业链上某一特定环节的市场结构,而纵向产业组织是指产业链纵向链条上各环节之间的结构。横向产业组织结构是传统的产业组织理论(如哈佛学派的 SCP 范式、芝加哥学派等)所研究的对象,而纵向产业组织结构则扩充了产业组织理论的研究对象。正如科斯所指出的,产业组织理论还应研究企业之间的契约安排,将产业组织的研究对象从同一产业内部企业之间的关系扩展到市场与企业之间的中间性组织(如分包制、企业集团、战略联盟和企业集群等)。[1]

---

[1] 科斯. 论生产的制度结构 [M]. 盛洪,陈郁,等译. 上海:上海三联书店,1994:212.

这里的中间性组织属于产业链纵向链条上各环节之间的结构范畴，即纵向产业组织结构。

（一）横向产业组织结构

横向产业组织结构主要是指同一行业内部厂商之间的垄断与竞争关系。马歇尔认为，大规模生产可为企业带来收益递增的回报，但是大规模生产又会导致市场结构中垄断因素的增加，从而阻碍竞争、扭曲资源配置。这揭示了规模经济与竞争之间的矛盾现象，即"马歇尔冲突"。[①]

在马歇尔的理论架构中，他将完全竞争与垄断割裂开，所以他本人未能有效解决"马歇尔冲突"问题。随后，一些学者扩大了市场结构的范围，提出了更加接近现实的市场结构模式，从而为"马歇尔冲突"的解决提供了思路。比如，1933年，张伯伦出版了《垄断竞争理论》，琼·罗宾逊同年出版了《不完全竞争经济学》，两位学者描绘出垄断与竞争相容的垄断竞争市场结构图景。[②] 1940年，克拉克提出"有效竞争"概念，它是一种既有利于竞争又有利于规模经济效应发挥的竞争格局。根据梅森的观点，有效竞争可以从市场结构和市场绩效两个方面进行判定。[③] 随后，学者将梅森的有效竞争标准的两分法扩展到三分法，即市场结构、市场行为和市场绩效标准。

在梅森等学者的研究基础上，哈佛学派建立了比较系统的产业组织理论——SCP范式，并认为市场结构决定企业行为，进而决定市场绩效。由于重视结构对行为和绩效的作用，哈佛学派又被称为"结构主

[①] 李丹，吴祖宏.产业组织理论渊源、主要流派及新发展 [J]. 河北经贸大学学报，2005 (3)：48-55.

[②] 胡志刚.市场结构理论分析范式演进研究 [J]. 中南财经政法大学学报，2011 (2)：68-74.

[③] MASON E S. Price and Production Policies of Large-Scale Enterprise [J]. The American Economic Review, 1939, 29 (1)：61-74.

义"学派。哈佛学派的代表人物贝恩以及其他学者对市场集中度和产业利润率之间的关系进行了经验研究，这些研究证实了高集中度与高利润率之间的正相关关系。① 因此，哈佛学派反对垄断的市场结构，即反对过高的市场集中度。

实际上，市场集中度并不完全等同于市场结构。行业市场结构的本质含义是指该行业的垄断与竞争程度，市场集中度只是市场结构的影响因素之一。哈佛学派认为，市场结构的决定因素主要包括买卖双方的市场集中度、产品差别化程度和进入壁垒的高低。其中，进入壁垒是市场结构的核心影响因素。贝恩将进入壁垒定义为现有企业将价格定在最低平均成本之上且不会引起进入者进入的能力。贝恩认为，进入壁垒的影响因素具体包括规模经济、必要的进入资本需求量、政府限制和绝对成本优势。

哈佛学派SCP范式进一步研究认为，市场集中度实际上是获得较高盈利水平的必要而非充分条件。这是因为，即使市场集中度较高，只要进入壁垒较低，新进入者的竞争就可使超额利润趋于消失。所以，盈利能力将依赖影响进入壁垒的市场结构因素。贝恩的经验研究证实了这一观点。他发现，进入壁垒是收益的主要决定因素，进入壁垒越高，则利润率越高。②

不过，芝加哥学派对哈佛学派关于集中度与利润率关系的假说提出了疑问。芝加哥学派重新定义了进入壁垒。施蒂格勒认为，进入壁垒是一种生产成本，这种成本是打算进入某一产业的新厂商必须负担，而已

---

① BAIN J S. Relation of Profit Rate to Industry Concentration: American Manufacturing, 1936—1940 [J]. The Quarterly Journal of Economics, 1951, 65 (3): 293-324.
② HAY D A, MORRIS D J. Industrial Economics and Organization: Theory and Evidence [M]. New York: Oxford University Press, 1991: 224-231.

在该产业内的厂商无须负担。① 因此，哈佛学派所认定的进入壁垒，芝加哥学派并不认同。这样，哈佛学派所认为的高集中度表示高垄断程度进而导致高利润率的观点，在芝加哥学派看来并不成立。德姆塞茨认为，市场份额较为集中的产业中，大企业较强的盈利能力并不是因为串谋，而是因为高效率。② 以施蒂格勒为代表的芝加哥学派认为，即使市场中存在垄断势力，只要不存在政府的进入规制，由共谋或协调行为导致的高利润率在长期难以为继，长期的竞争均衡是能够实现的。③ 这是因为，按照施蒂格勒的观点，由纯粹的经济力量形成的进入壁垒很少见，真正的进入壁垒基本上是由政府干预所导致的。因此，产业持续出现的高利润率是由于企业的高效率和创新所导致的，而并不是哈佛学派所认为的由垄断势力所导致的。总之，芝加哥学派更加关注市场结构和企业行为是否提高了效率，而不像结构主义者那样只看是否损害竞争。

随着博弈论、信息经济学和新制度经济学等分析方法的引入，产业组织理论出现了新的变革，从而形成了新的产业组织理论。相对于传统产业组织理论，新产业组织理论的一个重要特征是从传统的重视市场结构的研究转向重视市场行为的研究，即由"结构主义"转向"行为主义"。④ 其中，鲍莫尔提出的可竞争市场理论（The theory of contestable market）具有重要影响。可竞争市场理论的主要观点是，良好的生产效

---

① 施蒂格勒. 产业组织和政府管制 [M]. 潘振民, 译. 上海：上海人民出版社, 上海三联书店, 1996：69.
② DEMSETZ H. Industry Structure, Market Rivalry, and Public Policy [J]. Journal of Law and Economics, 1973, 16 (1)：1-9.
③ 苏东水. 产业经济学 [M]. 北京：高等教育出版社, 2015：39.
④ 刘和旺, 王春梅. 西方新产业组织理论述评 [J]. 学习与实践, 2013 (7)：47-55.

率和技术效率等市场绩效可以在哈佛学派所认为的理想的市场结构之外实现，而无须众多竞争企业的存在，① 即高集中度的市场结构仍可取得较好的市场绩效，只要保持市场进入的完全自由，且不存在特别的进出市场成本。这是因为，若进退市场无障碍，则潜在竞争压力会迫使任何市场结构下的企业采取竞争行为，从而取得较好的市场绩效。

综合以上所述产业组织理论各流派的观点，我们可以发现，哈佛学派和芝加哥学派的主要分歧：前者认为市场结构决定市场绩效，超额利润是由垄断导致的；后者则认为是企业行为和市场绩效决定市场结构，超额利润是由大企业的高效率带来的。

（二）纵向产业组织结构

纵向产业组织涉及产业链纵向各环节之间的关系或结构问题。实际上，纵向产业组织关心的是企业边界问题或纵向一体化程度问题。② 交易成本经济学的主要贡献者威廉森和企业产权理论的主要贡献者哈特等学者从不同的视角研究了企业的边界问题。

根据交易成本经济学，治理结构应与交易类型相匹配，是最小化生产成本与治理成本之和。区分交易类型的主要标志是资产专用性、不确定性及交易频率。其中，资产专用性是最重要的区分标志。这些标志决定了一项交易在不同治理结构之下的生产成本和治理成本，从而决定了治理结构的选择。③

---

① BAUMOL W J. Contestable Markets: An Uprising in the Theory of Industry Structure [J]. American Economic Review, 1982, 72 (1): 1-15.
② 陈郁. 企业制度与市场组织：交易费用经济学文选 [M]. 上海：上海三联书店, 上海人民出版社, 1996.
③ WILLIAMSON O E. Comparative Economic Organization: The Analysis of Discrete Structural Alternatives [J]. Administrative Science Quarterly, 1991, 36 (2): 269-296.

企业产权理论中的 GHM 模型认为，所有权或剩余控制权在互动各方之间的配置对效率至关重要。其中的逻辑是，所有权配置实际上是对资产的决策权的配置，而后者会影响各方事前的专用性投资水平，进而影响联合剩余。GHM 模型还给出了效率标准下的所有权配置原则，即根据各方投资的重要性配置所有权。① 上述这些理论提示我们，产业链上各环节的分离或一体化应以效率提升作为主要决策标准。

纵向产业组织理论特别注意最近几十年普遍出现的纵向产业组织的垂直非一体化和网络化的演化趋势。② 出现该趋势的根本原因在于，信息和通信技术、交通技术等外部技术经济条件的发展使纵向一体化对市场交易费用的节约效应趋于弱化，从而使企业网络组织的效率得以提升。企业网络组织是介于市场和一体化科层组织之间的治理结构，其形态多种多样，包括特许经营、外包或分包制、战略联盟和产业集群等。

纵向产业组织的具体形式是指企业间网络组织的各种形态。企业间网络组织是在特征上介于市场和一体化科层组织之间的、兼具市场和一体化科层组织二者部分特征的、对交易进行治理的经济组织或称治理结构，所以又称为中间性组织或混合组织。③ 企业间网络组织的协调机制既包含市场的价格机制，又包含一体化科层组织内部的命令机制或计划机制。相对市场而言，企业间网络组织具有更强的协调能力，从而可以

---

① GROSSMAN S J, HART O D. The Costs and Benefits of Ownership: A Theory of Vertical and Lateral Integration [J]. Journal of Political Economy, 1986, 94 (4): 691-719; HART O, MOORE J. Property Rights and the Nature of the Firm [J]. Journal of Political Economy, 1990, 98 (6): 1119-1158.

② 李晓华. 产业组织的垂直解体与网络化 [J]. 中国工业经济, 2005 (7): 28-35.

③ 樊玉然. 我国装备制造业产业链纵向治理优化研究 [D]. 成都: 西南财经大学, 2013.

节约市场交易费用，促进合作；相对一体化科层组织而言，企业间网络组织的成员企业面临着来自市场更强的激励作用，从而可以节约一体化科层组织内部的官僚主义的组织成本。

企业间网络组织包括企业集群、战略联盟、分包制或外包制、企业集团、虚拟企业和特许经营等几种组织形态。[①] 考虑到我国白酒行业的实际情况，比较适宜我国白酒行业采用的企业间网络组织形态主要包括以下几种。

(1) 产业集群

产业集群亦称企业集群，是相互关联的企业和其他机构的集聚现象，是依据专业化分工和协作原则而在地理空间上高度集中的产业组织形式。企业集群形成的动因有以下几方面。第一，企业集群可以发挥区域禀赋优势和内生比较优势。其中，企业集群提升竞争力的更重要的来源是专业化分工与协作导致的内生比较优势。第二，企业集群有利于协调与合作，有利于提高效率。企业集群中的企业嵌入当地的社会网络中，根植于当地的社会关系之中，有利于声誉和信任的建立，从而降低市场交易成本，促进合作。第三，企业集群有利于创新和动态竞争能力的增强。地理位置的接近和企业之间的频繁交流有利于发挥知识和创新的外溢效应，从而增强产业集群的整体优势。

(2) 战略联盟

战略联盟是由两个或两个以上具有对等实力的相关企业之间出于战略发展考虑，通过合资或契约形成的在生产制造、营销渠道或开发项目等方面比较松散的组织制度。自20世纪70年代以来，在通信设备、汽

---

① 齐东平. 中间性组织的必要性及其组织功能 [J]. 中国工业经济, 2005 (3): 22-28; 杨蕙馨, 冯文娜. 中间性组织的组织形态及其相互关系研究 [J]. 财经问题研究, 2005 (9): 55-61.

车制造、制药和航天等行业，战略联盟的数量急剧增加。战略联盟既可以由从事类似活动的企业结成，也可以由从事互补性活动的企业结成。从产权角度看，战略联盟可分成契约式、股权参与式和合资式等几种类型。契约式战略联盟由企业之间通过签订合作契约的方式形成。这种战略联盟可以使合作企业拥有较多的自主性和灵活性。股权参与式战略联盟是指合作企业之间通过交叉持有少量股份来维系和保障企业之间的合作。交叉持股实质上是提供了一种可以置信的合作承诺。合资式战略联盟是指由合作企业共同设立独立企业来开展合作。

（3）企业集团

企业集团是一种企业联合体，是由母公司、子公司以及关联企业通过资本纽带或非资本纽带而形成的。企业集团的成员企业可以是独立的法人。企业集团成员企业依与母公司关系的密切程度可以形成核心层、紧密层和松散层。核心层由母子公司通过控股关系而构成；紧密层由参股企业构成；松散层由分包企业、分销商和一部分参股企业构成。企业集团内部的协调机制的特点是，从松散层到紧密层，再到核心层，权威的命令机制和计划机制的作用逐渐增强，而市场的价格机制的作用则逐渐减弱。因此，企业集团是介于市场和一体化科层组织之间的组织形态。

（4）供应链整合

供应链是在20世纪80年代后期全球经济一体化的背景下，为克服传统企业管理模式的弊端而形成的概念。供应链概念源于波特（Michael E. Porter）提出的价值链（value chain）思想。波特认为，价值链是企业在设计、生产、营销和交货等过程中以及对产品起辅助作用的过程中所进行的许多相互分离的活动的集合。① 供应链继承了价值链的思想，并在外延上做出了扩展，即认为最终产品或服务的价值不仅仅来自企业内部创造价值的基本活动和辅助活动的各个片段或环节，还来自创造价值的各级供应商。也就是说，供应链是指原材料供应商、零部件供应商、生产商、运输商、分销商和零售商等一系列具有投入产出关系的企业所组成的价值增值网链。

二、四川白酒产业组织结构

（一）四川白酒产业横向组织结构

四川白酒产业横向产业组织结构是指四川白酒行业内部厂商之间的垄断与竞争关系，也就是通常所说的产业组织结构。更具体地说，四川白酒产业横向产业组织结构主要是指白酒制造环节的各厂商之间的垄断与竞争关系。从 SCP 分析框架来看，这种垄断与竞争关系主要是通过市场结构—市场行为—市场绩效的作用关系体现出来的。其中，市场结构通常采用行业集中度指标进行衡量。具体来看，四川白酒产业的集中度总体上在不断提高，目前属于典型的寡头竞争市场结构。其竞争行为从以价格竞争为主要形式转向品牌竞争，但是市场绩效并不理想，总体上表现为产业规模优势而非效益优势。我们未来需要更多关注非制造环节的产业组织结构，更多关注市场行为对市场绩效的影响。

（二）四川白酒产业纵向组织结构

四川白酒产业纵向组织结构是指四川白酒产业链纵向的上下游各环节之间的结构和作用关系，是介于市场和一体化科层组织之间的中间性组织。其组织形态包括产业集群、战略联盟和企业集团等，能够

---

① 波特. 竞争优势 [M]. 陈小悦，译. 北京：华夏出版社，2005：36.

通过市场价格机制和中间性组织内部的协调机制降低市场交易费用和组织成本。

从四川情况来看，四川白酒产业在纵向产业组织结构上呈现出集群化发展的态势。白酒产业集群是白酒产业链纵向各环节的企业在地理上的集聚以及各环节企业之间密切协作的现象。这些环节包括原材料及辅助材料的生产、酒类生产机械及工具的生产、酒类包装、酒类产品设计及酿造、物流、销售渠道等。需要注意的是，"四川白酒产业集群"这个名词通常有两层含义。一是指省域范围层面的白酒产业集群，即四川省白酒行业相互关联的企业和其他机构，按照专业化分工和协作原则在地理空间上高度集聚的产业组织形式。有关省域层面的产业规划或政策需要以此为基础和出发点。二是指集聚在具体空间的白酒产业集群，如宜宾和泸州的众多白酒企业围绕核心企业集聚和分工协作，分别形成了两大白酒产业集群。其中，泸州白酒产业集群是我国发展最早、运行规范、竞争力突出的白酒产业集群，对国内其他地区的白酒产业集群具有引领和示范作用。宜宾以五粮液为核心的白酒产业集群是我国规模最大的白酒产业集群。此外，德阳以剑南春为核心形成白酒产业集聚区，成都以水井坊等为核心形成白酒产业集聚区，遂宁以沱牌舍得为核心形成白酒产业集聚区。

白酒产业集群主要具有四方面效应。[1] 一是规模经济效应。产业集群中的企业基本包括核心企业和协作配套企业两类。这些企业实行高度分工协作，专注酒类产业链上自己具有核心优势的环节，从而有利于实现规模经济，大幅提高生产率。二是节约交易成本。产业在空间上集聚拉近了产业链各环节的企业之间的距离，更重要的是可以使各环节企业

---

[1] 黄元斌，樊玉然. 基于产业集群的中国"白酒金三角"建设探讨 [J]. 江苏商论，2011（3）：28-30.

之间建立紧密的合作关系，从而降低交易成本。比如，核心酿造企业专注自己核心能力的培育，将一些不具优势的环节采取分包等方式分离出去。分离后，核心企业与原材料供应商、机械生产供应商、包装供应商、物流服务供应商之间建立比较稳固的协作关系，这有利于建立信任机制，从而降低交易成本。三是学习与创新效应。集群可有效促进知识和创新在集群内的扩散，不仅包括核心企业的创新外溢到整个集群，还包括配套协作企业之间的创新外溢。四是品牌与广告效应。集群有利于建立区域品牌，使集群内所有企业受益。

四川白酒产业纵向组织的其他组织形态包括战略联盟和企业集团。其中，战略联盟的主要形式为契约式战略联盟，联盟企业拥有较多的自主性和灵活性。目前，四川白酒行业的战略联盟主要有技术创新联盟，如四川省白酒产业技术创新联盟；产业发展联盟，如四川名优白酒联盟；企业战略联盟，如川酒集团与全兴酒业的战略联盟合作伙伴关系。企业集团往往具有较大的企业规模，通过内部一体化交易旨在节约成本。不过，不少企业集团的业务范围不限于白酒行业。目前，六朵金花有五朵金花是企业集团。此外，2017年组建的川酒集团也属于企业集团。

第四节　产品结构

一、产品结构相关理论

（一）产品分类与产品结构

产品是连接生产者和消费者的纽带，其属性和功能是否符合消费者需要，是实现产品的使用价值向价值惊险跳跃的关键。为了赢得市场竞争，企业通常会优化产品结构，向市场提供不同质量和数量的产品。在学术研究和营销实践中，人们对产品的分类通常根据各自研究目的需要而采取不同方法进行划分。其中，影响比较大的产品分类方法是科特勒等人基于市场营销概念的产品层次理论。

早期的产品层次理论将产品分为三个层次：有形产品、核心产品和附加产品。其中，有形产品是指产品的外观，包括质量、特性、式样、品牌名称和包装；核心产品是提供给购买者或购买者所追求的基本效用或利益；附加产品为买主取得有形产品时所获利益的总和。[1] 由于产品三层次结构说偏重于生产者在产品效用和价值形成过程中的主体地位，[2] 科特勒在后来进一步完善了他的产品层次结构理论，提出了五层次结构产品整体模型。[3] 产品的五个基本层次依次为：①核心产品，是指向顾客提供的产品的基本效用或利益；②形式产品，是指核心产品借以实现的形式，由品质、式样、特征、商标及包装五个特征构成；③期望产品，是指购买者在购买产品时期望得到的与产品密切相关的一整套属性和条件；④延伸产品，是指顾客购买产品时附带获得的各种利益的总和，包括产品说明书、保证、安装、维修、送货、技术培训等；⑤潜在产品，是指现有产品包括所有附加产品在内的，可能发展成为未来最终产品的潜在状态的产品。[4]

---

[1] 刘伟，何伟，吴德文. 产品整体观念的层次结构及其差异化模型 [J]. 统计与决策，2007（20）：136-138.
[2] 宋咏梅，孙根年. 科特勒产品层次理论及其消费者价值评价 [J]. 商业时代，2007（14）：31-32.
[3] 科特勒. 营销管理：分析、计划、执行和控制 [M]. 梅汝和，梅清豪，张桁，译. 上海：上海人民出版社，1997：402-403.
[4] 刘伟，何伟，吴德文. 产品整体观念的层次结构及其差异化模型 [J]. 统计与决策，2007（20）：136-138.

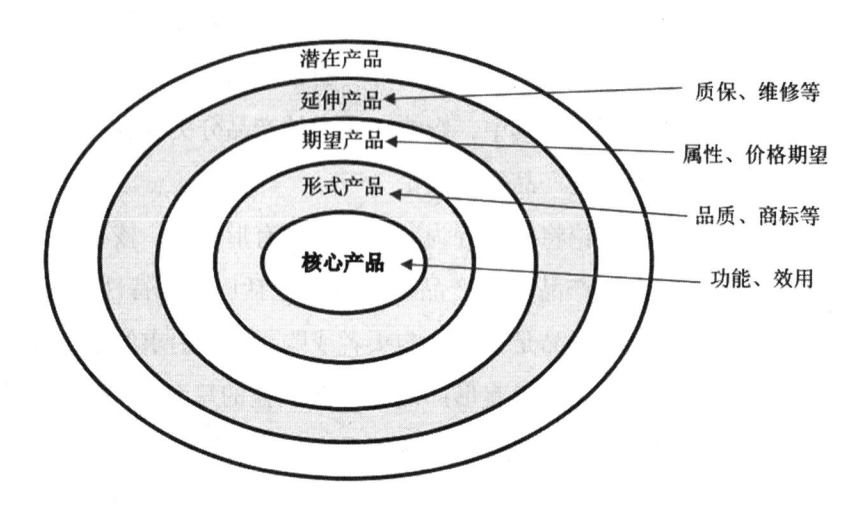

图 3-1 科特勒五层次结构产品模型

科特勒等人提出的产品层次理论，其核心产品层概念大致对应产品品种，形式产品层概念大致对应产品品质，品牌则以核心产品和形式产品为核心，同时以期望产品和延伸产品为表征。因此，科特勒的产品层次理论包含了产品的品种、品质、品牌等层次结构，为本书研究产品结构提供了理论基础。一般来说，企业产品结构是指企业产品的构成，即企业生产或经营的不同类型产品之间质的组合与量的比例。[①] 其中，质的组合是指产品之间不同质的组合，即企业所拥有的产品类型；量的比例是指每一产品类型所拥有的产品数量的多少。因此，产品结构优化就是指调整产品类型结构和数量的比例关系来提高企业竞争优势的行为。从产业层面看，产品结构优化还包括不同企业的产品结构合理化。

---

① 徐鑫. 产品结构优化建模及应用研究 [D]. 上海：同济大学，2008.

（二）供给侧改革与产品结构

改革开放以来，我国经济通过高投资和要素扩张实现了令世界惊叹的快速增长，但由于发展模式的粗放式和外延式增长特征，经济的结构性矛盾在发展过程中愈加突出，表现为产业结构不适应需求变化，部分行业产能过剩严重。可以说，"十二五"时期以来，经济增速显著下降，表面上的原因是"需求不足"，实际上是供给结构与市场需求脱节造成了"供给失灵"，① 这是普遍的供给过剩与结构性供给不足之间的矛盾。从需求角度看，随着国民经济持续发展和居民收入水平不断提高，我国居民消费结构升级加快，但产品和服务的品种、品质和品牌尚不能很好地满足居民日益升级的消费需求。② 关于这种结构性矛盾，我们要加快供给侧结构性改革促进产业向中高端升级，③ 促进企业创造有效的产品和服务，解决低端消费品过剩、高端消费品不足的供需结构性矛盾，满足人们对高质量产品日益增长的需要。④ 因此，供给侧在微观领域表现出的低端产品供给过剩、中高端产品供给不足的问题，是产品结构不能满足需求结构升级的市场现象。我们需要从行业角度进行结构性改革，促使产业发展从低端水平向中高端水平提升，实现产品结构优化升级。

---

① 胡鞍钢，周绍杰，任皓．供给侧结构性改革：适应和引领中国经济新常态［J］．清华大学学报（哲学社会科学版），2016，31（2）：17-22.
② 毛中根，杨丽姣．经济全球化背景下供给侧改革与居民消费结构升级［J］．财经科学，2017（1）：72-82.
③ 王小广．加快供给侧结构性改革促进产业转型升级［J］．区域经济评论，2016（3）：8-10.
④ 陈新年．从消费升级看供给侧改革着力点［N］．经济日报，2018-04-19（14）.

二、四川白酒的产品结构

产品结构是指各种产品所占的比重和相互关系的总和。在实际运用中,其可以按照不同角度或标准进行分类,形成不同类型和不同层次的产品结构。毛中根和杨丽姣从我国居民消费结构升级角度将产品结构分为品种、品质、品牌三个维度。[①] 本书借鉴科特勒等人的产品层次理论,同时考虑到四川白酒产业是一个具有地域范围的具体产业,因此四川白酒的品种结构要根据白酒行业的生产方式、技术特征和消费功能来确定划分标准。

具体而言,四川白酒的产品结构包括以下几种。

(1) 品种结构。品种是具有比较稳定而统一的属性特征的产品群类,品种结构是指产品群类的数量与比例关系。对白酒产品而言,其品种结构可从三个不同角度进行分类:①按照生产方式可分为固态发酵法白酒和液态法白酒、固液法白酒;②按照香型,目前有"四大香型,六小香型"及新增的几种香型;③按照酒精度分为高度白酒、中度白酒、低度白酒。

(2) 品质结构。品质取决于产品质量,品质结构由产品的质量状况决定。本书从两个不同角度划分品质结构:①按照产品检验标准可分为合格产品、不合格产品及假冒伪劣产品;②按照白酒独特的技术指标和感官体验可分为国家名优质酒、地方名优质酒、普通白酒。

(3) 品牌结构,微观上是指企业不同产品品牌的组合,如主品牌、副品牌。这种划分从产业层面来看并不适用。实际上,本书在进行品牌

---

① 毛中根,杨丽姣. 经济全球化背景下供给侧改革与居民消费结构升级 [J]. 财经科学,2017 (1): 72-82.

划分时，既要考虑企业层面，也要考虑产业层面；既要考虑供给侧，也要考虑需求端（满足不同需求层次）。为此，我们将品牌划分为高端、中端、低端三个档次。

从产品结构三个维度之间的关系看，品种是基础，在一定程度上决定了产品品质水平；品质是关键，是品牌的内在属性，知名品牌往往具有优良的品质；品牌是产品品种和品质的延伸，是获得消费者认可的载体。因此，在一定程度上，产品的品种决定品质，品质决定品牌。优质品牌往往代表消费者的高度认可，因而通常具有较大的市场发展前景。从供给侧存在的主要矛盾看，四川不缺酒，但是品种不够丰富，有些酒的品质不稳定，品牌认可度高的好酒比例不高。这是不平衡不充分发展在产品层面的具体表现。正因为如此，2016年5月，《国务院办公厅关于开展消费品工业"三品"专项行动营造良好市场环境的若干意见》提出，要开展消费品工业增品种、提品质、创品牌"三品"专项行动，瞄准人民群众的新需求和不断升级的市场需求，着力增品种、提品质、创品牌。[①]

第五节 四维度结构间的关系

在产业供给侧的四维度结构关系中，制度结构决定动能结构，动能结构决定产业组织结构，产业组织结构决定产品结构，这是本书提出四川白酒产业供给侧四大结构性改革的内在逻辑。

---

① 李克强强调：着力增品种提品质创品牌［EB/OL］. 新华网，2018-05-10.

一、制度结构决定动能结构

制度决定经济的激励结构和激励的有效性。一个经济体制的质量高低，是否有效率，是否能够促进产业持续稳定健康发展，主要体现为它在多大程度上能把个人的逐利动机转化成对经济和社会有利的行为，在多大程度上能调动个人和企业的积极性。① 有效率的体制和机制能够激发企业家精神，充分发挥企业家敢于承担风险和敢于创新的精神，通过企业家对生产要素的创新性组合提高企业效率。有效率的体制和机制能够协调员工个人目标和企业目标，提高企业管理效率。有效率的体制和机制也能够协调企业目标和产业目标，促使行业持续稳定加快发展。因此，采用的要素投入方式、技术类型、管理方式在很大程度上取决于制度结构所提供的激励结构和激励方式。供给侧结构性改革首先需要消除体制机制障碍，为新旧动能转换创造良好的环境和制度保障，促使经济主体提高要素质量、运用先进技术和新型管理模式，提高经济效率。

二、动能结构决定产业组织结构

从供给侧看，动能结构涉及要素投入方式、技术水平、管理模式等三个方面，对产业组织结构和产品结构具有重要影响。从要素投入方式看，四川白酒产量占全国比重接近50%，但产业增长主要依靠要素投入数量增加而非主要依靠要素质量提高。从生产技术看，技术装备水平是影响规模经济的重要因素。从经济史看，机械化在推动企业规模由小作

---

① 方福前. 深化供给侧改革 推动高质量发展［N］. 中国社会科学报，2018-01-03（4）.

坊转变为大规模企业过程中起着关键作用。四川白酒主要采用固态酿酒工艺，白酒生产十分依赖人工操作，这使企业很难进行大规模、批量化生产。[①] 相关数据表明，四川白酒企业数量众多，并且小规模企业数量占绝大多数，从而导致其产能分散，行业集中度低。企业的规模经济还受到企业管理能力的制约。随着企业规模的扩大，管理者需要克服企业规模扩大过程中的部门数量增加和管理层级增加带来的人员、信息、资金等困难。这是众多小企业、小作坊面临的困难。

此外，动能结构还决定纵向产业组织结构。具体而言，要素质量、技术水平和技术结构决定了企业所处的产业链位置。四川白酒企业绝大多数是小规模企业，通常从事行业技术较为成熟的产品制造，即属于产业链的制造环节，处于产业链的中低端，在产业链前端的研发设计、产业链后端的品牌发展、销售服务等中高端环节中的竞争力不强。一些头部企业由于资金、技术、人才优势，开始向产业链两端的研发设计、品牌运营发展，这将对纵向产业组织结构产生影响。

三、产业组织结构决定产品结构

在不同的产业组织结构下，行业中的企业规模分布不同。在竞争性市场结构中，小规模企业数量众多，企业规模普遍较小，平均成本较高，对新产品的开发能力有限，即便想要提高产品质量也面临较大成本压力，往往只能生产低端产品。随着行业集中，企业规模扩大，大企业拥有较强的产品开发能力和品牌运营能力，有能力生产更多的品种、开发中高端产品满足市场需求。实际上，自2016年以来，我

---

① 宿萌.传统白酒酿造工业化、机械化发展研究概述［J］.酿酒科技，2020（2）：87-91.

国白酒行业的"复苏"就是一种结构性复苏，即头部企业快速复苏、大多数地产酒增长下滑甚至亏损，小微企业生存困难。一个重要原因是头部企业能够针对市场需求迅速开发新产品，并且具有质量较高的产品和品牌运营能力，能够更好地满足行业调整下消费结构升级的要求。众多白酒小企业则缺乏这些能力，其产品的品种不够丰富、产品品质不高、品牌声誉不强，难以满足人民群众多层次、高品质、多样化的产品消费需求。

第四章

四川白酒产业发展环境分析

本章主要研究四川白酒产业供给侧改革的外部环境条件,主要内容包括在我国社会发展阶段新变化和经济发展战略重大调整、国际经济形势不确定性增强以及世界新科技革命与产业革命深化的背景下,白酒行业的市场需求状况及其变化、白酒产业科技创新现状及其变化、白酒行业现有竞争格局及其变化、白酒产业政策环境及其变化等。这使我们深刻认识四川白酒产业供给侧改革面临的严峻挑战与重大机遇,准确把握四川白酒产业供给侧改革的历史方位。

第一节 宏观经济环境

一、国内国际双循环发展新格局

2020年5月14日,中共中央政治局常委会会议首次提出"深化供给侧结构性改革,充分发挥我国超大规模市场优势和内需潜力,构建国内国际双循环相互促进的新发展格局"①。该发展新格局是在当前世界全球化动荡不稳的前提下提出的,是我国适应国际环境变化的重要战略调整,是我国经济高质量发展的内在需要。

改革开放以来,出口导向型发展模式不但是我国经济发展的重要驱动力,而且推动了中国制造的崛起。我们需要清楚地认识到,我国在全球产业链中处于价值链中低端,产品附加值不够高,国际竞争力不强,不能满足国内对日益增长的美好生活需要。随着我国向社会主义现代化强国迈进,居民需求层次与购买力不断提升,对商品和服务的质量要求会越来越高,居民从数量型、生存型、温饱型消费向质量型、发展型、享受型消费转变。我国通过促进形成强大国内市场,打破阻碍国内外供求匹配的市场壁垒,盘活全球范围的市场有效供给,提供更多高性价比的商品和服务,能够更好支撑消费结构和品质的双升级,从而倒逼供给结构与质量大幅提升。这是驱动总供给与总需求在更高层次和水平上达成新均衡的强劲引擎,也是促成国内国际双循环的重要驱动力。② 白酒是我国的传统消费产品,在满足人民日益增长的美好生活需要方面扮演着重要角色,通过改进型结构性改革提高白酒行业供给体系质量,使之符合我国居民消费结构升级和产品品质升级要求,有助于推动白酒行业高质量发展,从而为四川白酒产业振兴发展提供了更广阔的空间。

二、国际经济合作

国际经济合作是扩大我国发展空间的必要途径。为此,我国于2001年11月正式加入世界贸易组织(World Trade Organization,WTO),国际贸易成为推动我国经济高速增长的重要驱动力。党的十八大前后,国际

---

① 构建国内国际双循环相互促进的新发展格局[EB/OL].央视网,2020-05-16.
② 刘志超.以扩大内需为基点畅通双循环[N].黑龙江日报,2020-11-15(4).

形势发生巨大变化。一方面，单边主义有加剧现象；另一方面，区域合作仍在加强。从国内发展格局看，改革开放30多年来，我国对外开放取得了举世瞩目的伟大成就，但受地理区位、资源禀赋、发展基础等因素影响，对外开放总体呈现东快西慢、海强陆弱格局。[1] 为此，党中央根据国际国内形势变化，于2013年提出"一带一路"合作倡议，推动与沿线各国互联互通合作共赢，发掘区域内市场潜力，促进投资和消费，创造需求和就业，增进沿线各国人民的人文交流与文明互鉴。2020年11月15日，区域全面经济伙伴关系协定（RCEP）签署，全球最大的自由贸易区诞生，东亚经济一体化建设取得突破性进展，这将进一步提升亚太地区今后在全球发展格局中的分量。[2] 进入新时代以来，我国继续把改革开放向前推进，通过深入推进改革开放，不断解决发展不平衡不充分的问题，为实现"两个一百年"奋斗目标、实现人民对美好生活的向往奠定雄厚的物质基础。

四川白酒产业的规模优势显著、名优产品众多，但四川白酒的国际化程度非常低，在四川众多白酒企业中，目前只有五粮液、泸州老窖等一些知名品牌涉及一些白酒出口业务。近年来，四川白酒通过"一带一路"沿线国家和地区，大力推动白酒国际化。由于亚太地区具有地理临近的空间和深厚的历史文化渊源，RCEP协定将扩大国际经济合作的规模，这将为四川白酒的国际化带来较好的机会。

三、区域发展战略

近几年，国家推出了一系列区域发展的新战略。2017年3月，中

---

[1] 王优玲，陈炜伟．构建对外开放新格局推进"一带一路"战略［N］．光明日报，2014-12-08（10）．
[2] 区域全面经济伙伴关系协定（RCEP）15日正式签署 中国加入全球最大自贸区［EB/OL］．中国政府网，2020-11-16．

国（四川）自由贸易试验区成立，自贸区将大力优化营商环境，打造内陆开放型经济高地，川南地区的食品饮料等特色优势产业成为重点发展对象。2020年1月，中央财经委员会第六次会议研究推动成渝地区双城经济圈建设问题。成渝地区双城经济圈建设上升为国家战略，有利于在西部形成高质量发展的重要增长极，打造内陆开放战略高地，有利于推动区域经济增长和消费能力提升，为产业发展提供更好的市场机会。2020年5月，中共中央、国务院下发的《关于新时代推进西部大开发形成新格局的指导意见》，提出要促进西部地区"大开放""高质量发展"，这为西部传统产业的转型升级带来相应的政策机会。总之，四川自贸区建设、成渝地区双城经济圈建设、新时代西部大开发、长江经济带发展规划等区域性经济合作战略，对提升四川白酒品牌价值、推动四川白酒产业优化升级、扩大市场具有重要意义。

第二节 市场需求状况

一、市场规模已经饱和

这里的市场规模是指白酒消费数量。由于消费数据缺乏，为了便于分析，我们在此采用白酒行业产量作为主要替代性指标，将白酒销售收入作为补充指标。

21世纪以来，在两次世界性金融危机后的经济刺激政策的推动下，我国白酒行业从复苏走向扩张，行业产量由2003年的311.7万千升增长到2016年的1358.4万千升，其间全国白酒产量增长了4.4倍。之后，全国白酒产量连续3年大幅度下降，2018年规模以上企业总产量近11年来首次下滑到1000万千升以下，2019年产量只有786万千升（见图4-1）。导致全国白酒行业产量规模变化的一个主要原因在于，2016年之前，白酒产量的持续增长与"黄金十年"期间企业大量扩张产能陆续投产有关，并且由于企业产能建设的滞后性，2011年至2015年白酒产能在行业深度调整期继续增长。在2016年之后，白酒产量的急剧下降与统计口径的变化有关。在此之前，白酒原酒和瓶装酒在不同环节被重复计算，造成统计数据虚高，在经济数据"挤水分"的宏观形势下，虚增的数据得到纠正。另一个需要引起重视的深层次原因是消费市场正在发生变化，年青一代的消费观念和消费模式发生改变，洋酒、葡萄酒、果酒等替代性产品不断吞噬白酒的市场份额，同时禁酒驾等政策对白酒消费也产生一定的影响。

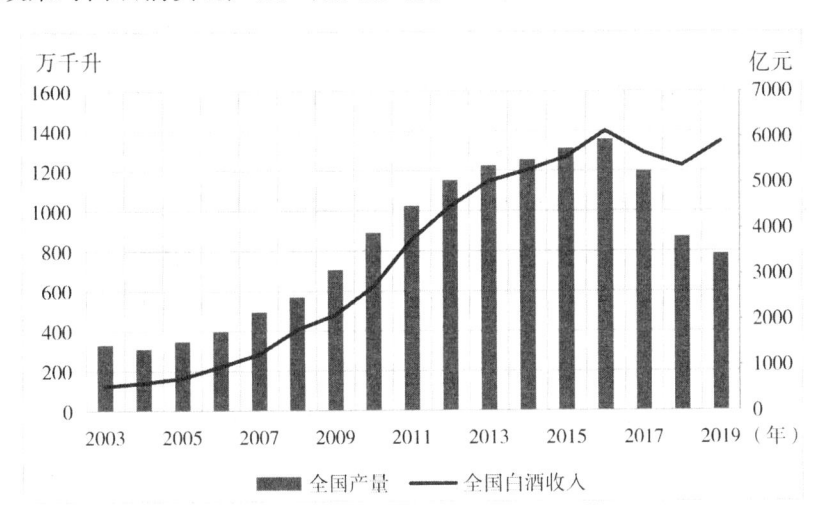

图4-1 我国白酒产量和营业收入变化

数据来源：中国国家统计局、中国酒业协会等。

白酒消费规模的变化在白酒销售收入方面也得到充分反映。从规模以上企业的白酒销售收入看，白酒销售收入在2013年达到5018亿元，此后基本上维持在5000亿元至6000亿元。从近年来白酒价格总体上不断提高可知，白酒消费量在减少，这与近年来的白酒产量统计数据的变化方向一致。因此，近年来的白酒市场数据的表现和消费领域的变化，都表明白酒行业的市场规模已经饱和，市场增长的空间主要在于消费结构升级带来的产品结构优化和价格提升。

二、收入增长带动白酒消费发展

消费水平取决于收入水平，消费增长取决于收入水平的增长。随着我国经济快速增长，居民的人均可支配收入逐年提高。根据国家统计局的数据，2019年，我国人均可支配收入达到30733元，[①] 是1978年的179.5倍，年均复合增长率达到13.50%。其中，从2003年到2019年，我国经济从高速增长阶段转向中高速增长阶段，但我国人均可支配收入仍然增长了5.14倍，年均复合增长率达到10.77%。一方面，从城乡来看，从2003年到2019年，我国城镇人均可支配收入增加33953元，农村人均可支配收入增加13330元，分别是2003年的5.04倍和5.95倍。另一方面，从居民消费水平来看，随着居民收入水平的提高，全国居民消费水平也在提高。2003年，我国居民人均消费水平仅为4542元，在短短16年的时间里就已经达到了27653元，年均复合增长率高达10.68%，与居民人均可支配收入增长速度相当（见图4-2）。收入和消费的高速增长促使我国加快向消费大国转变，我国的超大规模市场优势和内需潜力逐渐得到发挥。

---

① 中华人民共和国2019年国民经济和社会发展统计公报 [EB/OL]. 国家统计局，2020-02-28.

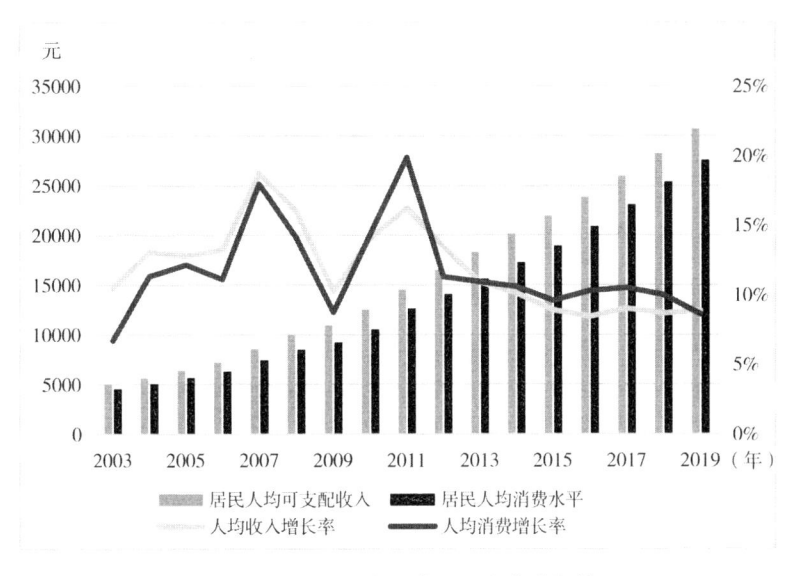

<<< 第四章　四川白酒产业发展环境分析

图 4-2　我国居民人均收入和消费增长情况

数据来源：《中国统计年鉴（2020）》。

从白酒消费看，国内居民收入持续提高和消费能力不断提升，使白酒的消费额也在不断增加。从图 4-3 可以看出，2004 年以来，我国对白酒的消费在大多数年份均保持在 10% 以上增长速度，[1] 有几年的增长速度超过 30%，其间平均增长速度也超过 10%，其变化趋势与我国居民收入波动趋势基本相符。分阶段看，2004 年至 2011 年，除了 2008 年的美国次级债务危机对我国经济带来整体冲击外，我国居民人均收入总体上保持 12% 以上的高速增长，相应地，白酒消费也处于高速增长阶段。在 2011 年之后，我国居民人均收入总体上处于缓慢下降和中高速稳定增长阶段，白酒消费也处于下降和企稳阶段，并且在规范政务消费的背景下，由于高端白酒对政务消费的高度依赖和行业调整的滞后反应，行业

---

[1]　由于缺乏统计数据，白酒消费增长率采用白酒企业销售收入增长率作为替代指标。

发展出现剧烈波动。

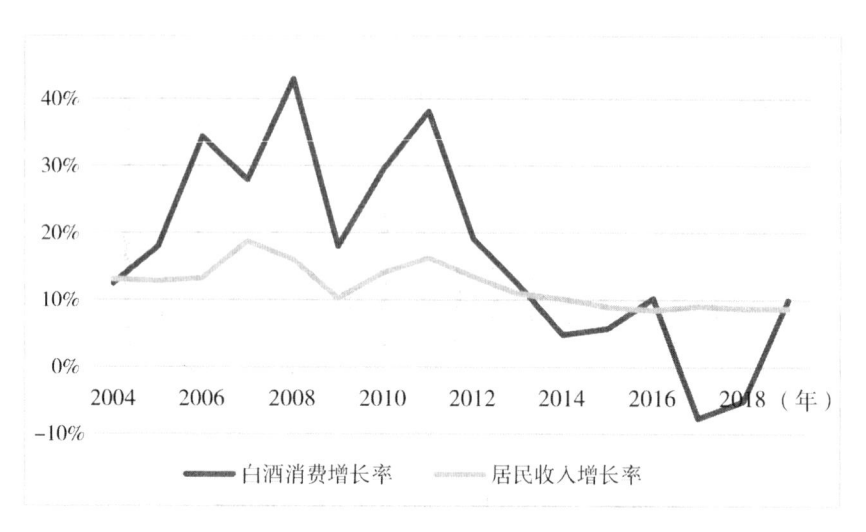

图 4-3　居民收入增长率与白酒消费增长率

数据来源：《中国统计年鉴（2020）》、中国产业信息网。

总体来看，居民收入增长促进了白酒消费的增长，从而推动了白酒行业的高速发展。白酒行业从 2003 年到 2012 年经历了高速发展的"黄金十年"。在这十年里，全国白酒行业营业收入快速增长，2012 年白酒行业的营业收入就已经突破了 4000 亿元，达到 4466 亿元，是 2003 年的 8.19 倍，年均复合增长率高达 26.30%，远高于居民人均可支配收入增长率。在 2012 年之后，政务消费逐步退出，白酒消费回归以个人消费和商务消费为主的消费结构状态，白酒行业进入调整期，行业整体的营业收入呈现出小幅波动，尤其是在 2017 年和 2018 年，白酒行业营业收入稍有回调，但总体上仍然保持增长态势（见图 4-4）。

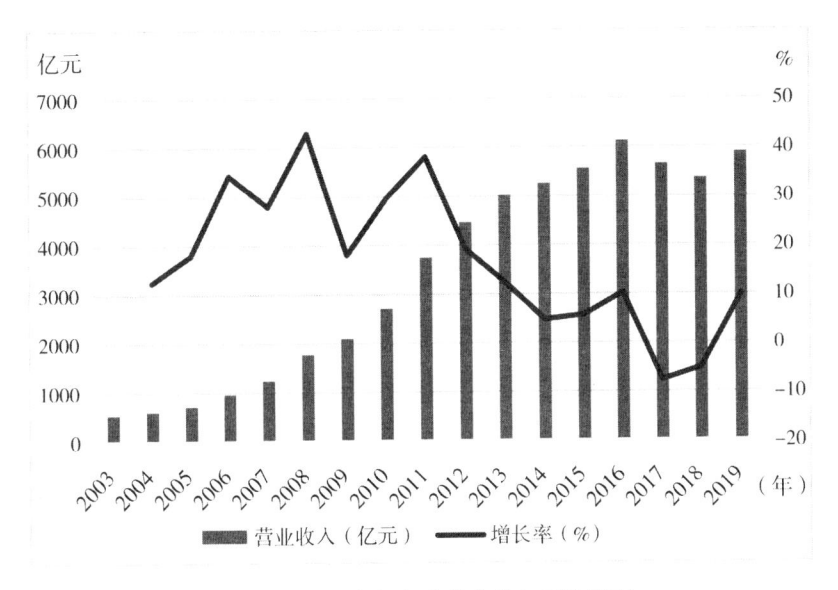

图 4-4　全国白酒行业营业收入及增长率

数据来源：中国产业信息网。

三、需求结构迈向多元化

随着收入的持续增长，人们对产品和服务的消费能力不断提升，对美好生活领域的消费水平不断提高，围绕生活品质提升的消费比重在增加。体现在白酒消费上，消费者对白酒的诉求已经呈现出"少喝酒、喝好酒"的特征，酒类消费进入多元化和个性化的消费时代，表现为白酒的消费类型、消费档次和形式比重的变化，即白酒消费结构正在发生变化。

在2012年之前白酒行业的"黄金十年"期间，白酒消费结构中政务消费占比非常高，在政务消费影响下商务消费的比重也很大，二者占整个白酒消费比例的八成，个人消费比例最低，① 行业运行呈现明显的不平衡发展特征，如图4-5所示。

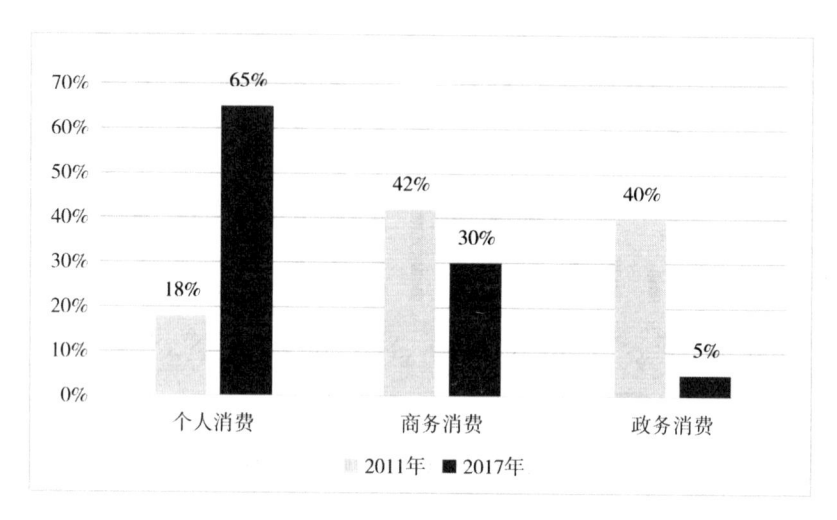

图4-5 白酒消费结构变化

数据来源：中国产业信息网。

自2012年开始，由于行业自身发展不规范（如塑化剂等产品质量问题），以及规范公务消费等因素的影响，我国白酒消费市场增长速度放缓，白酒行业迎来了较长时间的调整时期。与此同时，随着居民收入的持续增长，个人消费能力大幅提升，双重因素引起该期间白酒行业的需求构成发生了深刻的变化，即我国白酒的消费类型逐渐由政务型消费和商务型消费转向以个人消费和商务消费为主的大众型消费，白酒在大众中的社交属性得到进一步增强，白酒的中坚消费群体数量逐年增加。其中，高端白酒和次高端白酒的中坚消费群体数量保持较快的增长速

---

① 李玲玲.2018年中国白酒产量、消费量及价格走势分析［EB/OL］.智研咨询，2019-08-14.

度。如图 4-6 所示，我国白酒消费形式和消费场所出现多元化，饮用白酒的场合在交友聚会和商务消费上占比均在 25%以上，[①] 家庭聚会、酒席、日常消费的比例明显提高，白酒消费水平提升、消费结构升级的特征非常明显。

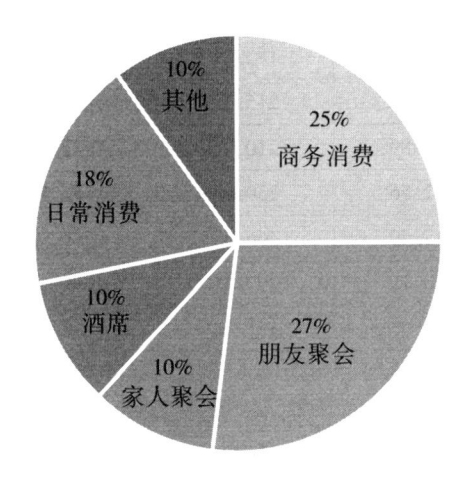

图 4-6 我国白酒消费主要场所分布

数据来源：中国产业信息网。

从价格和消费档次看，高、中、低端白酒需求存在较大差异。通过对 2010 年到 2018 年高端、次高端和中低端白酒进行分析可知（见表 4-1），中低端白酒仍然是白酒销售收入来源的主力，不过也从侧面反映出中低端白酒市场竞争激烈。高端白酒的消费在行业调整期出现了明显的大幅度下滑，但在 2016 年开始回升，并且在 2016 年高端和次高端

---

① 管小红.2019 年中国白酒行业产量、规模上企业数量、销售收入、利润总额、进出口情况分析及 2020 年行业发展趋势预测［EB/OL］.智研咨询，2020-01-10.

白酒收入突破前期收入水平。中低端白酒在 2016 年达到最高点之后，2017 年和 2018 年的销售收入反而在下降。①

表 4-1 白酒分类销售收入　　　　　　　　　　单位：亿元

年度	高端白酒	次高端白酒	中低端白酒	总销售收入
2010	384.68	114.87	2171.86	2671.41
2011	520.79	168.6	3057.28	3746.67
2012	710.14	183.11	3573.01	4466.26
2013	607.18	215.77	4195.06	5018.01
2014	525.89	210.36	4522.64	5258.89
2015	572.56	239.03	4747.27	5558.86
2016	647.49	266.47	5211.78	6125.74
2017	790.19	297.35	4566.88	5654.42
2018	800.05	301.44	4262.34	5363.83

数据来源：中国产业信息网。

当然，中高端白酒虽然销售收入创新高，但收入占比只有 15%（见图 4-7），还有巨大的发展空间。总之，在消费升级的浪潮下，消费结构向中高端迈进，中高端白酒迎来了发展的最佳机遇期。酒类的品质消费时代已经来临，或者说我们进入了不缺酒但长期缺好酒的时代。②

在白酒的国内消费增长的同时，我国白酒出口长期不振。根据智研咨询的统计，2015 年到 2019 年，我国白酒的出口量有小幅度的上升，在 2018 年时出口数量达到阶段高峰，出口量超过了 1.7 万千升（见图 4-8），但是在 2019 年出口量又直接回落至 2016 年水平。我国是白酒生

---

① 管小红. 2019 年中国白酒行业产量、规模上企业数量、销售收入、利润总额、进出口情况分析及 2020 年行业发展趋势预测 [EB/OL]. 智研咨询，2020-01-10.

② 宋书玉. 2020 中国白酒之"结构" [J]. 中国食品，2020 (9)：70-73.

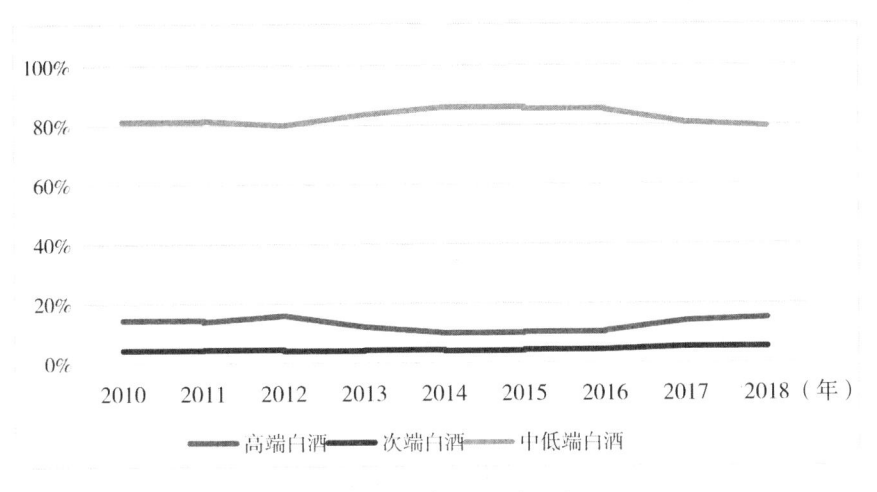

图 4-7　白酒分类销售收入占比

数据来源：中国产业信息网。

产大国，白酒产量占世界烈酒产量超过三分之一，出口占比极低，这说明我国白酒的出口量和生产量严重不匹配。比如，我国白酒出口量最高的2018年，其出口量为1.72万千升，而当年我国白酒生产量则达到871.2万千升，出口量只有生产量的0.2%。[①] 出口不振的主要障碍在于，一方面，我国白酒出口面临贸易壁垒。我国白酒类产品属于普通消费品，征税范围和税率等按照普通消费品对待。国外一般把酒类产品作为特殊消费品，这就造成我国对国外的酒类产品管理比较宽松，然而我国白酒进入国际市场要受到很多限制。[②] 另一方面，外国消费人群不习惯喝白酒，主要原因在于我国的白酒与西方烈酒存在口味、色泽、酒精

---

① 2015—2019年中国白酒进出口数量、进出口金额统计［EB/OL］. 智研咨询，2020-05-18.
② 马卉. 我国白酒产业现阶段面临的问题及解决对策［J］. 现代商业，2009（3）：190.

度等方面的差异。①

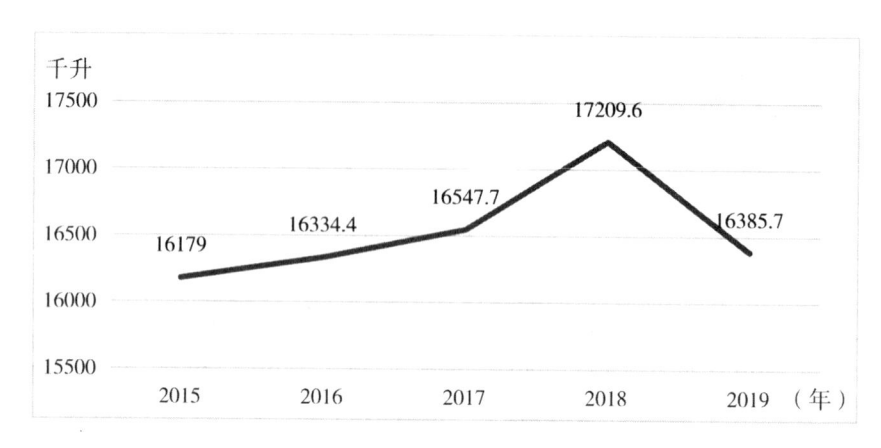

```
千升
17500                              17209.6
17000                   16547.7
16500      16334.4                          16385.7
       16179
16000
15500
       2015    2016    2017    2018    2019  （年）
```

图 4-8　白酒出口数量折线图

数据来源：中国产业信息网。

四、替代品发展迅速

随着消费结构的升级，消费者选择的多元化日益明显，白酒消费面临多种替代品的竞争，如果酒和洋酒的竞争，多种酒类消费正在冲击着白酒的市场份额。《2018天猫酒水线上消费数据报告》指出，70后、80后消费者酒类消费更集中，白酒消费金额占比在50%以上，90后、95后年轻人消费更加多元化，对葡萄酒与洋酒的偏好较高。从消费金额分布看，90后的白酒消费金额占比大约在40%，葡萄酒消费金额占比大约在30%，其他类在20%以上。95后葡萄酒的消费占比要比90后的稍大一些，洋酒的消费占比也比90后的稍大一些。② 此外，果酒也是一种重要的替代品。果酒是用水果本身的糖分经过酵母菌发酵制成酒

---

① 周海平. 谈中国白酒出口的障碍 [J]. 酿酒, 2011, 38 (5): 17-19.
② 常佳瑞. 酒类消费出现新趋势 [N]. 中国证券报, 2018-11-13 (A7).

第四章 四川白酒产业发展环境分析

精的酒,含有水果的风味,它的酿造工艺和成本比白酒低,并且酿造原料丰富,大多数的水果都可以制成果酒。按酿造方法和产品特点差异,果酒大致分为发酵果酒、蒸馏果酒、起泡果酒和配制果酒四种。按照产品原料差异,果酒目前以葡萄酒、苹果酒最为常见。凭借独特的风味和低酒度,果酒在年轻群体中非常受欢迎,市场发展迅速,产量逐年增加,2019年产量已经达到165.7万千升,已超过白酒产量的1/5(见图4-9)。[①] 总之,白酒代替品市场规模不断扩大,其消费人群不断增加,这对白酒行业造成了一定的威胁。

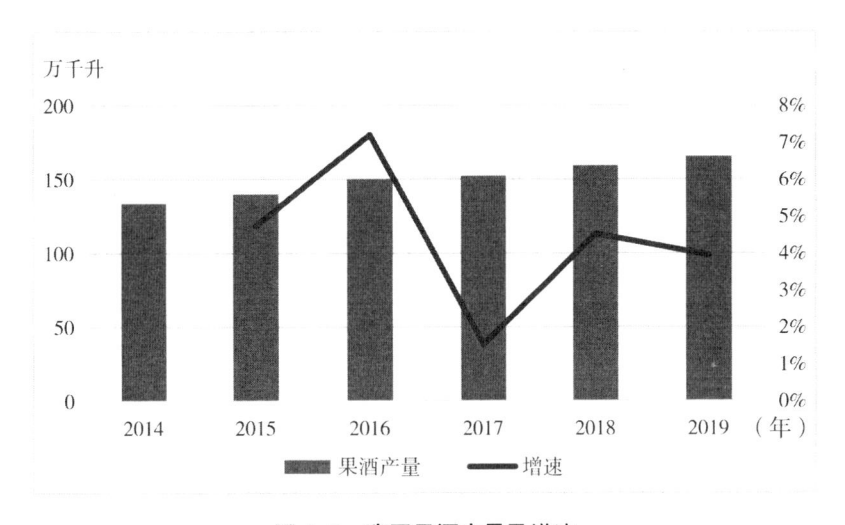

图4-9 我国果酒产量及增速

数据来源:中国产业信息网。

---

① 王密.2019年中国果酒行业发展现状及趋势分析[EB/OL].智研咨询,2020-07-06.

第三节 科技创新现状

一、创新模式与组织方式

我国白酒行业的科技创新主要是以企业为主体，由企业自发进行并由政府进行适当引导和推动的。白酒行业是一个竞争性的成熟的传统行业，市场竞争激烈。为了应对市场竞争，企业需要投入相应的资金和人员改进酿造技艺、研发新产品，也需要通过机械化、自动化实现生产模式现代化转型，降低企业生产成本。同时，在这个过程中，政府为企业创新提供了相应的政策环境和政策支持，在特殊情况下，政府或其机构也会参与企业或者行业的研发创新。

21世纪以来，我国白酒行业具有代表性的创新组织和创新计划主要有以下几种。

"中国白酒169计划"。中国酿酒工业协会于2007年4月牵头，组织相关院校、科研单位、企业共同参与"中国白酒169计划"，即1个重点、6个研究课题、9个协作单位。该计划围绕白酒应用基础科学领域等白酒产业共性的、关键性的科学与技术问题进行创新性研究。[①] 在组织模式上，"169计划"是一个由中国酒业协会牵头，院校为攻克主体，相关企业共同参与的项目，符合国家提倡的产、学、研合作的新模式，是一种科研体制的创新。

"中国白酒158计划"。2010年8月，中国酒业协会提出"中国白酒158计划"，旨在实现白酒行业的机械化、自动化、智能化、信息化，

---

① 徐岩. 中国白酒国际化进程中的传承与创新 [J]. 酿酒科技，2012（12）：108-109.

推动白酒行业转型升级发展。计划中的"1"代表一个主题，即推动白酒行业转型升级发展；"5"表示将白酒生产分为五道工序，涵盖大曲制造、发酵、蒸馏、储存勾调和灌装包装；"8"则指五家白酒企业和三家白酒装备设计制造企业。

"中国白酒3C计划"。2013年8月，中国酒业协会推动的"中国白酒3C计划"在北京正式启动。"3C"即"诚实、诚心、诚信"三个词的拼音首字母。该计划涉及三大项目：科研计划、科普宣传计划、产业诚信体系建设计划。它是涉及白酒技术提升、规范经营、科学发展和产业安全的一个全方位的系统工程。

此外，2014年成立的中国白酒技术创新战略发展工作委员会是中国酒业协会的重要战略机构之一，受到了国内科研院所、高校学府以及知名酒企的高度重视。委员会组建的酒类产业技术专家团队，聚焦风味组学、系统生物学等现代科学，揭秘中国白酒健康价值，提升中国白酒的安全品质，促进中国白酒风味多样化，探秘中国白酒自然生态与酿造微生态，实现了产业技术水平的全面提升，为驱动中国白酒的高质量发展提供了持续的动力。

总之，政府的引导和支持有助于解决我国白酒领域的共性技术和关键性的科学难题，为白酒企业的科技创新提供了良好的基础和条件，推动了中国白酒行业的技术创新。

近年来，四川白酒企业不仅积极开展传统酿造工艺的研发和创新，而且深化与阿里巴巴、京东、1919等电商的合作，积极探索发展酒类新零售，加快推进酒类营销模式创新，加快建设"互联网+"模式的四川白酒新零售服务平台。

二、研发投入强度

持续稳定的研发投入能够提高企业技术水平、降低生产成本，有利于打造新酒品，吸引新的受众群体，从而可以有效地应对市场变化，提高企业竞争力。通过对6家白酒头部企业近五年的研发投入情况进行整理，我们发现，大多数白酒企业的研发投入金额总体上呈现上升趋势，但由于部分企业的研发投入金额显著下降，导致6家白酒企业的研发投入金额总和反而下降了（见表4-2）。

表4-2 上市白酒企业研发投入金额　　　单位：千万元

年度	贵州茅台	五粮液	泸州老窖	洋河	山西汾酒	古井贡	合计
2014	65.22	6.42	5.54	6.47	1.26	15.28	100.19
2015	65.72	5.52	6.97	8.82	1.34	16.25	104.62
2016	60.96	8.50	7.14	3.67	1.13	18.95	100.35
2017	43.49	7.78	8.48	3.78	1.12	22.03	86.68
2018	38.58	8.41	8.53	3.29	1.22	22.46	82.49
2019	22.05	12.64	8.68	16.69	2.23	26.91	89.2

数据来源：上市公司年度报告。

从研发投入强度（研发投入占营业收入比重）来看，主要企业的研发投入强度总体上呈现下降趋势（图4-10）。其中，贵州茅台、泸州老窖五年来下降的趋势尤为明显，特别是贵州茅台的研发投入强度从2014年的2.07%直接下降至2019年的0.26%，研发投入金额从2015年的6.57亿元下降到2019年的2.2亿元，研发金额下降幅度达到66%。五粮液、洋河和山西汾酒三家企业的研发投入强度均维持在一个较低的水平。在6家企业中，研发投入强度最高的是古井贡，年研发投入强度在2.5%以上，远超行业平均水平。

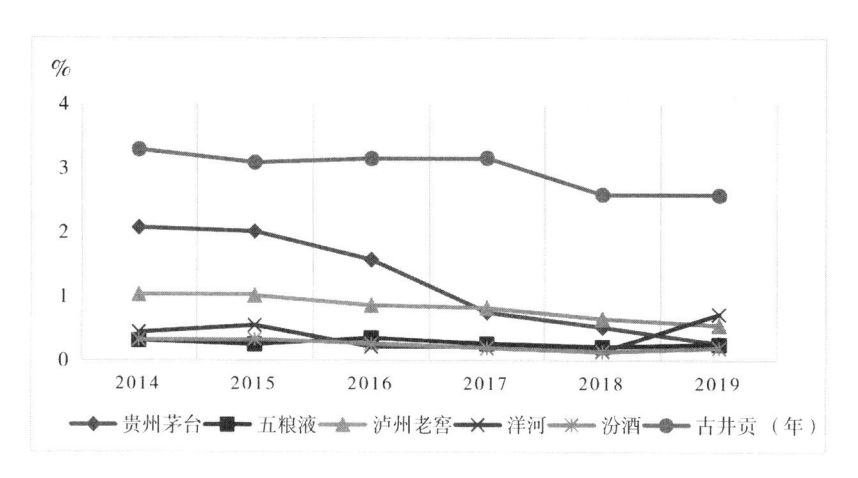

图 4-10　头部白酒企业的研发投入强度

数据来源：上市公司年度报告。

6家企业的研发投入经费总量在2014年到2018年有一个下降的趋势（见图4-11），主要原因是贵州茅台的研发投入在这几年中有一个非常明显的下降，从2014年的6.52亿元下降至2019年的2.2亿元。总体来看，白酒行业的研发投入强度偏低。

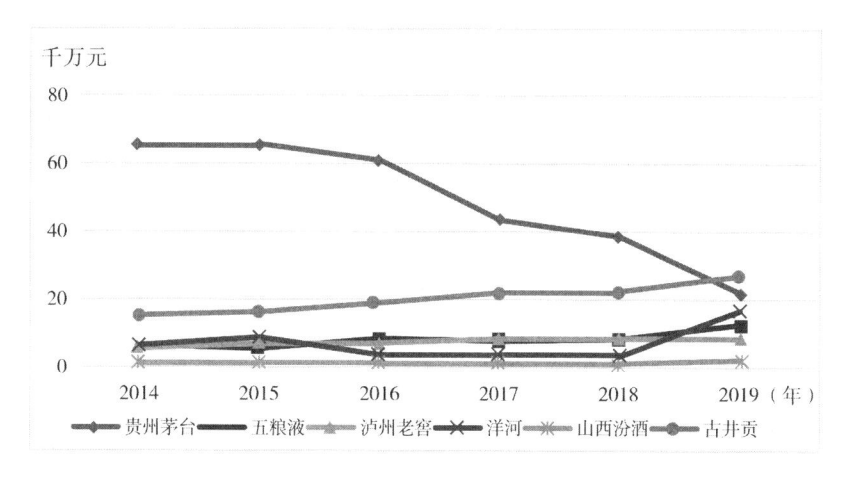

图 4-11　头部白酒企业的研发投入金额

数据来源：上市公司年度报告。

三、行业创新方向

白酒行业创新方向的重点包括白酒酿造工艺创新、白酒酿造设备（生产自动化和智能化）创新。从酿造工艺看，我国白酒酿造主要采用传统的生产方式，尤其是四川白酒大多采用纯粮固态酿造工艺，以纯粮食为原料，经固态糖化、固态发酵、固态蒸馏后贮存、勾兑，生产出优质白酒，具有香气、味道、口感更佳的特定品质。[①] 为了提高白酒酿造工艺，破解白酒产业共性的、关键性的科学与技术问题，白酒行业协会组织发起了"中国白酒169计划"，该计划采用微生物生态学、分子酶学、分子生物学等现代生物技术手段，对不同类型的白酒香味物质、微量成分、风味化合物、异味化合物、白酒健康因子等进行研究，并取得了重大突破。[②] 与此同时，不少大企业根据自身产品特点进行研发，也取得了不少成果。

由于酿造工艺复杂，白酒的生产过程主要还是依赖人力、依靠经验，生产效率不高，而且生产标准难以把控，导致生产出来的产品质量参差不齐。随着科技水平的不断提高，生产方式的机械化和智能化，企业运营过程的信息化成为新的发展趋势，白酒生产需要向自动化、机械化、智能化转型。为此，中国酒业协会在2010年8月提出"中国白酒158计划"，该计划主要推动白酒产业在制曲、酿造、蒸馏等核心技术部分的机械化发展。与此同时，近年来，我国各大酒企纷纷投身于企业机械化、智能化建设中。2015年，五粮液、古井贡推动酿酒智能化和酿酒新工艺

[①] 张燕. 白酒是液态 为什么是"固态发酵"呢 [N]. 企业家日报, 2019-06-22 (12).

[②] 王延才. 服务创新品牌改革发展：中国酿酒工业协会第四届理事会第五次（扩大）会议工作报告 [J]. 酿酒科技, 2012 (6): 17-26.

<<< 第四章 四川白酒产业发展环境分析

等研究。2018年，五粮液开展"智能化酿酒生产示范线开发及配套工艺研究"。2019年，泸州老窖"浓香型白酒智能化与自动化生产关键技术集成及产业化示范"等项目通过了政府科技部门的验收。同时，加强信息化建设、推动数字化的转型被多家企业写进战略发展目标中。白酒领域的机械化和智能化改造，一方面在降低人力成本的同时，也可以提高白酒生产效率；另一方面，提高了白酒的专业化生产水平，从而使白酒的品质更加稳定。

第四节　行业竞争格局

一、市场结构向弱寡头垄断市场转变

随着白酒行业的不断发展，白酒市场多极分化趋势逐渐明显。第一梯队为贵州茅台、五粮液、泸州老窖和洋河股份，2019年，其营业收入超过150亿元；古井贡、郎酒、剑南春、山西汾酒、顺兴农业等形成第二梯队，2019年，其营业收入超过100亿元；口子窖、老白干、水井坊、沱牌舍得等形成第三梯队，2019年，其营业收入在50亿元以下（见图4-12）。第一梯队的四家白酒企业，2014年到2019年，其营业收入稳步增长。泸州老窖营业收入的增长幅度最大，相比于2014年增长了195.45%，其次为贵州茅台，增长了170.58%，五粮液增长了138.54%和洋河股份增长了57.65%，均远高于该期间全国白酒行业营业收入12.13%的增长幅度（见表4-3）。

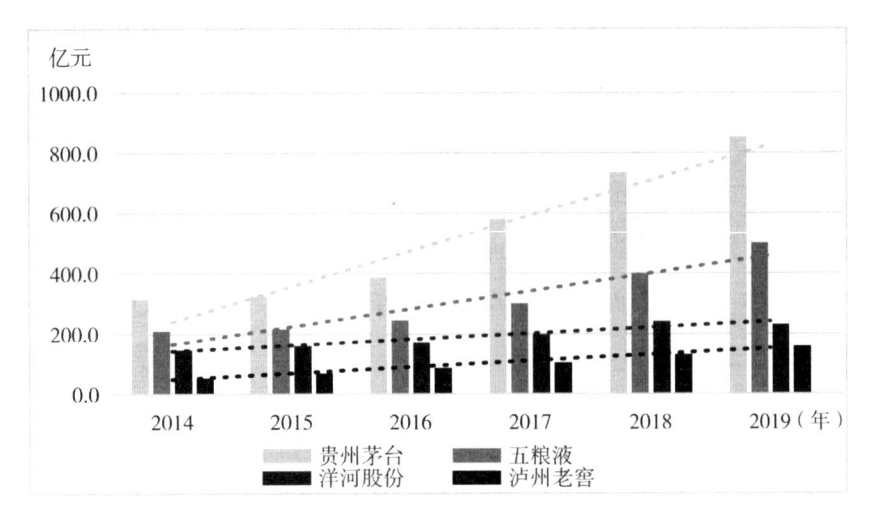

产业供给侧结构性改革新路径研究：以四川白酒产业为例 >>>

图 4-12　前四大白酒企业营业收入统计图及趋势

数据来源：上市公司年度报告。

由于第一梯队企业高速增长，其营业收入占全国白酒行业营业收入的比例明显提高。从公布的财务数据看，贵州茅台、五粮液、泸州老窖和洋河股份四家头部企业的主营业务收入占全国白酒行业主营业务收入的比例即 CR_4 不断提高，由 2014 年的不足 14% 提高到 2019 年的 29.59%，CR_4 翻了一番多（见图 4-13）。

表 4-3　前四大白酒企业营业收入统计表　　　　　单位：亿元

企业	2014	2015	2016	2017	2018	2019
五粮液	210.1	216.6	245.4	301.9	400.3	501.2
贵州茅台	315.7	326.6	388.6	582.2	736.4	854.3
泸州老窖	53.5	69.0	86.3	103.9	130.6	158.2
洋河股份	146.7	160.5	171.8	199.2	241.6	231.3
四企业累计	726	772.7	892.1	1187.2	1508.9	1745
全国总收入	5258.9	5558.9	6125.7	5654.4	5364.0	5896.5

续表

企业	2014	2015	2016	2017	2018	2019
四企业比重（CR_4）	13.81%	13.90%	14.56%	21.00%	28.13%	29.59%

数据来源：上市公司年度报告。

根据贝恩的市场结构分类方法，当 $30\% \leq CR_4 \leq 35\%$ 或 $40\% \leq CR_8 \leq 45\%$ 时，市场结构类型就转变为寡占Ⅴ型，可见白酒行业已处于竞争型市场向寡头垄断市场转变阶段。

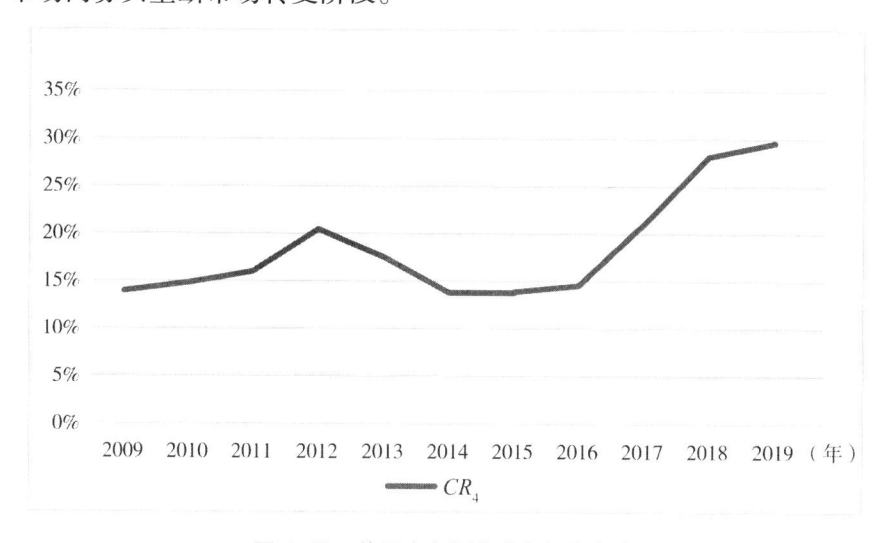

图4-13 前四大白酒企业市场占有率

数据来源：上市公司年度报告。

二、地域竞争呈现新特点

我国白酒生产制造呈现明显的产地集中特征，白酒的主要产区分别为四川省、山东省、江苏省、河南省、安徽省和贵州省。根据白酒的主要产区的白酒产量统计表（见表4-4）和统计图（见图4-14）可以看出，在统计期间，四川是当之无愧的白酒大省，白酒产量遥遥领先全国，并且在2014年之后达到一个相对稳定的波动状态。山东、江苏和河南的白酒产量呈现出先增长后下降的趋势，并且均在2017年后下降趋势非常明显，其中山东和河南的白酒产量下滑最为严重，产量下降幅度超过50%。贵州和安徽的白酒产量在2017年后也有一个小幅度的下降趋势，但总体维持在一个相对稳定的水平。因此，从产量上看，四川在地域竞争中具有产量上的绝对优势，2019年的白酒产量占全国白酒行业总产量的46.7%。江苏的白酒产量目前位居全国第二，山东、河南、安徽、贵州产量相差不大，并且与江苏的产量差距较小，总体上可归为第二梯队。

表4-4 主要白酒产区产量统计表　　单位：万千升

年度	四川	山东	江苏	河南	贵州	安徽
2009	156.0	79.3	34.1	72.0	13.8	29.7
2010	229.8	96.9	56.4	84.4	16.0	48.0
2011	309.4	99.2	67.9	105.3	25.5	39.5
2012	295.2	124.4	91.4	99.9	26.8	10.8
2013	336.4	131.7	91.1	106.8	23.4	40.2
2014	350.0	118.1	89.9	107.7	38.0	43.6
2015	370.9	113.1	99.1	110.5	42.8	46.5
2016	402.7	112.6	106.9	117.5	49.0	44.9
2017	372.4	106.3	92.4	114.9	45.2	43.9
2018	358.3	40.6	69.2	42.9	30.9	43.1
2019	366.8	—	—	—	27.4	—

数据来源：中国产业信息网。

<<< 第四章 四川白酒产业发展环境分析

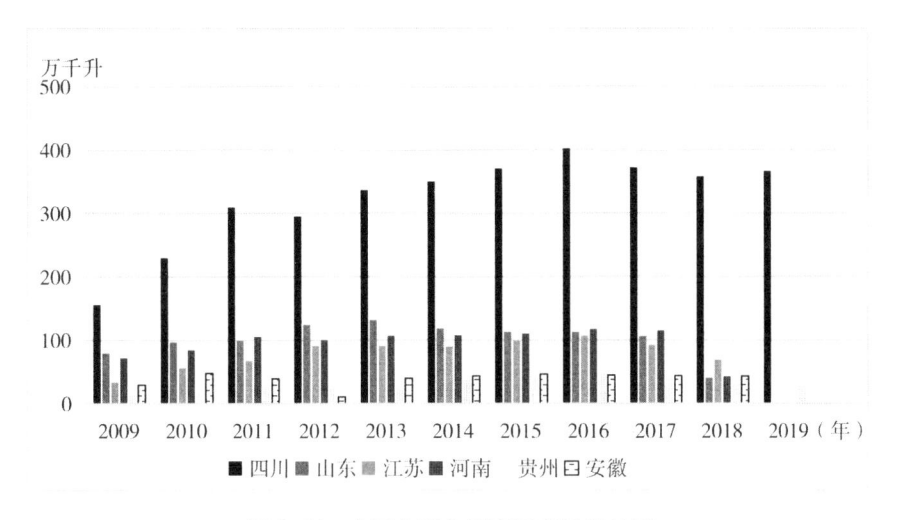

图 4-14 全国主要白酒产区产量统计图

数据来源：中国产业信息网。

白酒产量占比的变化反映了白酒产区之间的竞争态势。山东、河南白酒产量的急剧下滑是当地白酒产业竞争力下滑的体现和结果，四川、贵州和安徽白酒产量波动幅度较小也是其各自的产业竞争力相对提升的体现。这种相对竞争力主要是对白酒消费结构升级的市场适应能力。面对消费结构升级趋势，低端白酒产品需求比重下降，中高端白酒需求比重提高，这对产品档次位于中低端的山东、河南白酒而言，面临着更加激烈的市场竞争环境，该地区的不少企业和产品将被市场淘汰。

为了应对行业调整压力，促进本地区白酒产业发展，提高本地区白酒产业竞争力，各大白酒产区纷纷制定和颁布相关政策措施提升本地区白酒产业竞争能力。比如，贵州最早出台了针对白酒行业调整的政策应对措施，推动白酒行业供给侧结构性改革，加快产业转型升级，这对以茅台为主的贵州白酒产业的行业调整起到了较好的推动作用；四川接连颁布了《优质白酒产业振兴发展培育方案》《四川白酒"十朵小金花"

及品牌企业三年培育计划》等 4 项措施，旨在通过白酒产业供给侧结构性改革，提高名优白酒的市场竞争力，加快推进白酒产业转型升级；河南、山东、安徽均在此期间出台了促进白酒产业供给侧结构性改革、推动白酒产业高质量发展的政策文件。具体如下表 4-5 所示。

表 4-5 重点白酒产区的地方政策支持文件

省份	文件名称	发布时间
贵州	《关于支持白酒产业加快发展的政策措施》	2016
	《关于印发贵州省推动白酒行业供给侧结构性改革促进产业转型升级的实施意见》	2016
河南	《河南省酒业转型发展行动计划（2017—2020 年）》	2017
山东	《关于加快培育白酒骨干企业和知名品牌的指导意见》	2018
四川	《关于推进白酒产业供给侧结构性改革加快转型升级的指导意见》	2017
	《四川省白酒产业"十三五"发展指南》	2017
	《优质白酒产业振兴发展培育方案》	2019
	《四川白酒"十朵小金花"及品牌企业三年培育计划》	2020
安徽	《促进安徽白酒产业高质量发展的若干意见》	2020

资料来源：根据公开资料整理。

三、竞争方式转向品牌竞争

我国白酒销量从 2004 年开始回升，2016 年达到高峰 1305.7 万千升，之后开始回落。白酒销量下降表明消费者对白酒的需求减少，由此引发白酒企业之间的激烈竞争。激烈的市场内部竞争使一些企业被淘汰。从 2011 年开始，我国白酒行业规模以上企业数量逐年增长，到 2017 年达到最高水平 1593 家，之后开始急速减少。2019 年，我国白酒行业的市场规模（主营业务收入）达到 5617 亿元，但规模以上企业减少到 1176 家，相比 2017 年的 1593 家，减少了 417 家，两年内企业淘汰

率达到26.2%。（见图4-15）

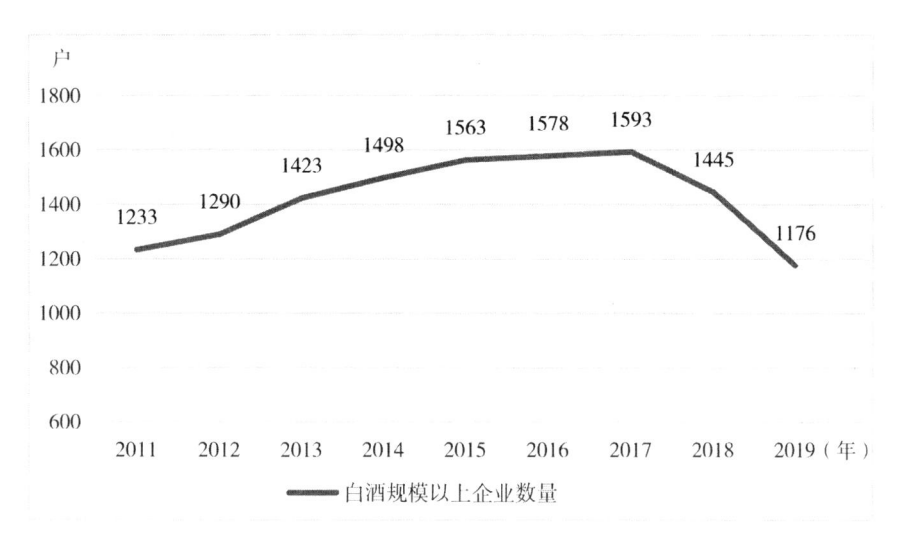

图4-15 全国白酒行业规模以上企业数量变化

数据来源：中国产业信息网。

此外，我国白酒还面临国际市场烈酒的竞争。调查数据显示，2015年，中国进口烈酒总量约为5.54万千升，2019年烈酒进口量达10.97万千升，[①] 增长了98%。另一个直接竞争对手是进口白酒。近五年来，我国的白酒进口量逐年递增，进口白酒的快速增长同样加剧了我国白酒市场的竞争。一方面，我国对白酒进口采取开放的政策，从2015年到2019年，白酒进口量年平均增长率高达27.46%，2015年进口白酒只有1158.7千升，到2019年我国白酒进口量已达到3898.7千升，[②] 五年来增长了236%，并且进口白酒还有继续上升的趋势，再加上我国白酒出

[①] 王密.2019年中国各酒类进口量及进口额度分析［EB/OL］.智研咨询，2020-03-20.

[②] 2015—2019年中国白酒进出口数量、进出口金额统计［EB/OL］.智研咨询，2020-05-18.

口增长速度缓慢，这势必会进一步增强对国内白酒市场的竞争压力。以上情况说明，在国内白酒产销量大幅度下降的同时，来自国际市场的同类竞争日益严峻，我国提高白酒国际竞争力迫在眉睫。

市场竞争的初期是通过成本和价格淘汰一批缺乏竞争力的市场主体。此后，如果竞争导致产品价格接近平均成本，为了避免价格竞争带来的两败俱伤，企业竞争形式将不得不由价格竞争转向以产品和服务质量为主要内容的品牌竞争，品牌竞争成为最有效的竞争方式。这是因为，一方面，白酒产品是已定型的、（接近）标准化的产品，客户在产品知识和经验方面日益丰富，由于产品品牌往往是科特勒模型中核心产品、形式产品和期望产品等的载体，也体现了消费者对产品的认可程度，因此客户的注意力从决定是否购买产品转向在不同品牌之间进行选择；另一方面，白酒行业已进入中高速增长阶段，市场规模扩大受到限制，行业竞争更加激烈。因此，行业慢速增长、客户知识增长以及技术更为成熟的结果是，原有的依靠扩产增量的竞争方式不再有效，竞争趋势变得更加成本导向和服务导向化，品牌竞争成为最有效的竞争方式。[1]

具体来看，白酒企业之间的竞争将围绕白酒产品的生产方式、香型、口感、风味、酒度等要素，不断提高产品的质量、服务品质，形成企业产品的差异化属性，从而获得消费者的青睐。我国白酒分为多种香型，不同香型白酒之间形成明显的竞争关系。目前，市场上浓香型白酒占主导地位，酱香型和清香型白酒次之。从产品品牌看，浓香型白酒的代表有五粮液、泸州老窖、洋河和古井贡等，酱香型白酒的代表有茅台和郎酒等，清香型白酒代表有山西汾酒等，各种香型白酒之间以及同一

---

[1] 曾祥凤. 我国白酒产业战略转型路径研究［J］. 四川理工学院学报（社会科学版），2017，32（1）：1-13.

香型内部的不同企业都存在激烈竞争。为此，各企业尤其是龙头白酒企业针对消费者偏好变化，积极开发融合香型白酒、低度白酒、鸡尾酒、时尚小酒等新型产品。

第五节 产业政策环境

一、产业限制政策及其解除

2005年，国家发改委颁布了首部《产业结构调整指导目录（2005年本）》（国家发改委令2005年第40号），其中白酒生产线被列为限制性产业。此后，国家发改委发布的《产业结构调整指导目录（2011年本）》（国家发改委令2011年第9号）、《产业结构调整指导目录（2011年本）（修正本）》（国家发改委令2013年第21号）中，"白酒生产线"被再次列入"限制类"（见表4-6）。所谓限制性产业即为国家限制发展、新建和扩大的产业。对此类项目，国家有关部门将根据产业结构优化升级的要求，遵循优胜劣汰的原则，实行分类指导，允许企业在一定期限内采取措施改造升级，金融机构按信贷原则继续给予支持。白酒生产线被限制以来，白酒企业很难建造新的生产线，老旧的生产线只能通过技术性改造来实现对生产的需求。在一定程度上，产业限制性政策抑制了优质白酒产量的提升，延缓了白酒产业的转型升级进程，束缚了我国白酒产业的发展。

表4-6 《产业结构调整指导目录》的4个版本

文件版本号	实施时间	白酒产业所属类别
产业结构调整指导目录（2005年本）	2005年12月2日起	限制类
产业结构调整指导目录（2011年本）	2011年6月1日起	限制类
产业结构调整指导目录（2011年本）修订版	2013年5月1日起	限制类
产业结构调整指导目录（2019年本）	2020年1月1日起	—

资料来源：国家发展改革委网站：https://www.ndrc.gov.cn。

国家发改委发布的《产业结构调整指导目录（2019年本）》（国家发改委令2019年第29号）中，将白酒生产线从"限制性发展产业"中剔除，白酒行业迎来了政策上的"利好"。目前，白酒的产能已经相对饱和，但是优质高端白酒的供应依旧严重不足，我国形成了好酒难求的局面。这次的政策性调整取消了名优企业建造更先进白酒生产线的限制，有利于行业优质白酒的市场供应，提高供给质量。此举也能吸引外部资本进场，有利于建立良性的市场竞争机制。

二、白酒生产许可证制度

为了保证重要工业产品的质量安全，2005年9月1日起，国家对生产重要工业产品的企业实行生产许可证制度。根据《白酒生产许可证审查细则（2006版）》及《食品生产许可审查通则（2010版）》的相关规定，国内白酒生产企业需要取得白酒生产许可证，国家对白酒和酒精生产企业申请生产许可证进行严格控制。白酒行业实行白酒生产许可证制度，其作用在于加强对白酒生产的管控，使白酒生产符合相关的卫生标准，使其生产过程不对环境和生产场所造成污染。白酒生产许可证是企业从事白酒经营生产的必要资质，生产许可证制度提高了进入白酒行业的门槛，有利于从根本上来确保白酒产品的品质。根据2015年10

月起实施的《中华人民共和国食品安全法》及 2018 年 12 月的修正版，国家对食品生产经营实行许可制度，从事食品生产、食品销售、餐饮服务的企业，应当依法取得许可。这为白酒的生产管理和质量标准等方面提供了法律依据，有助于白酒产业高质量发展。

三、白酒税收环境

税收对一个行业具有举足轻重的影响力，良好且稳定的税收环境可以促进产业的发展。白酒在我国属于应税消费品。1994 年开始，我国对白酒征收消费税，粮食类白酒和薯类白酒消费税率分别为 25% 和 15%。2001 年，财政部、国家税务总局发布的《财政部、国家税务总局关于调整酒类产品消费税政策的通知》（财税〔2001〕第 084 号），规定白酒实行从量定额和从价定率两种征收方式。其中，比例税率为粮食白酒 25%、薯类白酒 15%；定额税率方面，粮食白酒、薯类白酒均为每 500 克 0.5 元。2006 年，我国再次调整白酒消费税征收办法，定额税率执行 2001 年的税收原则不变，只是将粮食白酒和薯类白酒的比例税率统一调整为 20%。2009 年，国家税务总局发布的《国家税务总局关于加强白酒消费税征收管理的通知》（国税函〔2009〕380 号）及附件《白酒消费税最低计税价格核定管理办法（试行）》，规定消费税计税价格低于销售单位对外销售价格（不含增值税）70% 以下和年销售额 1000 万以上的品种，由税务机关在销售单位对外销售价格 50% 至 70% 范围内核定消费税最低计税价格。2011 年，国家税务总局将低度配制酒（低于或等于 38 度）的消费税率由 20% 降至 10%。2019 年，财政部、国家税务总局联合下发的《中华人民共和国消费税法（征求意见稿）》规定，白酒的消费税征收政策与 2009 年执行的政策保持一致，即白酒在生产环节（进口）征税税率为 20% 加 0.5 元每 500 克。

根据20多年的消费税的调整情况可以看出，白酒消费税的征收原则变化很小，特别是在2006年以后，白酒消费税的税率几乎没有调整过。稳定的税收环境对白酒行业发展具有积极的促进作用，但生产环节的征税会增加企业的生产成本，这对产品处于价格低端的中小企业来说有更大的成本压力，同时促使生产企业将税收成本转嫁给消费者。

第六节 社会文化环境

一、制度文化环境

制度文化会潜移默化地影响经济主体的经济行为，进而影响企业和产业的运行模式。当前，我国社会主义市场经济体制趋于完善，体制改革进入攻坚阶段，经济发展由高速增长阶段转向高质量发展阶段，社会发展进入全面建成小康社会向社会主义现代化强国迈进阶段，我国政治、经济、社会、文化发生巨大变革，新技术、新产品、新模式、新业态不断涌现。另外，制度文化中的深层次问题，即政企不分、地方保护主义等观念仍然存在，管理者的经验主义、习惯思维方式、文化背景的局限等多重因素导致投资效率低下，这对国有企业为主导的四川白酒产业而言，面临着较大的改革阻力。今后，随着市场经济体制的进一步完善，产业政策环境将会更为宽松，行业标准体系完善有助于规范企业的生产行为，企业制度改革的推进将会进一步激发企业市场活力和提升经营绩效。因此，四川白酒产业既面临较大的改革压力，又迎来了极佳的制度改革红利。

二、白酒消费文化

中国白酒文化源远流长，是中国传统文化的一部分，其表现形式主要体现为注重营养健康的科学饮食，追求色、香、味的饮食艺术等。因此，白酒消费文化是连接中国白酒与消费者的纽带与桥梁。

随着技术进步、社会发展和经济全球化的推进，作为我国消费主体的80后、90后，他们的观念、思维和表达方式受全球化、信息化影响，表现出明显的追求理性、自我、时尚、健康的消费特征。例如，数据显示，我国葡萄酒、烈性洋酒消费增长迅速，侵占了一部分白酒消费市场，健康消费、绿色消费选择日益增多，这对白酒产品的品种、质量等方面提出了新的要求。因此，具有传统文化特征的白酒面临如何培养新一代忠实消费者的巨大挑战。

另外，白酒行业不断发生一些食品安全问题，如假酒事件、塑化剂等事件，影响了消费者对白酒的信任。公众对白酒及白酒产业还存在一定的误解，如基酒勾兑。以上这些在一定程度上影响了白酒产业的发展。四川白酒需要与其他区域白酒联合行动，加强产品质量管理，采取措施消除公众的误解，提高消费者的认可度。

第五章

四川白酒产业基本面分析

四川的气候宜人，物种丰富，具有酿造优质白酒的天然优势。在长期的发展中，白酒产业已经成为四川省传统特色优势产业，四川拥有"六朵金花"（五粮液、剑南春、泸州老窖、郎酒等）等一大批名优白酒。2019年，四川白酒产量和营业收入占全国的比重近乎一半，在提供就业、带动相关产业发展等方面发挥重要作用。正是由于对四川经济发展的重要推动作用，白酒产业已成为四川省"5+1"支柱产业的重要组成部分。为了更深入地掌握产业发展的基本状况，本章将重点分析四川白酒产业的基础条件、规模状况、产业内部结构和产业运行绩效，为后文提供分析基础。

第一节 产业发展基础

白酒产业是四川最具比较优势的传统产业，也是四川经济文化的地域名片，在产区资源、人才技术等产业基础条件方面具有得天独厚的优势，拥有"中国酒都（宜宾）""中国酒城（泸州）""中国最大白酒原酒基地（邛崃）""酒乡（绵竹）"等美誉，世界十大烈酒产区中，四川占其二。

第五章 四川白酒产业基本面分析

一、产业基础得天独厚

白酒的品质与原材料、土壤、水质等生态资源禀赋高度相关,因而白酒行业具有很强的地域和资源依赖性。正因为白酒酿造对自然资源的依赖性很强,所以白酒行业属于典型的资源型行业,四川拥有酿造白酒的独特天然优势。

一方面,四川地处我国西南地区内陆,气候宜人,尤其是四川盆地属于亚热带湿润气候,拥有适宜各类粮食作物生长和繁殖的良好自然环境,盛产糯高粱和小麦等适合酿酒的优质农作物,这为白酒酿造提供了质优量多的原料。水质是影响白酒质量的重要因素。四川地处长江、黄河上游,拥有很多优质的水源。经过千万年的演化,四川形成了一个立体的,拥有独一无二的气候、水质、空气、土壤等适合酿酒微生物生长的自然生态环境。另一方面,由于生态环境优异,农业发达,四川所处区域被称为"天府之国"。那里聚集了众多人口,经济发达,文化底蕴深厚,长期以来形成了丰富的酒文化生态,具有发展白酒产业的深厚人文基础。

总之,四川具有独特而优异的生态资源禀赋条件和深厚的酒文化基础,高度契合白酒产业发展,是一个特别适合打造白酒产业集群的地区。四川白酒酿造业已存续数千年,白酒酿造工艺经历世代传承已臻化境,孕育了四川白酒"六朵金花"这些拥有百年历史的国家级名酒,它们是四川白酒最核心的竞争力。因此,四川拥有独特生态资源禀赋的同时掌握着白酒产业最核心的竞争力,特别适合大力发展白酒产业。[1]

---

[1] 杨柳,胡建中,杨毅,等. 四川白酒产业发展报告 [M]. 北京:中国轻工业出版社,2015:12.

二、产业平台基本形成

在政府和企业、行业协会的努力下,四川白酒产业形成了科技创新、人才培养、产业运行辅助平台等产业发展的软件设施,对产业发展起到了巨大的促进作用。

(一)科技创新平台

科技创新是推动四川白酒产业创新发展的基本动力。目前,四川白酒产业已经建立了比较完善的科技创新平台,拥有一批在全国白酒行业具有重要影响力的高校、科研院所、技术中心,创新要素吸引力强,为打造产业区域竞争优势奠定了良好的科技基础。其中,技术研发类平台有四川省白酒酿造产业技术研究院、四川省酒类科研所、国家级及其他省级工程技术研究中心等;产业运行研究类平台有四川省白酒产业研究院、川酒发展研究中心等。这些研究平台发挥平台集聚优势,为科研院所、企业提供良好的合作环境,是壮大四川白酒产业科研力量、提升四川白酒产业科研技术水平、争取行业"话语权"的核心力量。

(二)人才培养平台

为了更好地促进白酒产业发展,四川加快白酒领域专业人才培养体系建设,构建了以普通高等学校为主体的白酒行业高端专业人才培养机制。其中,影响最深远的重要举措是组建中国白酒学院。2017年,经过中国酒业协会授权,四川轻化工大学正式组建中国白酒学院和中国白酒人才培训基地,建设高水平的培养白酒行业专业人才的院校。在四川轻化工大学生物工程学院基础上,学校与五粮液集团共建五粮液白酒学院，构建白酒产业教育链、产业链与创新链人才培养体系，[①] 为推动白酒产业高质量发展提供强大的人才支撑和智力支持。

（三）产业运行辅助平台

近年来，四川大力推动白酒产业运行辅助平台建设，其一是产品交易类平台，包括四川联合酒类交易所、四川中国白酒产品交易中心、泸州白酒期货交易中心、中国原酒交易中心等平台，为酒类企业产品定价、商品交易、资金融通、市场拓展、信息共享等创造良好的环境。其二是酒类信息中心、展览会等相关资源平台，其服务于四川白酒产业发展。例如，在政府推动下，成都积极争取全国糖酒会的举办权，自2004年以来共举办了16次（只有2007年没有举办），相当于每年举办一次，这扩大了四川白酒在国内的影响力。其三是发布权威性行业运行（发展）报告，对白酒产业的发展、运行进行总结、评价或者做出展望。目前，四川已经有两大运行（发展）报告，一是《泸州·中国白酒商品批发价格指数》报告。该报告首发于2012年，成功填补了我国白酒领域价格指数的空白，成了国内白酒产业发展的"晴雨表"和风向标。二是《四川白酒产业发展报告》（四川白酒蓝皮书）。该报告不仅是政府相关部门制定产业政策的重要参考资料，还是企业和个人了解、研究四川白酒产业的重要工具书。上述两大报告对提高四川白酒声誉、展现四川白酒产业实力具有重要的推动作用。

[①] 李子. 产教融合匠人匠心打造校企合作升级版［N］. 四川日报，2019-07-09（11）.

第二节　产业规模状况

一、产量规模变化

从产量指标来看，四川白酒产量在"黄金十年"期间增长较快，总产量从2003年的51.9万千升增长到2011年的309.4万千升，增长幅度接近5倍。2013年之后产量总体变化幅度不大，基本维持在350万千升左右，即稳定在高位水平。比较而言，全国白酒生产量在2016年达到高峰值后，一直呈下降态势，到2019年全国白酒产量下降到786万千升，只有2016年白酒总产量的一半。在这样的背景下，四川白酒产量占全国白酒产量的比重由2003年的15.7%提高到2019年的46.7%，提高了31个百分点，这说明四川白酒具有突出的产量和规模优势（如图5-1所示）。

在四川白酒产量保持增长、产量占比提高的同时，以五粮液、泸州老窖为代表的四川头部企业的白酒产量反而在减少，与全国白酒产量变化方向基本一致，这说明四川白酒产量占比的提高主要来自中小企业，更多属于低端企业，产品竞争力不强，市场一旦调整，势必会造成较大的产量过剩。因此，四川白酒产业需要采取有效措施优化产量结构，提高市场竞争力。

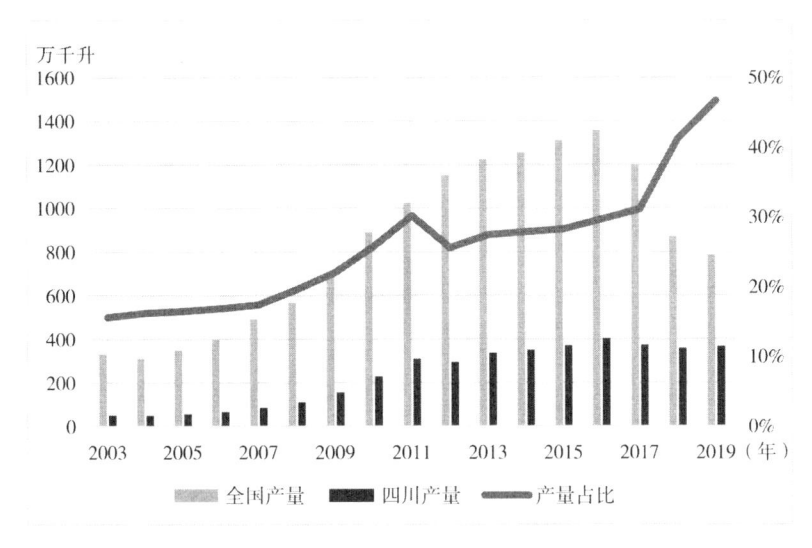

图 5-1　全国及四川白酒行业产量规模及占全国的比重

数据来源：《中国统计年鉴》、中国酒业协会。

二、主营业务收入

四川白酒产业在过去 17 年中，始终保持良好的发展状态。在统计区间内，四川白酒的营业收入增长主要分为两个阶段，如图 5-2 所示。第一个阶段是 2003 年到 2011 年，这 9 年内营业收入快速增长，行业处于高速增长期，各年度的增长率均保持在 30% 以上，特别是 2011 年增长率达到 40%。第二个阶段是 2012 年至今，我国白酒行业进入调整期，四川白酒行业也随之进入波动增长期，这个时期的特征是增长率在 15% 以下，并且增长率波动起伏较大，但营业收入仍然保持每年正增长，因此营业收入总量继续稳步增加。到 2019 年，四川白酒产业实现营业收入 2653 亿元，营业收入规模已是 2003 年的 12.77 倍，年均复合增长率达到 17.3%。

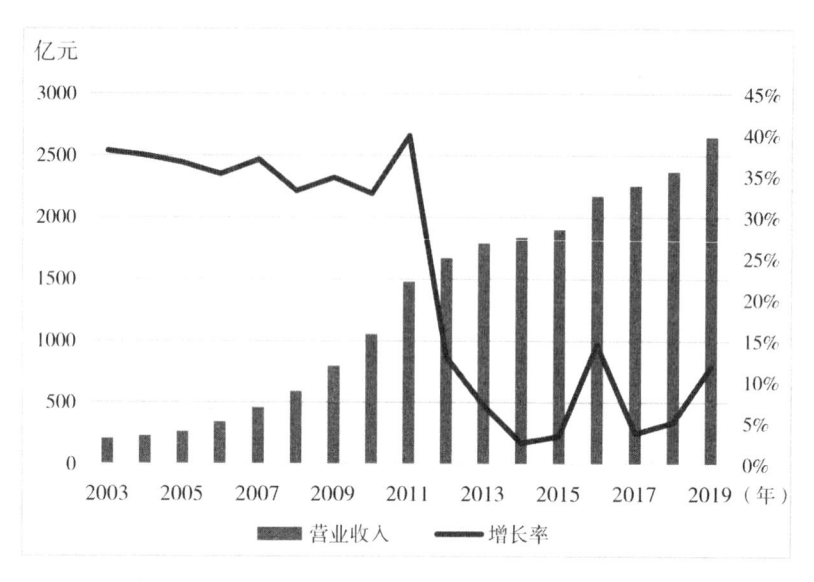

图 5-2　四川白酒产业营业收入及增长率

数据来源：中国产业信息网。

与产量比重变化趋势不同的是，从 2003 年到 2019 年，四川白酒行业的营业收入占全国白酒行业营业收入的比例总体上并没有出现明显的大幅度提升，有些年份的比例反而出现明显下降，如图 5-3 所示。

图 5-3 中显示，在白酒行业"黄金十年"期间，四川白酒产业营业收入占全国白酒行业营业收入的比例在 2006 年和 2008 年出现明显下降。在行业深度调整期，四川白酒产业的营收占比在 2013 年至 2015 年连续下降。非常"巧合"的是，2008 年，四川白酒的龙头企业增长缓慢，2013 年至 2015 年四川白酒龙头企业的营业收入也出现明显下滑。可以说，龙头企业的（相对）增长速度直接影响了四川白酒产业整体的增长速度。

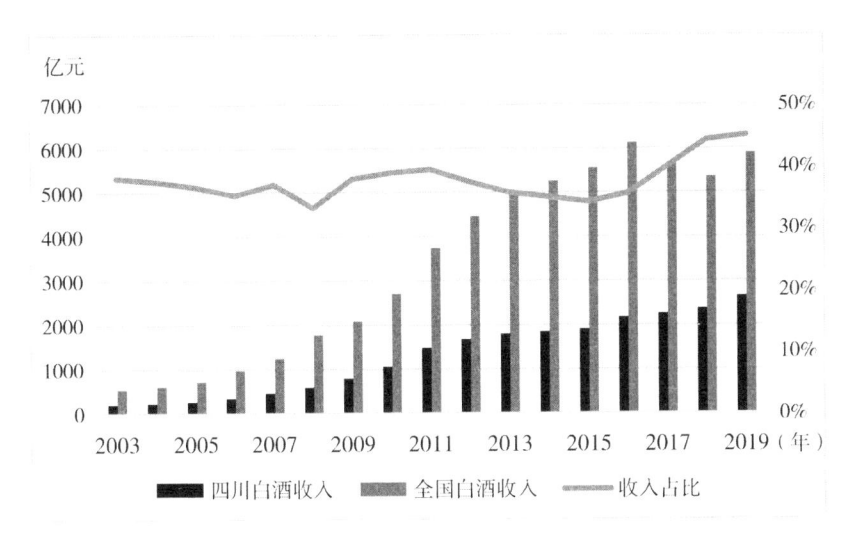

图 5-3 四川白酒产业营业收入规模及占全国的比重

数据来源：中国酒业协会、中国产业信息网。

三、企业数量变化

四川是我国最大的白酒产区，不仅白酒的产量和营业收入占全国的比例接近 50%，而且白酒企业数量也最多。根据相关报道，2019 年，四川白酒企业数量达到 10483 家，[①] 这一万多家的企业中既有五粮液、泸州老窖、郎酒等行业头部企业，也有不少小酒厂、小作坊和产业链上的配套小企业。鉴于具体数据缺乏，我们在此主要分析四川规模以上白酒企业数量。

一方面，在四川白酒产业发展过程中，规模以上白酒企业的数量总体上在不断增加。2019 年，四川规模以上白酒企业数量增加到 311 户，

---

① 彭焘. 四川白酒企业数量全国第一，注册资本千万以下的酒企占 97.3% [EB/OL]. 四川在线，2019-10-11.

比2009年大约增长40%，不过规模以上白酒企业数量占四川全部白酒企业数量的比例不到3%，这说明行业规模比较集中。另一方面，对全国白酒企业数量而言，2010年之前，四川规模以上白酒企业数量占全国的比例大约在16%。2011年之后，尤其是在白酒行业的深度调整期，企业数量占全国的比例反而提高并维持在22%左右。2019年，企业数量占全国的比例进一步上升到26%以上（见图5-4）。可见，四川规模以上白酒企业数量占全国的比例总体在提高。其原因可能在于，四川白酒产业已经形成了比较完整的产业集群，通过产业集群企业之间的竞争与合作减少了生产成本和交易成本，从而能够增强抗风险能力，使大量企业能够度过行业深度调整期并实现发展。

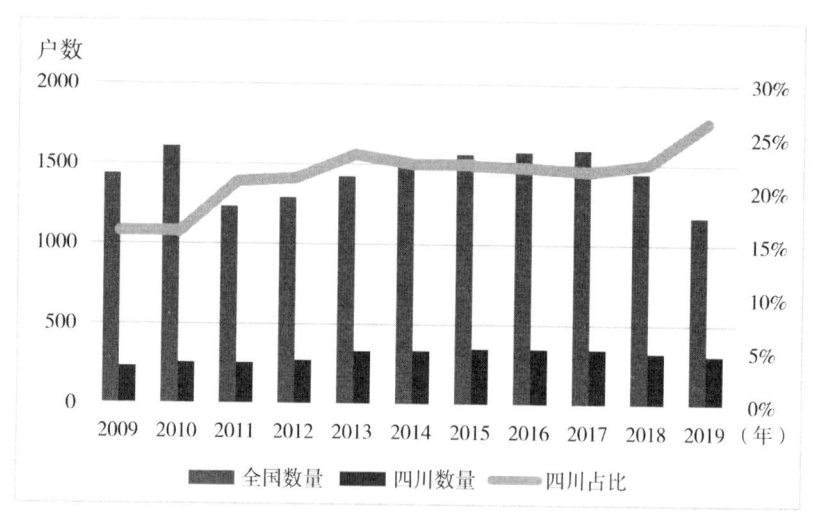

图5-4 四川规模以上白酒企业数量及占全国的比例

数据来源：中国产业信息网。

此外，四川还存在众多的小酒厂、小作坊和产业链上的配套小企业。2019年，四川白酒企业数量已经超过了一万家，但中小型白酒企业数量占多数，其中注册资本上千万的白酒企业仅有282家，注册资金不足千万的小企业占97.3%。① 这些小企业提供的生产服务或业务模式大多雷同，相互之间竞争激烈。

第三节 产业内部结构

一、四大白酒产区

四川白酒产业主要集中在宜宾、泸州、德阳、成都，它们是四川白酒的四大产区，并且宜宾和泸州在2017年还被列入世界十大烈酒产区，四川是全国获此称号的唯一省份。近年来，四大产区的白酒产量、收入占全省（乃至全国）的比例进一步提高。2019年，成都、泸州、德阳、宜宾四大产区的白酒产量达到312.9万千升，占全省的85.3%；其完成主营业务收入2450.5亿元，同比增长12.2%，占全省的92.4%；其实现利润438亿元，占全省的97.6%。②（见图5-5、图5-6）由此可见，四大白酒产区在规模和盈利能力方面都具有不可撼动的地位。

根据白酒产量来看，泸州市是四川最大的白酒生产基地，同时也是全国最大的白酒生产基地。2019年，泸州白酒产量高达196.8万千升，占全省白酒产量的54%，稳居全省第一（同时稳居全国第一）。宜宾白酒产量稳居第二，2019年其白酒产量达67.7万千升，占全省白酒产量的18%。宜宾和泸州两地白酒总产量占全省的比重已经超过70%。成

---

① 彭焘. 四川白酒企业数量全国第一，注册资本千万以下酒企占97.3%［EB/OL］. 四川在线，2019-10-11.
② 中国食品报中国酒团队. 中国酒产区行走进"大国浓香四川"［EB/OL］. 中国食品网，2020-06-15.

都、德阳的白酒产量均超过 20 万千升，也具有一定的规模优势。

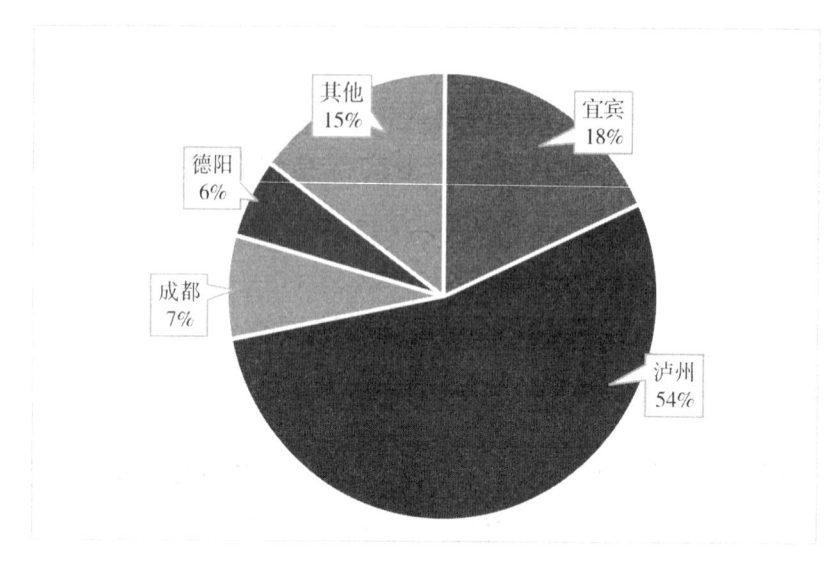

图 5-5　四川重点产区的白酒产量占比（2019）

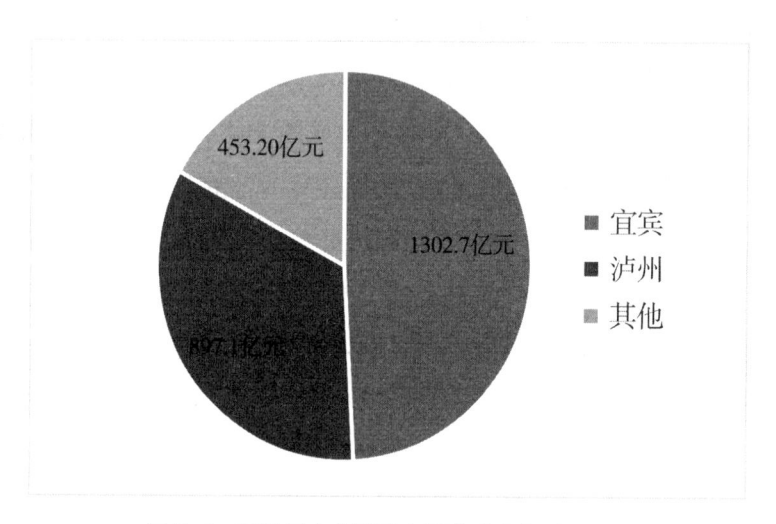

图 5-6　四川重点产区的白酒营业收入（2019）

从营业收入看，宜宾和泸州的白酒产业具有绝对优势。2019 年，宜宾白酒产业主营业务收入达到1302.7亿元，泸州白酒产业主营业务收入达到897.1亿元，两大产区的营业收入总计达到约2200亿元，占四川白酒产业总收入的83%。这主要源于宜宾和泸州白酒产业的聚集程度高，核心企业发展突出，产业链比较发达，企业抱团发展，竞争优势明显。

由以上数据可以看出，四川的白酒产区分成三个梯队。第一梯队是宜宾和泸州产区。其规模和体量遥遥领先，核心企业和品牌档次突出。其中，宜宾白酒有全国顶部白酒企业五粮液及叙府酒业等小金花企业，泸州白酒有全国知名白酒企业泸州老窖、郎酒、川酒集团及仙潭酒业等多个小金花企业。第二梯队是德阳产区和成都产区，目前的营业收入在100亿至150亿元，其中德阳产区"六朵金花"之一的剑南春是产区核心企业，成都产区则以原酒为主打造特色产区。第三梯队是其他产区，包括沱牌舍得所在的遂宁等产区。三个梯队产区之间存在一定的竞争关系，尤其是同处第一梯队的宜宾产区和泸州产区。一方面，两大产区具有各自特色，其中宜宾产区的营业收入领先优势明显，泸州产区的产量优势非常突出；另一方面，两大产区地理临近、规模接近，均拥有比较完善的产业链，发展定位接近、战略布局相似，相互之间存在直接竞争。在川南经济区重点打造世界级白酒产业集群之际，如何发挥各地特色和长处，形成良好的产区合作与互补发展机制，是下一步需要解决的重要问题。

二、产业链结构

产业链发展水平是形成产业竞争优势的重要因素。经过十余年的发展，四川白酒产业已经形成了比较完善的白酒产业链，并且泸州、宜宾、德阳等重点产区都在推动完善白酒产业链，形成一系列产业链。四川白酒产业的重点产业链分布如表5-1所示。

表 5-1　四川白酒产业链分布

序号	产业链名称	核心企业	集聚区域
1	泸州白酒产业链	泸州老窖、郎酒、川酒集团	泸州江阳区、古蔺县
2	宜宾白酒产业链	五粮液	宜宾翠屏区
3	德阳白酒产业链	剑南春	德阳绵竹市
4	成都白酒产业链	水井坊等	成都邛崃市
5	遂宁白酒产业链	沱牌舍得	遂宁射洪市

数据来源：根据公开资料整理。

从四川白酒的产业链结构看，产业链各环节包括产业链上游的原粮种植和采购、酿造设备制造、包装印刷等环节，产业链中游包括白酒酿造、储存、灌装包装等环节，产业链下游包括物流、销售、品牌管理等环节（见图5-7）。中游的白酒酿造是产业链的核心环节，并且其实施主体往往是具有全国性知名度的本地大企业，围绕这些知名大企业，产业链上的众多中小企业通常以产业园区的空间形态聚集在一起。因此，白酒产业链是发展白酒产业集群的产业基础，在白酒产业发展实践中，产业集群发展较好的地区，其产业链也比较完善。

三、企业竞争与合作

四川天然的地理优势和悠久文化历史底蕴孕育了大量的优秀白酒生产企业，前有五粮液、泸州老窖、剑南春、沱牌曲酒、郎酒、全兴大曲等"六朵金花"，后有叙府酒、丰谷酒、小角楼等"十朵小金花"。众多名优白酒企业的崛起，一方面大大增强了四川白酒的整体规模实力，完善了产品梯队，另一方面也加剧了内部市场的竞争关系。在高端市场，五粮液和泸州老窖形成主要的竞争关系。五粮液和泸州老窖同属浓香型白酒，五粮液通过对"大国浓香""中国酒王"等品牌形象的塑造

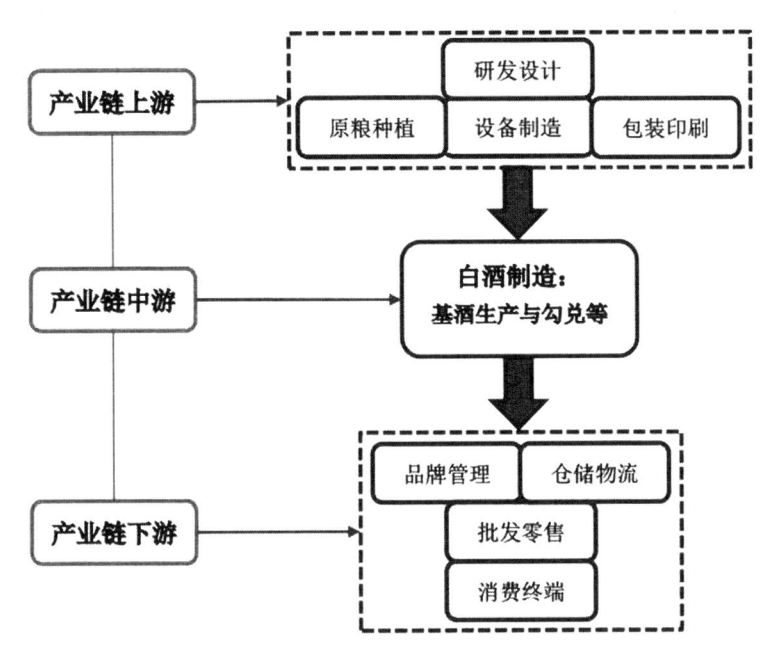

图 5-7 四川白酒产业链结构

提升企业竞争力，泸州老窖则通过"浓香鼻祖"的文化建设来增强市场优势。由于目标市场定位和价格档次趋同，二者在重点市场中的竞争非常激烈。在中高端市场，剑南春、水井坊、沱牌舍得之间同样存在较强的竞争关系。此外，四川还存在一万多家小企业或小作坊，其中注册资本上千万的白酒企业不到300家，这些小企业占比超过97%。① 这些小企业提供的产品、生产服务或业务模式大多雷同，相互之间竞争激烈。

近年来，产区抱团、竞合发展成为行业的主流。为了增强四川白酒产区的凝聚力和整体发展优势，四川白酒竞合发展，从 2017 年开始，

---

① 彭焘. 四川白酒企业数量全国第一，注册资本千万以下酒企占 97.3%［EB/OL］. 四川在线，2019-10-11.

由四川省经济和信息化厅主办，四川中国白酒金三角酒业协会组织的"川酒全国行"活动，致力于用产区品牌助力更多四川名优白酒企业出省发展。该项活动目前已经取得了一定成效，但如何形成四川白酒行业内部的良性竞争关系、减少内耗，仍然是行业主管部门和龙头企业亟待解决的重要问题。

第四节 产业运行绩效

广义的产业运行绩效既包括产业整体的产量、收入、利润的总量、增长率及其结构，也包括有关生态环境、社会责任等指标内容。考虑到不少指标缺乏统计数据，本书在此主要分析四川白酒产业的收入、产量和利润的相对表现，即与全国平均水平进行对比。

2003年至2019年，四川白酒行业的产量、主营业务收入、利润占全国的比重均保持在较高水平，尤其是最近十年以来，各项指标均在25%以上，这说明四川白酒在全国白酒行业有着至关重要的地位，但是相关数据也揭示了四川白酒产业发展的不平衡不充分问题。从图5-8可以看出，四川白酒行业的产量、主营业务收入、利润占全国比重的变化趋势并不一致。其中，四川白酒的产量占比总体上呈现稳步提升态势，2003年至2019年总共提高了31个百分点。具体变化是，在2007年至2011年之间，产量占比出现快速提升，2012年至2017年产量占比小幅度稳步提升，2018年和2019年产量占比再次出现快速提升。

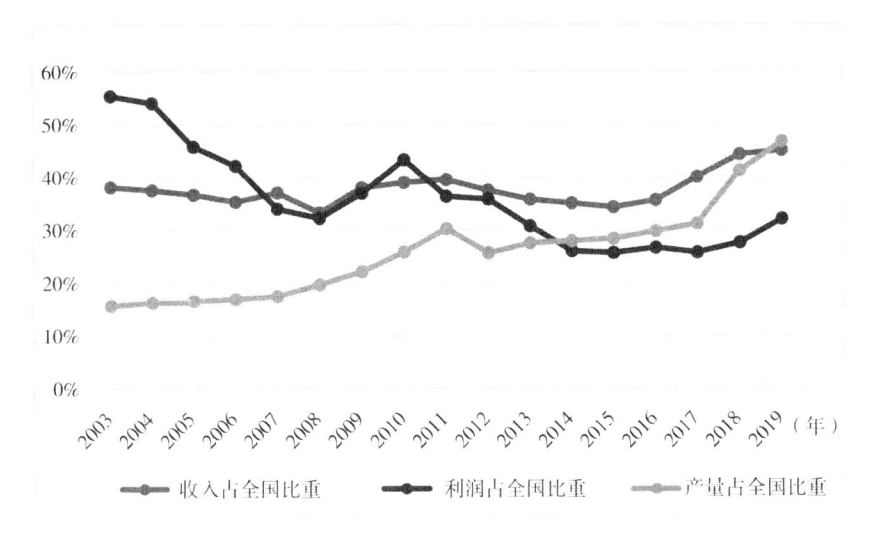

图 5-8 四川白酒行业产量、收入、利润占全国的比重

数据来源：根据公开资料整理计算。

在营业收入方面，2003 年至 2016 年的营业收入比重不仅没有提高，反而下降了 2.6 个百分点，但在 2017 年至 2019 年出现明显提高。综合来看，四川白酒产业的营业收入比重保持相对稳定。这说明，产量比重的提高并没有在营业收入中充分反映出来，或者说，四川白酒的整体价格落后于全国平均水平。

从利润比重指标来看，其变化趋势是呈现阶段性下降的，如图 5-9 所示。四川白酒的利润占比有两个明显的下降区间，第一个时间段是 2003 年到 2008 年，该时期，四川白酒的利润占比从超过 55% 下降至 2008 年的 32% 左右，下降幅度超过 20 个百分点，2008 年到 2010 年有一个明显的上升。第二个下降区间是 2010 年到 2017 年，这期间利润占比下降强度比第一个下降区间稍低，但是下降时间更加漫长，目前处于回升阶段。这种现象从利润率指标中能够反映出来。

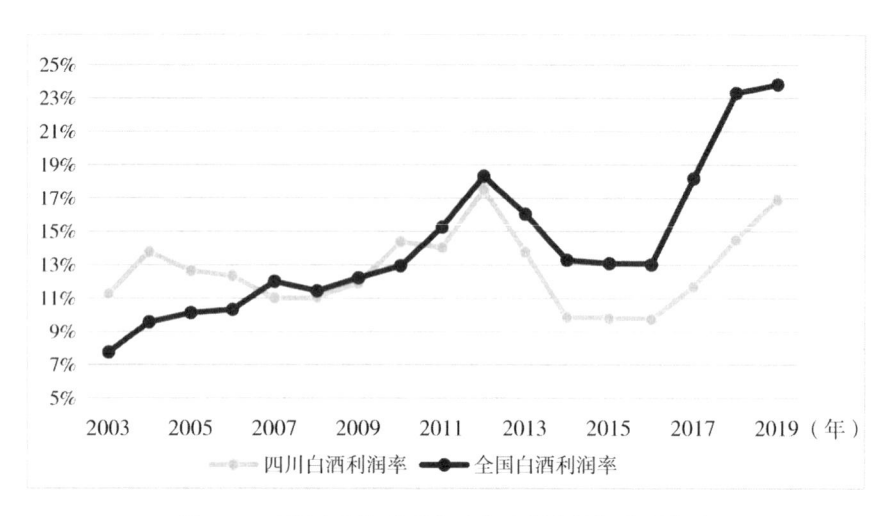

图 5-9　四川白酒行业利润率与全国白酒行业利润率

数据来源：中国产业信息网。

从利润率的角度来看，四川白酒产业的利润率长期低于全国水平，从 2003 年到 2019 年的 16 年中只有 5 年的利润率高于全国水平，在 2011 年之后，一直低于全国水平，并且利润率差距有拉大的趋势，最高相差接近 9 个百分点。这暴露出四川白酒产业虽然整体规模庞大，但其盈利能力明显不强的严峻局面。

总之，一方面，四川白酒产业的产量和主营业务收入虽然规模大，占全国的比重高（两项指标均超过 45.0%），但利润总额仅占全国的 32.0%，利润额与产量和销售收入不匹配。另一方面，四川白酒企业整体利润率不高，剔除龙头企业后，众多中小企业利润较低。2019 年，"六朵金花"实现利润为 369.0 亿元，占全省的 82.2%，其余数千家白酒企业的利润占比不到 18%。这说明四川白酒行业的产能和产值主要集中于 6 家头部企业，中小企业附加值很低，行业腰部力量发展很不充分。因此，如何增强行业腰部力量、夯实产业底部基础，是四川白酒产业在"十四五"期间需要着力解决的重点问题。

第六章

四川白酒产业的制度结构分析

制度环境是产业发展的先决条件。一方面，良好的制度环境能够对产业中的企业和个人产生有效激励，激发产业活力。另一方面，如果制度建设滞后于生产力发展水平，则会抑制经济增长。有效的制度供给对推动四川白酒产业发展有重要的作用，但四川白酒产业供给侧存在的诸多结构性问题，也涉及深层次的制度供给不足等问题。本部分从产业政策、相关法律法规、行业标准与规范、企业制度建设和地方相关法规等方面总结四川白酒产业制度供给的现状，认为四川白酒产业制度存在制度供给过剩与制度供给不足的结构性问题。国有企业与民营企业之间存在不公平竞争，企业内部存在治理结构缺陷、治理机制失灵、创新激励不足等问题。

第一节 制度供给的现状

四川白酒产业的制度供给是一个具有多层次的产业制度体系。最上层是国家层面的产业制度，包括国家相关法律法规、产业政策、产业发展规划；第二层是省级层面的产业制度，包括四川省白酒产业发展规划、四川省白酒产业发展和运行的相关政策文件；第三层是地方（尤其是四大白酒产区）层面的白酒产业发展规划、白酒产业发展和运行的相关政策文件；第四层是白酒行业规范和企业制度；最底层是白酒文化等非正式制度。上述制度体系为四川白酒产业发展提供了重要的制度环境。

一、产业政策

（一）产业管制

根据国家发展和改革委员会令 2019 年第 29 号，《产业结构调整指导目录（2019 年本）》自 2020 年 1 月 1 日起施行，《产业结构调整指导目录（2011 年本）（修正）》同时废止。由于新版的《产业结构调整指导目录》将白酒生产线从"限制性发展产业"中剔除，白酒行业迎来了宽松的产业政策环境。白酒行业的产能虽然已经相对饱和了，但是优质高端好酒的供应不足。四川白酒产业具有明显的规模优势，同时也拥有"六朵金花"等名优白酒。因此，白酒产业政策放松为四川白酒产业提质增效提供了更好的政策环境，而优质白酒的供给不足则为四川白酒提供了市场机会。

展望未来，国家将确立竞争政策的基础性地位，推动选择性产业政策向功能性产业政策转型。[①] 因此，白酒产业的政策限制可能进一步放开，相关政策体系可能进一步优化（如白酒生产许可证制度），产业地方分割会进一步破除，市场机制会进一步完善，市场竞争会更加公平有序。这将迫使四川白酒企业加快建立与市场机制相适应的企业管理模式

---

① 江飞涛，李晓萍. 改革开放四十年中国产业政策演进与发展：兼论中国产业政策体系的转型 [J]. 管理世界，2018，34（10）：73-85.

和治理机制，加快推进技术创新和产品创新，提高竞争力。

(二) 产业发展规划

产业规划是产业政策的具体化。从产业规划的影响看，地方产业规划要符合国家产业发展的总体规划。"十二五"和"十三五"期间，国家先后制定酿酒产业（五年）发展规划，如《中国酿酒产业"十二五"（2011—2015年）发展规划》《中国酒业"十三五"发展指导意见》等，提出了该期间我国白酒产业的发展方向、发展目标、重点任务等。四川省根据国家酿酒产业发展规划制定本地白酒产业发展规划，对打造白酒产区、做大四川白酒产业起到了重要的推动作用。在"十四五"期间，中国酒业协会将牵头制定中国酒业"十四五"发展规划。与此同时，作为四川省"5+1"现代产业体系的重点发展产业，白酒产业的发展规划亦将是四川省"十四五"期间的重要工作内容。

二、相关法律法规

(一) 食品安全法

食品安全是事关千家万户的重大基本民生问题，国家对此一直高度重视。1995年10月30日，中华人民共和国第八届全国人民代表大会常务委员会第十六次会议通过《中华人民共和国食品卫生法》。2009年2月28日，第十一届全国人民代表大会常务委员会第七次会议通过《中华人民共和国食品安全法》，自2009年6月1日起施行，同时原《中华人民共和国食品卫生法》废止。2015年4月24日，中华人民共和国第十二届全国人民代表大会常务委员会第十四次会议修订通过《中华人民共和国食品安全法》（以下简称《食品安全法》），自2015年10月1日起施行。2018年12月29日，第十三届全国人民代表大会常务委员会第七次会议对《中华人民共和国食品安全法》做出修改。《食品安全法》对食品安全风险监测和评估、安全标准、生产经营、食品检验等相关环节做出明确规定,有利于保证食品安全,保障公众身体健康和生命安全。《食品安全法》包含了食品流通环节的相关安全要求,因此2016年11月9日,我国根据商务部令2016年第4号《商务部关于废止部分规章的决定》,废止《酒类流通管理办法》。

(二)白酒质量安全监督管理

针对白酒行业不断出现的产品质量问题,原国家食品药品监督管理总局于2013年11月颁布了《关于进一步加强白酒质量安全监督管理工作的通知》,其明确了要严格落实白酒生产企业责任主体,从源头保障白酒质量安全。该《通知》强调了原辅材料采购、生产过程监管、产成品出厂检测、白酒标签监管的全过程监管,着重强调了对塑化剂污染物的控制措施。此外,其还要求加大监管力度,严厉打击违法违规行为,强调对白酒加工小作坊的监管要求,明确要完善的白酒生产企业食品安全信用档案制度和退出机制。白酒质量安全监督管理是保证白酒产品质量、满足人民不断增长的美好生活需要的重要措施。

三、行业规范与标准

健全的行业规范和行业标准是一个行业走向成熟的重要标志。我国白酒行业在发展过程中埋下了不少风险和隐患,出现过如勾兑酒、塑化剂、年份酒等严重问题,引发了较大的消费信任危机,危及行业长远的发展。产生这些问题的一个重要原因是缺乏行业标准规范,导致生产管理不规范、产品质量标准模糊等问题。为克服白酒生产、科研、检验、监督等部门缺少标准和标准收集不全的实际困难,国家有关部门和行业协会大力推动白酒行业标准规范认定,使白酒企业依据国家相关规定规范生产,准确标识产品生产工艺,为消费者提供公开透明的信息。国家相关部门则按照相关标准或规范对白酒企业进行监督，规范白酒行业市场秩序，促进白酒行业的持续健康发展。

白酒行业的重要标准规范如表6-1所示。

表6-1 白酒行业相关标准

标准编号	标准名称	发布部门	实施日期	状态
DB51/T711—2007	白酒厂设计防火规范	四川省质量技术监督局	2007-12-01	现行
GB/T20821—2007	液态法白酒	原国家安全生产监督管理总局	2007-07-01	现行
GB/T20822—2007	固液法白酒	原国家安全生产监督管理总局	2007-07-01	现行
GB/T19961—2005	地理标志产品剑南春酒	原国家安全生产监督管理总局	2006-03-01	现行
GB/T21820—2008	地理标志产品舍得白酒	原国家安全生产监督管理总局	2008-10-01	现行
GB/T21822—2008	地理标志产品沱牌白酒	原国家安全生产监督管理总局	2008-10-01	现行
GB/T22041—2008	地理标志产品国窖1573白酒	原国家安全生产监督管理总局	2008-10-01	现行
GB/T22211—2008	地理标志产品五粮液酒	原国家安全生产监督管理总局	2008-11-01	现行
GB/T23544—2009	白酒企业良好生产规范	原国家质量监督检查检疫总局	2009-12-01	现行
GB/T23544—2009	白酒企业良好生产规范	原国家安全生产监督管理总局	2009-12-01	现行
GB/T26760—2011	酱香型白酒	原国家安全生产监督管理总局	2011-12-01	现行
GB/T26761—2011	小曲固态法白酒	原国家安全生产监督管理总局	2011-12-01	现行

续表

标准编号	标准名称	发布部门	实施日期	状态
GB27631—2011	发酵酒精和白酒工业水污染物排放标准	原环境保护部、原国家质量监督检验检疫总局	2012-01-01	现行
HJ/T402—2007	清洁生产标准白酒制造业	原环境保护部	2008-03-01	现行
QB/T4258—2011	酿酒大曲术语	工业和信息化部	2012-07-01	现行
QB/T4259—2011	浓香大曲	工业和信息化部	2012-07-01	现行
SB/T10713—2012	白酒原酒及基酒流通技术规范	商务部	2012-11-01	现行
AQ/T7006—2012	白酒企业安全管理规范	原国家安全生产监督管理总局	2013-03-01	现行
GB2757—2012	食品安全国家标准蒸馏酒及其配制酒	原卫生部	2013-02-01	现行
GB/T33406—2016	白酒风味物质阈值测定指南	原国家质量监督检验检疫总局	2017-07-01	现行
GB8951—2016	蒸馏酒及其配制酒生产卫生规范	原国家食品药品监督管理总局	2017-12-23	现行
GB/T33405—2016	白酒感官品评术语	原国家质量监督检查检疫总局	2017-07-01	现行
GB/T33406—2016	白酒风味物质阈值测定指南	原国家质量监督检查检疫总局	2017-07-01	现行
GB/T10781.1—2021	白酒质量要求第1部分：浓香型白酒	国家市场监督管理总局	2022-04-01	现行
GB/T15109—2021	白酒工业术语	国家市场监督管理总局	2022-06-01	现行

数据来源：国家标准信息公共服务平台：https://std.samr.gov.cn/。

四、地方法规与政策

四川省以国家相关法律法规为依据，结合本省酿酒产业具体情况，制定系列地方性法律法规和政策文件，规范市场秩序，促进酿酒产业发展。

（一）酒类管理法规

1985年9月6日，四川省发布的《四川省加强酒类产销管理的若干规定》，针对酒类市场面临的各种问题，为增加生产量，提高质量，就四川省酒类产销管理工作做出规定。1991年7月29日，四川省第七届人民代表大会常务委员会第二十四次会议通过《四川省酒类管理条例》，它在2004年和2013年进行了两次修正。2015年7月22日，四川省十二届人大常务委员会第十七次会议修订通过《四川省酒类管理条例》，就行业总则、生产经营管理、品牌保护、监督管理、法律责任等方面做出规定，自2015年10月1日起施行。

除了省级酒类管理法规，部分市州也制定了相关管理法规，如2016年10月31日，成都市食品药品监督管理局组织制定了《成都市白酒企业生产管理规范》，经四川省质量技术监督局发布，2016年11月1日起正式实施。

（二）酒类产业政策文件

白酒产业是四川的传统特色优势产业，产量和营业收入占全国白酒行业的比重超过45%，营业收入占全省规模以上工业行业主营业务收入的6%，利润占全省规模以上工业行业利润的15.5%，对四川经济发展具有举足轻重的作用。白酒产业更是宜宾、泸州两地最主要的支柱产业，对创造税收、提供就业和带动相关产业发展具有重要意义。

由于白酒产业在经济中的重要地位，四川省委省政府高度重视白酒产业发展，先后制定和颁布一系列政策文件（见表6-2），从产业转型升级、产业发展规划、供给侧结构性改革等领域推动、支持白酒产业发展，并将以白酒产业为主体的饮料食品产业作为四川"5+1"现代产业体系的重要支柱，通过"16个产业重点培育方案""优质白酒产业振兴发展培育方案"、名优白酒培育计划等多个政策推动四川白酒产业提质增效。

表6-2 近年来四川支持白酒产业发展的相关政策文件

	文件名称	发布时间（年）
1	《关于促进白酒产业转型升级健康发展的指导意见》	2015
2	《关于推进白酒产业供给侧结构性改革加快转型升级的指导意见》	2017
3	《四川省白酒产业"十三五"发展指南》	2017
4	《优质白酒产业振兴发展培育方案》	2019
5	《四川白酒"十朵小金花"及品牌企业三年培育计划》	2020
6	《四川白酒品质提升工程实施方案》	2020
7	《四川名优白酒总体发展指南》	2020

资料来源：四川省人民政府网等。

此外，近年来，宜宾、泸州等重点产区均出台了相关政策文件支持当地白酒产业发展。宜宾市制定的《关于支持白酒产业高质量发展的实施意见》，支持当地白酒企业发展，提升宜宾白酒产业核心竞争力，提出到2021年，宜宾市白酒产业主营业务收入突破1500亿元、税收200亿元。[1] 泸州市2020年1月1日印发的《泸州市推进白酒产业高质量突破发展若干政策》，明确支持龙头企业和酒业园区突破发展，鼓励企业上档升级、做强品牌、开拓市场。2020年，全市白酒营业收入力争达到1000亿元。[2]

---

[1] 周显彬，黄大海. 宜宾出台支持白酒产业高质量发展实施意见计划三年内主营业务收入突破1500亿元[EB/OL]. 川观新闻，2018-11-13.

[2] 龙欣雨，羽客. 决战"双千亿"泸州奋力打造世界级优质白酒产业集群[N]. 四川日报，2020-10-31（4）.

表 6-3　近年来四川重点产区支持白酒产业发展的相关政策文件

	文件名称	发布单位	发布时间（年）
1	《关于推进宜宾名优白酒产业持续健康发展的意见》	宜宾市	2015
2	《五粮液集团"十三五"战略发展规划》	宜宾市	2016
3	《关于支持白酒产业高质量发展的实施意见》	宜宾市	2018
4	《宜宾市酿酒专用粮基地三年提升行动方案》	宜宾市	2020
5	《宜宾市白酒产业发展规划（2020—2025）》	宜宾市	2021
1	《泸州市加快建成千亿白酒产业的意见》	泸州市	2016
2	《泸州市千亿白酒产业三年行动计划（2018年—2020年）》	泸州市	2018
3	《泸州市白酒历史文化遗产保护和发展条例》	泸州市	2018
4	《泸州市推进白酒产业高质量突破发展若干政策》	泸州市	2020

资料来源：根据公开资料整理。

五、企业制度建设

企业是经济活动的基本主体，有效的企业制度有助于规范企业经营行为、提升企业活力。从产权结构看，五粮液、泸州老窖、四川省酒业集团有限责任公司（简称川酒集团）等龙头企业属于国有企业，由地方国资委控股。其中，2017年6月，经四川省委、省人民政府同意组建的四川省酒业集团有限责任公司是大型综合性国有企业，是落实省委、省政府培育亿万级食品饮料的支柱企业，是推进白酒产业供给侧结构性改革的重要载体。目前，川酒集团已成功建设五大生产基地，覆盖泸州、宜宾、邛崃等四川优质产区，呈现出强劲发展势头。

近年来，四川省以五粮液、泸州老窖、川酒集团等大型国有企业为代表，按照现代企业制度要求不断完善企业治理机制和治理结构，带动其余企业微观层面的制度建设。以川酒集团为例，公司建立了四川酒业（集团）有限公司规章制度，企业制度包括十五章，详细规定了员工行为规范、薪酬制度、人事制度、市场人员工作量化规定、市场人员请示汇报制度、销售货款管理制度、库存管理制度、合同管理制度等。

表6-4 "十三五"以来四川有关企业改革的政策文件

	文件名称	发布时间（年）
1	《四川省深化国有企业改革实施方案》	2016
2	《省属企业公司制改制工作实施方案》	2018
3	《关于四川省国有企业高质量发展的指导意见》	2019
4	《关于印发四川省国有资本投资、运营公司改革试点实施方案的通知》	2020

资料来源：经公开资料整理。

剑南春、郎酒等众多白酒企业属于民营企业（其中水井坊属于外商独资企业），其中只有少数企业建立了现代企业制度，大多数中小企业的治理结构和治理机制还存在缺陷。

第二节 制度供给存在的问题

从上述制度供给现状来看，四川白酒产业制度供给特征有以下方面。第一，制度供给具有多层次性，宏观层面的制度供给相对较多，中观和微观层面的制度供给较少，制度供给过剩与制度供给不足同时存在，表现为制度供给的结构性矛盾；第二，以正式制度供给为主，非正式制度建设严重滞后；第三，以自上而下的强制型制度供给为主，自下而上的需求诱导型制度供给不足,① 白酒产业制度环境总体上有待优化。

一、制度供给过剩

制度供给相对于主体需求过剩。众所周知,产能过剩是我国经济供给侧结构性问题的突出表现,但这种产能过剩是政府过度干预和国有企业治理结构不完善共同作用的后果。② 由于政府与企业间的关系长期没有理清,地方政府可以干预企业经营影响企业行为。在政绩考核指标的要求下,地方政府追求短期 GDP 增长的冲动,容易通过系列政策措施推动投资扩张来促进经济增长,"黄金十年"期间的投资扩张就是鲜明的例子。前文数据表明,四川白酒产量占全国的比重提高较快,2019年达到46.7%,存在明显的产能过剩。从实际情况看,四川为了促进白酒产业发展制定了一系列政策文件,前文的表6-2列出了近年来四川省制定的与白酒产业发展直接相关的一部分政策文件,此外还有其他相关政策文件和市州有关酿酒产业发展规划的政策文件。这些政策文件对实现四川白酒产业发展起到了直接的推动作用。不可否认的是,相关政策文件出台过于密集并且存在交叉,不仅推动了白酒产业投资扩张,而且对企业日常经营活动产生了一定程度的干扰。政府为了干预经济而制定过多的政策文件属于典型的制度供给过剩,其结果是容易导致白酒产业的粗放式规模扩张和产能过剩。

在政府干预产业发展的过程中,由于政府不是万能的,即存在

---

① 苏奎,何凡. 四川白酒产业制度供给现状、问题及创新研究[J]. 现代商业,2019(26):50-52.
② 陈奇斌. 供给侧结构性改革中的政府与市场[J]. 学术研究,2016(6):104-109.

"非理性",其干预活动可能是低效的,此时会出现政府"失灵"。更大的问题是,为了解决政府干预"失灵",我国将陷入不断调整制度供给来应对层出不穷问题的被动局面,这将进一步加剧制度供给过剩的矛盾,制度实施成本也将居高不下。[①] 随着我国社会主义市场经济体制不断完善,我国应调整行业管理模式,形成竞争政策与产业政策协调发展的制度供给格局。

此外,如果制度干预过度,超出社会和人们实际承受能力,将会导致被干预对象的抵触和摩擦,进而导致制度安排的低效率。制度干预过度集中的表现是制度安排细节化,它将导致制度框架丧失弹性,侵害行为主体的合理选择权,不利于发挥行为主体的主观能动性,并且与"以人为本"的企业管理理念冲突。因此,不论是政府在产业发展中的干预"失灵",还是政府干预过度导致的低效率,这都表明应减小政府干预的范围,其功能在于提供基础性的制度安排,对经济主体进行有效激励。

二、制度供给不足

(一)正式制度供给不足

有效制度供给短缺是制约四川白酒产业高质量发展的制度瓶颈。白酒产业的正式制度供给可以划分为宏观、中观和微观三个层次。

1. 宏观层面的正式制度

宏观层面的正式制度由国家和地方政府供给,其形式包括产业发展规划、行业管理规范和条例等,如《中国酒业"十三五"发展指导意

---

① 苏奎,何凡.四川白酒产业制度供给现状、问题及创新研究[J].现代商业,2019(26):50-52.

见》《四川省白酒产业"十三五"发展指南》等。宏观正式制度总体上保持了有条不紊的供给状态,而制度供给的不足主要是产业竞争政策等领域的建设滞后于我国经济体制的市场化进程。

2. 中观层面的正式制度

中观层面以行业为主体的制度供给明显不好,主要表现为行业协会发展不充分等。例如,四川省白酒协会作为重要的社会团体,在"全国社会组织查询"网站没有登记信息,其制度不完善,更缺少实施机制,在推动四川白酒行业制度建设方面表现不充分,缺乏一个供行业成员共商产业发展大计的平台。2012年成立的四川中国白酒金三角酒业协会在中观层次的制度供给上产生了积极的引领作用。自2016年以来,从协会网站建设反馈的信息看,其影响力有所减小,且缺乏以协会为主体形成的制度资源供给,协会更像是传达宏观层面制度信息的话筒。2017年,《四川省白酒生产企业名录2017年最新版》收录的四川省白酒企业有2030家,而四川中国白酒金三角酒业协会网页挂名的品牌企业仅有五粮液、泸州老窖、剑南春、郎酒等12家,挂名"名企联盟"的企业也仅63家。这意味着更多的中小型白酒企业并未真正融入行业协会中,即行业资源共享机制存在缺陷。

3. 微观层面的正式制度

微观层面的企业制度建设滞后。一方面,微观层面的制度建设与供给更多表现在少数大中型白酒企业中。这些大型白酒企业要么是国有企业,要么是由国有企业改制后产生的。前者仍然存在政企不清晰问题,内部治理结构和外部治理机制不完善,容易产生内部人控制和"委托—代理"等问题,影响管理决策的科学性;后者往往存在产权改革的历史遗留问题,如剑南春和郎酒的改制遗留问题,由此会影响现代企业制度建设进程。另一方面,众多白酒小企业、小作坊还没有建立完善的企业制度。

(二) 非正式制度供给不足

四川白酒产业的非正式制度资源缺乏提炼,影响力弱。① 四川白酒有3000多年的历史,从蚕丛鱼凫时代的酿酒蒸醴,到先秦时期的特色贡品"巴乡清",到秦汉之际领先时代的蒸馏酒,到清朝初年风靡全国的绵竹大曲,到1915年五粮液、泸州老窖获巴拿马万国博览会金奖,到20世纪90年代以来响遍全国的"六朵金花",以及进入2019年评选的"十朵小金花",产品享誉国内外,但是以酒俗酒礼为核心的非正式制度却无法有效传承与供给。除个别少数民族地区有特色鲜明的酒文化传承外,即便是典型的白酒产区也没有代表性的、流行的酒俗酒礼,缺乏代表性的、聚焦性强的、包含酒文化精髓的典礼仪式,缺乏广为流传、脍炙人口、寓意深刻的酒歌、酒诗、酒辞等。② 另外,在社会经济越是发达开放的地区,酒俗酒礼退化的程度反而越高,通过酒传递出的文化导向往往是人所憎恶的负面因素,这说明制度层面的酒文化建设目前已经落后于白酒产业发展实践。

(三) 制度实施机制不健全

四川白酒产业的制度实施机制不健全,导致目标没有充分实现。制度实施机制关键是要激发主体的制度需求,使其主动在制度框架下采取行动,从而提升主体行为绩效。四川白酒产业在制度实施机制上面临以下典型的问题。一是以强制性制度为主,负激励大众化,正激励小众

---

① 苏奎,何凡. 四川白酒产业制度供给现状、问题及创新研究 [J]. 现代商业,2019 (26): 50-52.
② 苏奎,何凡. 四川白酒产业制度供给现状、问题及创新研究 [J]. 现代商业,2019 (26): 50-52.

化。[①] 例如，在企业制度方面，有些企业的激励目标向管理者倾斜，对普通员工的激励不足；在科技创新方面，科技资源配置呈现过度行政化现象，创新收益分配政策的激励机制不健全，对白酒产业升级的支撑作用不够。二是制度实施机制不完善，首先是白酒行业的准入和退出机制不完善。原有的产业限制政策和白酒生产许可证制度既限制"进入"，也限制"退出"，不仅导致白酒优质产能受到较大限制，而且导致低端产能不能通过市场竞争退出，加剧了白酒行业供给侧的结构性矛盾。此外，现有的白酒产区发展模式容易造成产业低水平重复竞争，部分地方为保护本地企业，采取行政措施阻碍产能过剩的市场化竞争淘汰和兼并重组，影响落后产能出清。最后，在政府治理体系方面，政府监管缺位和规制不当导致供给低端、产品低劣等不良经济现象。

三、制度结构性过剩与不足

除了制度供给过剩和制度供给不足两种情况，现实中还存在制度供给的结构性过剩与不足，表现之一是行政化管理与市场化经营的矛盾。

影响经营体制的一个重要因素是产权结构。在较长一段时间，四川白酒行业的大中型企业主要是国有企业。例如，四川白酒行业的"六朵金花"有四家是上市公司。其中，五粮液股份和泸州老窖股份由国资绝对控股，舍得酒业股份在射洪县（今射洪市）人民政府转让四川沱牌舍得集团有限公司70%股权后才正式从国有体制转变为民营体制，水井坊则是由四川省国资委下属的全兴集团控股的国有企业转变为外资绝对控股的外商独资企业。另外两朵金花，剑南春集团和郎酒集团也是

[①] 苏奎，何凡. 四川白酒产业制度供给现状、问题及创新研究[J]. 现代商业，2019（26）：50-52.

通过股权改革从国有体制转变为民营体制。之所以进行以股权改革为主要内容的体制改革，一个重要原因是国有企业内部机制不完善和沉重的历史包袱容易导致企业缺乏活力。具体而言，国有企业的管理体制和经营机制具有自己的行政特点，往往需要实现地方行政性目标，这与收益最大化或利润最大化的经济目标存在矛盾和冲突。同时，由于体制改革滞后等，企业外部治理机制亦不完善，经理人市场治理机制有名无实，国有企业的主要负责人乃至董事会成员和经理层大多通过行政方式（如国资委直接任命）产生，委托—代理问题突出，管理层更多的是迎合上级偏好而不是接受市场考验，因而很难针对市场变化及时做出有效反应。

正因为如此，四川省不断推动国有白酒企业的管理体制和经营机制改革。一方面，通过剥离国有企业社会职能减轻企业负担；另一方面，不断推进企业股权结构改革，优化企业股权结构和治理机制。目前，五粮液股份和泸州老窖股份逐步剥离社会职能，同时推进股权多元化和企业治理结构改革，使企业效益和竞争力得到巩固和提升。剑南春集团、郎酒集团和水井坊早已完成股权改革，企业效益和竞争力不断回升。2020年年底，复星集团入舍得酒业，舍得酒业的股权改革告一段落，企业的市场化经营机制逐步完善，企业经营效益明显提高。

第七章

四川白酒产业动能结构分析

改革开放以来，四川白酒产业的发展可分为两个大的阶段。一是从1978年到"十二五"末的粗放式发展阶段，发展动能以行政性产业政策和经营体制为制度环境，以高投入、高消耗、高排放为基本特征和主要手段，产业发展表现为产业结构低级化、产业链低端化、重产品轻服务，产业发展状态呈现不协调、难循环、低效率的现象。二是"十三五"以来，我国经济由高速增长进入中高速增长阶段，党中央提出创新、协调、绿色、开放、共享的新发展理念，要求以提高发展质量和效益为中心，以供给侧结构性改革为主线，扩大有效供给，满足有效需求，加快形成引领经济发展新常态的体制机制。与之相对应，在行业内外因素的冲击下，白酒行业从"黄金十年"发展状态进入行业深度调整，进入转换发展动力、转变发展方式、优化产业内部结构的攻坚阶段，但是在总体上，四川白酒产业还处在传统发展动能不断衰减、新的发展动能仍在培养和形成阶段。

第一节 发展模式向集约型转变

白酒行业现有发展模式是在计划经济时代形成的。随着我国经济不断发展，四川白酒行业的规模不断扩大，但发展模式仍然处于粗放式增长向集约型增长转变的初级阶段，与高质量发展要求还存在较大差距。

改革开放以来，我国创造了连续34年经济平均增速达到9.8%以上的经济奇迹，并在2010年跃居世界第二大经济体。在经济发展的同时，由于增长方式、管理方式、体制机制等方面的原因，我们的环境污染、生态破坏问题集中表现出来。与发达国家相比，我国每单位GDP的废水排放量比发达国家多出4倍，单位工业产值产生的固体废弃物比发达国家多出10倍以上，并且资源利用效率低，资源、能源消耗量大。这种高投入、高消耗、高排放、低效率的粗放型扩张的经济增长方式已难以为继。粗放型增长模式还导致投资需求膨胀、建设规模过大、价格水平上涨、结构失衡等一系列问题[1]。为此，转变发展方式是唯一可行的出路。

我国白酒行业的发展模式同样属于粗放式增长模式，行业进入门槛低、企业平均规模小，难以获得规模经济状态下平均成本减少的好处。黄金十年期间，在政务消费的带动下，企业通过投资扩张和增产增量就能实现高增长，竞争方式简单而且落后，虽然收益高但行业资源利用率低、市场竞争力低、抗风险能力低。在公务消费限制和需求结构升级的情况下，白酒行业供求环境已经发生重大转变，这是近年来白酒行业调

---

[1] 张红燕. 自主创新在转换经济增长方式中的重要作用——从 GDP 与 R&D 经费、R&D 人员和专利申请量的相关关系分析论证 [J]. 科技成果纵横，2012 (1)：6-8.

整的内在原因。

在行业深度调整期,四川白酒行业在市场需求规模减少、需求结构升级,以及资源、环境压力下艰难转型,但是产能过剩难以短期内解决,不仅面临国际知名品牌的竞争和国内名优白酒的竞争,而且四川白酒行业内部竞争激烈,导致四川白酒规模减少、发展效益下降。究其原因,一是增长模式重投入轻创新,产品成本与费用较高,产品结构跟不上市场变化;二是管理模式落后,针对市场变化没有及时调整企业发展战略,并对企业组织结构进行相应调整。因此,市场供求条件的变化,决定了原有粗放式发展模式走到了尽头。总之,在市场供求环境和资源、环境压力的双重冲击下,四川白酒行业面临较大的转型压力。为此,四川省出台一系列相关政策,如制定产业发展规划、白酒行业标准等,积极推进白酒行业供给侧结构性改革,着力创新机制,组建中国白酒学院,加强白酒行业人才培养,大力打造四川白酒"四大主产区"品牌,积极培育产业发展新动能。[①] 在政府的有序引导和全行业的努力下,四川白酒产业主要经济指标实现较快增长,名优企业增速快,经济效益持续向好,供给侧结构性改革取得了明显的成效。

第二节 资源配置效率不高

一、产业资源配置效率概述

从发达国家的历史经验看,在经济跃升到成熟阶段后,国家提高全

---

① 刘化雨. 推进供给侧结构性改革 全省酒类产业发展实现新突破[EB/OL]. 四川省人民政府网, 2018-02-23.

要素生产率来驱动经济发展。随着我国经济发展进入新时代，我国经济正处在转方式、调结构、换动力的攻关期，面临着新的机遇和挑战，原有的粗放式数量型增长模式面临日益严峻的资源和环境压力。从经济运行数据看，经济发展速度放缓趋势明显。2010年以来，四川GDP增速逐步趋缓，至2016年其GDP增速为7.7%，进入中高速增长区间。

进入"新常态"从表面看是经济增长速度变缓，其本质则是经济结构转型升级过程中新旧增长动能转换不及时、不充分的后果。目前，四川经济已经转向高质量增长阶段，但产业发展仍主要靠要素投入数量和规模扩张，自主创新能力不强，资源配置效率不高。突出问题表现为全要素生产率持续下降。近年来，四川劳动力由过剩转向相对短缺，劳动力成本不断增加，全省劳动参与率由2000年的88.6%下降到2015年的72.1%。[1] 2019年上半年，四川省城镇劳动参与率进一步下降到68.2%。[2] 此外，环境保护与利用的投入规模、技术进步由模仿为主转向自主创新为主过程中的学习成本等也持续增加，原有的经济增长核心竞争优势正在消失。根据陈耿宣测算，2008年之后，除了个别年份（如2011年），四川省全要素生产率增长率大多数年份为负值，这说明全要素生产率对四川经济增长的贡献为负值。[3]

就四川白酒产业而言，其要素投入数量与投入质量的统计数据缺乏，难以通过直接的统计分析来揭示四川白酒产业的要素投入与产出关

---

[1] 数据来源：2000年，四川省第五次全国人民普查数据、2010年四川省第六次全国人民普查数据，劳动参与率是经济活动人口（包括就业者和失业者）占劳动年龄人口的比率。

[2] 戴璐岭. 2019年上半年四川城镇就业稳定 三产业吸纳劳动力最多［EB/OL］. 四川新闻网，2019-07-15.

[3] 陈耿宣，贾钦民，谭云丹，等. 基于全要素生产率的金融支持高质量发展研究：以四川省全要素生产率数据为例［J］. 西南金融，2019（8）：35-44.

系，故在此采用替代性指标从侧面进行分析。表7-1为四川白酒产业的主营业务收入、利润总额和产量分别占全国的比重及其相对指标数据。

表7-1 四川白酒产业占全国白酒产业的比重

年份	收入占全国比重	利润占全国比重	产量占全国比重	相对生产率①	相对盈利能力②
2003	38.1%	55.4%	15.7%	243.1%	353.4%
2004	37.5%	54.0%	16.3%	230.7%	332.2%
2005	36.6%	45.8%	16.5%	221.5%	276.7%
2006	35.3%	42.1%	16.9%	208.6%	249.0%
2007	37.0%	34.0%	17.4%	212.2%	194.6%
2008	33.2%	32.2%	19.6%	169.2%	163.9%
2009	38.0%	36.9%	22.1%	171.8%	167.1%
2010	39.0%	43.3%	25.8%	151.0%	167.8%
2011	39.5%	36.3%	30.2%	130.8%	120.3%
2012	37.4%	35.7%	25.6%	146.2%	139.7%
2013	35.7%	30.7%	27.4%	130.1%	111.7%
2014	34.9%	25.9%	27.8%	125.5%	93.0%
2015	34.2%	25.6%	28.3%	121.0%	90.5%
2016	35.5%	26.5%	29.6%	119.8%	89.5%
2017	39.9%	25.6%	31.1%	128.4%	82.4%
2018	44.2%	27.5%	41.1%	107.5%	66.9%
2019	45.0%	32.0%	46.7%	96.4%	68.5%

数据来源：由国家统计局、四川统计网数据计算所得。

① 计算方式见下页的产业资源配置效率评价指标。
② 计算方式见下页的产业资源配置效率评价指标。

2003年，四川白酒产量为51.9万千升，2019年达到366.7万千升。与之对应的是，四川白酒的产量占全国白酒总产量的比重在稳步上升，其比重由2003年的15.7%上升到2019年的46.7%。与此同时，四川白酒产业营业收入由2003年的207.7亿元快速上升到2019年的2653亿元，增长了12.77倍，远高于产量增长的速度。表面看来，收入增长非常快，但2019年四川白酒营业收入占全国的比重相对于2003年只提高了不到7个百分点，远低于产量相对提高程度。其原因主要在于营业收入的增长一是依靠产量增长，二是借助价格提高。恰好在价格方面，四川白酒的平均价格涨幅远低于全国平均水平，这直接影响了四川白酒营业收入的占比。另一个更需要注意的问题是，四川白酒产业利润占全国比重由2003年的55.4%下降到2019年的32.0%。这表明对全国白酒产业盈利能力平均水平而言，四川白酒产业的相对盈利能力在下降。

二、产业资源配置效率评价

考虑到营业收入和利润等指标不能使人们理解四川白酒产业的生产效率，我们在此建立两个新指标：相对生产率、相对盈利能力。其计算公式如下。

相对生产率＝四川白酒占全国白酒收入的比重／四川白酒占全国白酒产量的比重

相对盈利能力＝四川白酒占全国白酒利润的比重／四川白酒占全国白酒产量的比重

相对生产率和相对盈利能力可理解为平均每个产量的相对收益和相对利润。考虑到产量的大小与要素（如劳动）投入数量有关，相对生产率和相对盈利能力可以在一定程度上刻画四川白酒行业的生产效率和盈利能力，也能够反映其相对竞争力。实际上，从我国白酒几个重点产区相互竞争的角度看，相对生产率和相对盈利能力有助于我们做出更好的比较和判断（产区竞争力）。相对生产率和相对盈利能力大于1（100%），则说明四川白酒产业的生产率和盈利能力高于全国白酒行业平均水平，属于效率较高的生产和运营；相对生产率和相对盈利能力小于1（100%），则说明四川白酒产业的生产率和盈利能力低于全国白酒行业平均水平，属于效率较低的生产和运营。

从图7-1，我们很容易发现以下几点现象。①2018年之前，四川白酒产业的相对生产率高于1，相对盈利能力大于1则出现在2013年之前，这说明四川白酒产业的相对盈利能力下降得更快。②2003年至2019年，四川白酒产业的相对生产率和相对盈利能力总体上处于持续下降的趋势中，这既说明四川白酒产业的相对竞争力不强，也说明四川白酒产业至今整体上还没有形成良性的产业持续发展机制。③分阶段看，在我国白酒行业的"黄金十年"，四川白酒行业的相对生产率和相对盈利能力处于较快的持续下降通道中，这颠覆了我们一直以来对四川白酒产业强大和优势的认知。尤其是在2003年至2008年这段时间，四川白酒行业的相对生产率和相对盈利能力快速下降，2009年后相对指标下降速度放慢但并没有停止下降。

上述现象有其发生的经济背景和原因。从行业发展历程看，2003年至2008年这段时间是白酒行业"黄金十年"的上半段，行业繁荣吸引了大量的小企业进入白酒行业，整个行业的投资快速上涨，四川白酒产量快速增加。由于这些新增的产量主要位于低端，人均产值不高、单位利润低，从而拉低了四川白酒的生产率和盈利能力。2008年之后，受美国次级债务影响，全球经济受到冲击，中国经济受到牵连，不少小企业受到影响，行业在低端层次的扩张放慢，但应对次级债务引发的扩张性政策推动了中高端白酒企业的扩张，因此四川白酒收入和利润占比

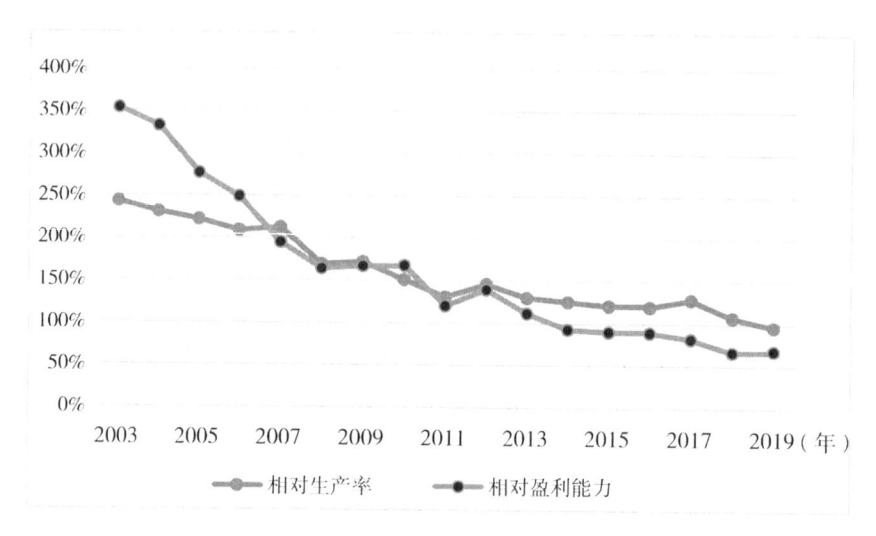

图 7-1　四川白酒产业的相对生产率和相对盈利能力

下降的趋势有所放缓。在 2012 年之后，四川白酒的收入占比下降速度明显放缓，但利润占比仍在下降。这可能的原因有两方面。一方面，四川小微企业的数量众多，短期内难以改变产量基数大的现象；另一方面，四川白酒龙头企业在行业深度调整期向腰部市场下移拉低了行业的收入占比和利润占比，相对地，贵州茅台等企业借助消费升级的经济大环境大力开拓中高端市场，抢占了先机。以此而论，在推进四川白酒产业供给侧结构性改革时，淘汰低端产能、加大中高端产品开拓力度，既能够提高生产率，又能够提高盈利能力。

第三节　技术装备水平总体落后

中国白酒主要采用传统固态酿造工艺，生产方式独特，世界上其他蒸馏酒的自动化生产装备并不适用于我国的白酒工业化生产，因此我国白酒酿造的相关自动化装备只能依靠自主研发。由于白酒行业装备领域起步较晚，生产社会化、自动化水平比较低，再加上白酒产品酿造过程中还饱受酒醅出窖、物料运输、酒醅上甑、酒糟出甑、环境监控等困扰，白酒行业装备整体发展不均衡。为推动白酒行业现代化生产发展进程，2010年8月，中国酒业协会组织相关科研机构和白酒龙头企业实施"中国白酒158计划"，旨在从酿酒的5个关键课题着手，加快研究传统白酒机械化、智能化技术改造，推进我国白酒传统生产方式机械化升级，进而推动整个行业向信息化、智能化转型。

目前，我国白酒装备发展有了很大的突破，规模以上白酒企业基本上实现了白酒的自动化灌装，不少名优白酒生产企业实现了原酒存储及灌装，还实现了产品包装的机械化、自动化，甚至是智能化，但白酒酿造环节的智能化程度相对较低，关于原酒酿造环节一直未取得实质性突破。除了米香型、豉香型白酒在酿造和蒸馏上的机械化发展较快，占白酒市场超过七成的浓香型和酱香型白酒由于对发酵程度、温湿度控制和白酒香型要求高，想要实现机械化、智能化的难度较高，从而导致白酒生产酿造的智能化水平还很低。[1]

总之，我国白酒行业的智能制造还在起步阶段。随着科学技术的快速发展和国家科技政策的大力推动，以及消费升级等市场环境的变化，国家对白酒装备行业提出新的要求。四川白酒生产企业如何实现传统酿造工艺与现代科技的深度融合，实现酿酒智能化、现代化、绿色化，改变落后的生产方式，提高生产效率、节能降耗，提高出酒率和产品质量，保障食品安全，努力追赶国外的先进制造水平，已成为行业可持续发展的重要课题。

---

[1] 高敏，刘清华. 中国酒业应通过数字化和智能化实现转型升级［J］. 金融世界，2019（11）：96-97.

第四节 产业创新能力不足

创新是产业高质量发展的主要驱动力。没有创新或者创新能力不足将会导致产品技术含量低、成本居高不下、产品附加值低，在市场竞争中只能处于低端市场，从而不可能实现高效益、可持续、有活力的发展。四川白酒产业创新能力不足主要体现为研发投入少、创新的组织模式低效等方面。

一、研发经费投入少

由于统计数据不全，此处只选取全国和四川省 2016 年、2017 年、2019 年三年的酒、饮料和精制茶制造业规模以上企业 R&D 投入水平数据进行分析。根据统计数据计算发现，2016 年、2017 年，四川省酒、饮料和精制茶制造业的 R&D 投入水平与全国平均水平接近，但是 2019 年的研发投入水平远远低于全国平均水平，参见下表 7-2 中的 R&D 投入水平数据。

表 7-2　四川酒、饮料和精制茶制造业规模以上企业 R&D 投入水平

年度	四川 R&D 投入水平（%）	全国 R&D 投入水平（%）	四川低于全国平均水平程度（%）
2016	0.53	0.54	0.01
2017	0.58	0.58	0
2019	0.47	0.7	0.23

数据来源：《四川统计年鉴》（2016、2017、2019），《中国统计年鉴》（2016、2017、2019）。

我们需要特别强调的是，酒、饮料和精制茶制造业是四川的传统优势产业，尤其是 2019 年，四川白酒产业产量占全国的 46.7%、收入占全国的 45.0%，但是这个优势并没有在研发投入上反映出来。R&D 投入强度偏低表明四川省白酒产业（及企业）对研发的作用还没有引起足够的重视。从研发投入主体看，白酒行业的研发投入主要集中在大中型企业上，然而数据表明，四川白酒行业大企业的研发投入比例并不高。例如，根据五粮液发布的年度报告，2012—2019 年，五粮液的 R&D 投入强度平均为 0.26%，不到同期酒、饮料和精制茶制造 R&D 经费投入强度的一半。泸州老窖、沱牌舍得、水井坊的 R&D 经费投入水平要高于行业平均水平，但四川大多数中小企业的研发投入水平很低，再次拉低了总体研发投入水平。由于企业创新投入不足，创新水平远低于平均水平。作为白酒产业大省的四川，2012 年申请专利 67 项，[①] 仅占当年四川专利申请量的 1‰，与其行业地位相差甚远。这种现象有其内在的经济原因。在政商消费拉动下，白酒企业依靠要素投入扩张就能够推动自身收入和利润的高增长，因而缺乏科技创新的动力，科技研发投入水平偏低。当然，其后果是，在市场需求下滑、资源和环境短缺的双重压力下，创新动力不足、技术进步缓慢成为四川白酒行业的关键短板，而大力提高行业和重点企业的 R&D 投入水平则是一条长期回报可靠的有效途径。

二、人才结构与分布失衡

高素质人力资源投入是产业创新的动力源泉。从产业价值链角度看，白酒产业的创新成果最可能出现在白酒酿造环节、白酒酿造设备制

---

① 张帆. 四川白酒行业专利存量及创新活动特征分析 [J]. 情报杂志，2014，33 (6)：66-73.

造环节、产品设计环节、品牌管理环节等重点环节。一方面，四川白酒产业在上述环节均出现人才结构及分布不合理现象。目前，四川省白酒技术性人才具有一定的优势，并且在酿造设备制造环节中取得了较好的成就，但人才培养模式仍然比较落后，尤其是白酒酿造环节的相关知识主要依靠口传心授、学徒制等传统方式，不但缺乏系统性，还不利于知识传授。另一方面，四川白酒产业的高端人才比重过低、数量偏少，具有大学以上文化水平的专业技术人才比例不高，更缺乏世界级酒类品牌运营管理团队。同时，其人才的分布也不合理，行业性、国家级高层次人才主要集中在名优龙头企业，一般酒厂甚至地方名酒企业的人才较为缺乏。此外，四川白酒企业掌舵人呈现"老龄化"，众多酒企领导群缺少年轻新鲜的人才，他们难以与年轻一代消费者有效互动，因而可能影响消费群体的培育效果。总之，白酒人才缺乏导致企业在市场开发和品牌发展方面往往心有余而力不足。

三、创新机制缺乏效率

创新作为引领发展的第一动力，不但需要具有创新精神的各类主体（企业家、研究机构等）和创新资源要素，还需要促使创新主体对创新要素进行创新性组合的机制。目前的创新机制存在如下问题。一是企业创新意识不强。从白酒行业传统发展模式看，其发展除了来自需求方面的拉动，还有投资驱动。研究指出，需求拉动和投资驱动是白酒行业"黄金十年"繁荣的主要推手。[①] 在当时的情况下，白酒行业内部形成了一种比较固定的产业运行方式，一方面依靠投资扩大生产和销售规模，另一方面依靠产品提高收益和利润。通过提价和增产就能获得高额

---

① 曾祥凤，苏奎. 我国白酒产业发展方式转型研究 [J]. 四川理工学院学报（社会科学版），2016，31（4）：78-87.

收益，我们进行技术研发降低成本就不是一个理性的经济人的最优选择。因此，在这种产业运行模式下，企业缺乏通过科技创新获取额外收益的激励。二是产业限制政策客观上抑制了产业资源的流动性，产业退出机制不健全，从而削弱了白酒行业的竞争力，这使企业在科研投入和科技创新方面积极性不高、驱动力不强，以至于科研经费投入不足，资源支撑不断减少，企业的生产设备老化、落后。三是科研资源分散化。目前，四川白酒产业已经建立了比较完善的科技创新平台，这些研究平台发挥平台集聚优势，为科研院所、白酒企业提供良好的合作环境，为打造四川白酒产业竞争优势奠定了良好的基础。然而，我们也要看到，这些平台有相当一部分存在管理者政出多门、研究定位和研究内容交叉重叠、重研究轻应用、成果转化率低等现象，在一定程度上影响了这些创新平台对四川白酒产业发展的推动作用。因此，四川白酒产业需要从体制和机制上突破科研投入不足和科技创新滞后的束缚，有效整合创新平台和创新资源，从经济上加大研发支出力度，推动行业科技创新，以科技创新推动四川白酒产业高质量发展。

第八章

四川白酒产业组织结构分析

本章采用实证研究和规范分析相结合的方法,通过收集的四川白酒产业相关数据,从横向产业组织结构和纵向产业组织结构两个方面,分析四川白酒产业供给侧的现状及其发展中存在的主要问题。通过分析发现,四川白酒产业旧的结构性动能在减弱,新的结构性动能逐步增强,主要表现为四川白酒行业的集中度在波动中不断上升,但腰部企业发展不充分;产业集群发展较快但竞争优势不强,主要表现为中间性组织发展不充分、产业集群内部的协作机制不完善等。

第一节 四川白酒产业组织结构概况

本节根据产业组织理论,从横向产业组织结构和纵向产业组织结构两个方面进行分析。前者主要通过行业集中度分析四川白酒产业的市场结构类型,后者重点分析四川白酒产业集群等中间性组织。

一、行业集中度呈上升趋势

行业集中度是衡量市场结构的常用指标,能够反映市场的竞争和垄断程度。测量行业集中度的相应指标有多种，常用的集中度计量指标有行业集中率（CR_n指数）、赫芬达尔—赫希曼指数（Herfindahl-Hirschman Index）。我们在此主要采用行业集中率指标进行分析。

（一）行业集中率指标选取

行业集中率是指某行业内前 n 家最大的企业的某项运营指标值（如销售额、产量、销量、职工人数等）所占市场份额的总和，是对整个行业的市场结构集中程度的测量指标，用来衡量行业中企业的数目和相对规模的差异，是市场势力的重要量化指标。CR_n 指数的数值越大，越说明少数企业占据大部分市场份额，因而该市场的行业集中度就越高。CR_n 指数的计算公式如下：

$$CR_n = \frac{\sum x_i(i = 1, 2, \cdots, n)}{\sum x_i(i = 1, 2, \cdots, N)}$$

其中，CR_n 代表 X 产业中规模最大的前 n 位企业的市场集中度，X_i 代表 X 产业中第 i 位企业的销售总额，N 代表 X 产业的全部企业数。市场结构分类的方法有很多，本书选取国际上通用的贝恩分类法,[①] 具体标准如表 8-1 所示。

表 8-1 市场结构类型

市场结构	集中度类型等级	CR_4 指数（%）	CR_8 指数（%）
寡占Ⅰ型	极高寡占型	$CR_4 \geqslant 85$	—
寡占Ⅱ型		$75 \leqslant CR_4 < 85$	$CR_8 \geqslant 85$
寡占Ⅲ型	高集中寡占型	$50 \leqslant CR_4 < 75$	$75 \leqslant CR_8 < 85$
寡占Ⅳ型	中集中寡占型	$35 \leqslant CR_4 < 50$	$45 \leqslant CR_8 < 75$

---

① 杨公朴，夏大慰. 现代产业经济学 [M]. 上海：上海财经大学出版社，2005：141-142.

续表

市场结构	集中度类型等级	CR_4 指数（%）	CR_8 指数（%）
寡占Ⅴ型	低集中寡占型	$30 \leq CR_4 < 35$	$40 \leq CR_8 < 45$
竞争型	原子型	$CR_4 < 30$	$CR_8 < 40$

由于价格变化的影响，在测算行业集中度时，以产量为变量和以销售收入为变量计算的行业集中度可能并不一致。为此，在未加说明的情况下，本书所指的行业集中度是指按销售收入计算的行业集中度。

传统观点认为，行业集中度直接体现市场垄断程度，行业集中度越高则说明此行业的市场垄断程度越高，该行业市场受少数行业领导者的主导程度越高。行业集中度提高预示着行业领导者垄断程度越高，行业领导者越倾向使用垄断高价获取更高的利润。

（二）行业集中度测算

从供给侧结构性改革的角度看，我们对四川白酒行业集中度的考察需要分析四川名优白酒的市场份额。由于缺乏相关数据，我们在此先对"六朵金花"和"十朵小金花"进行初步分析，之后对四川白酒上市公司数据进行扩展分析。

"六朵金花"是四川白酒的代表和领头羊，其发展对四川白酒具有举足轻重的作用。21世纪以来，"六朵金花"总体上取得了高速发展，尤其是五粮液和郎酒等企业增长速度较快、发展过程较稳定。2019年，"六朵金花"企业共完成主营业务收入1532亿元，[①] 占四川白酒行业规模以上企业主营业务收入的58%（见图8-1）；其实现利润369亿元，占四川白酒行业规模以上企业的82%。强者越强的马太效应非常明显。

---

① 该数据包括企业集团的收入。如果仅指白酒业务收入，"六朵金花"占全省白酒行业收入的比重约为40%。

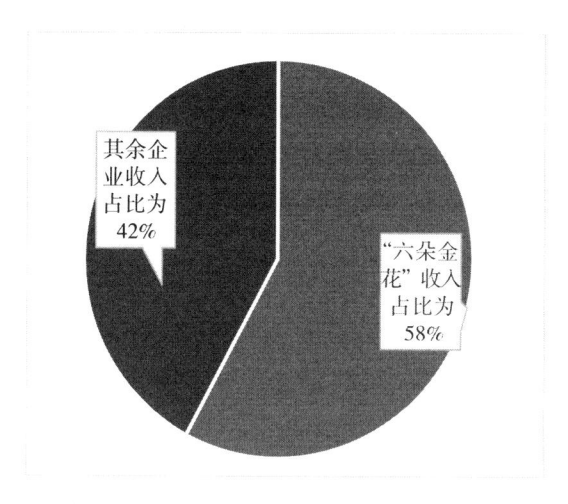

<<< 第八章 四川白酒产业组织结构分析

图 8-1　2019 年，"六朵金花"营业收入占四川白酒产业营业收入比重

数据来源：四川省政府网。

"六朵金花"在发展过程中既受到行业周期性波动的影响，也面临自身发展战略和经营模式等方面的影响，从而企业增长呈现较大的波动性。为了更准确、更直观分析头部企业在四川白酒产业发展中的地位变化，本书选用四川省上市白酒企业公开的数据以及全省规模以上白酒企业总销售收入测算四川白酒行业的集中率。同时，考虑到产业限制的开始时间和"黄金十年"的时间周期，本书选取 2003—2019 年四川白酒行业上市企业销售收入和规模以上白酒企业总销售收入，运用行业集中度公式分别计算出四川白酒行业排名前四（CR_4）的白酒企业的行业集中度等相关数据，以此分析四川白酒产业市场结构状况。

纵观四川白酒行业的发展过程，名优白酒企业的营业收入总体上呈现明显的上升趋势，参见表 8-2 白酒上市公司经营数据。

表8-2 四川白酒上市公司主营业务收入　　　　　　　　单位：亿元

年份	五粮液	泸州老窖	水井坊	沱牌
2003	63.3	11.8	9.2	7.5
2004	63.0	12.8	7.9	8.0
2005	64.2	14.6	6.0	8.1
2006	73.9	18.7	8.0	8.1
2007	73.3	29.3	10.0	9.0
2008	79.3	38.0	11.8	8.7
2009	111.3	43.7	16.7	7.2
2010	155.4	53.7	18.2	8.9
2011	203.5	84.3	14.8	12.7
2012	272.0	115.6	16.4	19.6
2013	247.2	104.3	4.9	14.2
2014	210.1	53.5	3.6	14.4
2015	216.6	69.0	8.5	11.6
2016	245.4	83.0	11.8	14.6
2017	301.9	103.9	20.5	16.4
2018	400.3	130.6	28.2	22.1
2019	501.2	158.2	35.4	26.5

数据来源：上市公司年度报告。

为了更直观地理解四川白酒上市公司主营业务收入变化趋势，我们采用折线图表示（见图8-2）。

从图8-2可以看出，在白酒行业的"黄金十年"前半段，四川白酒上市公司主营业务收入呈现出小幅稳步上升现象，在"黄金十年"后半段，四川白酒上市公司主营业务收入快速增加。其中，五粮液和泸州老窖的市场表现非常优异，两个企业2012年的营业收入比2003年分别增长330%、880%。有数据表明，"黄金十年"期间，"六朵金花"

中的郎酒和剑南春的市场表现与泸州老窖和五粮液相当。在行业调整期，在政务消费限制和塑化剂等事件的冲击下，名优白酒遭受巨大冲击，四大上市公司的总收入下降了33.5%。为此，四川名优白酒企业根据市场环境和需求结构变化，主动调整发展战略，对企业生产、业务经营和品牌塑造等进行梳理和优化，营业收入快速回升并超过行业调整前的最高水平。

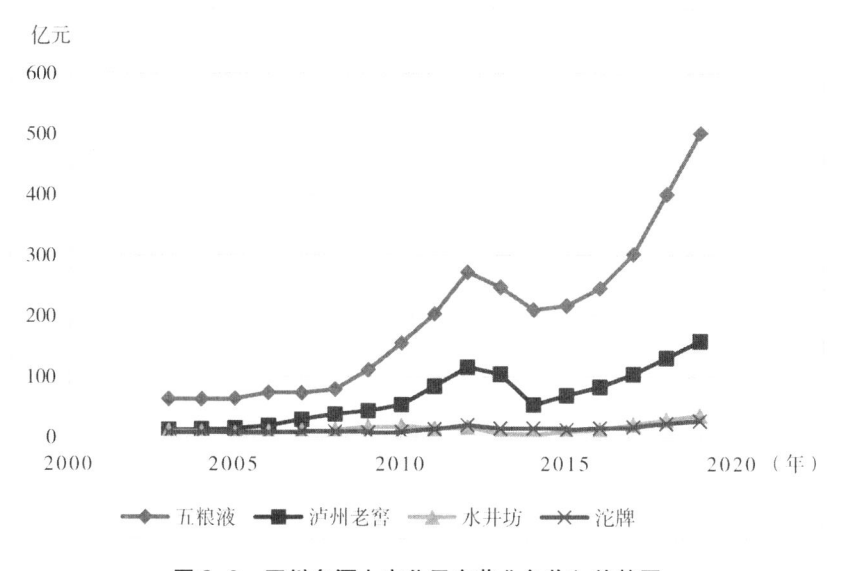

图 8-2 四川白酒上市公司主营业务收入趋势图

在营业收入创新高的情况下，四大白酒企业主营业务收入占四川的比重仍然远离历史最好水平。表8-3展现了按主营业务收入计算的四大白酒企业占四川白酒产业收入的比重（CR_4）。在2003年，四大白酒企业主营业务收入占四川的比重达到了44.15%，此后一直下降，到2014年的比重只有15.33%，达到最低水平。调整期以来，四大白酒企业主营业务收入占比逐年回升，2019年达到了27.18%。总体而言，近年来，名优白酒企业的收入占比回升，规模优势重新显现。

153

表 8-3 四大白酒企业主营业务收入占四川白酒产业收入的比重

年份	四川（亿元）	四企业累计（亿元）	四企业比重
2003	207.7	91.7	44.15%
2004	230.0	91.8	39.91%
2005	264.9	92.9	35.07%
2006	342.5	108.7	31.74%
2007	459.8	121.6	26.45%
2008	589.6	137.8	23.37%
2009	795.1	179.0	22.51%
2010	1056.8	236.2	22.35%
2011	1478.6	315.3	21.32%
2012	1671.5	423.5	25.34%
2013	1791.2	370.5	20.68%
2014	1837.8	281.7	15.33%
2015	1900.3	305.7	16.09%
2016	2176.1	354.9	16.31%
2017	2257.2	442.7	19.61%
2018	2372.0	581.2	24.50%
2019	2653.0	721.2	27.18%

数据来源：上市公司年度报告。

营业收入能够反映四川白酒产业的规模及其规模结构。从产业发展竞争力和持续性看，经济效益指标的重要性更加突出。然而，从盈利能力（利润率水平）看，四川白酒产业反而落后于全国平均水平，这种现象在2012年之后非常明显。关于四川白酒产业绩效的相关内容请参见第五章第四节中产业运行绩效的分析。

（三）产业组织结构向弱寡头市场结构转变

从四川白酒上市公司营业收入看，四家企业的市场份额还没有达到30%（见图8-3），似乎应该归入竞争型市场结构。我们考虑到全省白酒行业收入是企业集团的营业收入，因此可以将集团的其他收入加总，如此得到的行业集中度将接近50%，但是这种方法存在高估现象。综合考虑，四川白酒产业的 CR_4 大约在40%，应归入寡头市场结构中（中度集中寡占型）。在产业限制政策解除后，我们预计四川白酒行业的集中度会持续提高，寡占型市场结构将进一步加强。

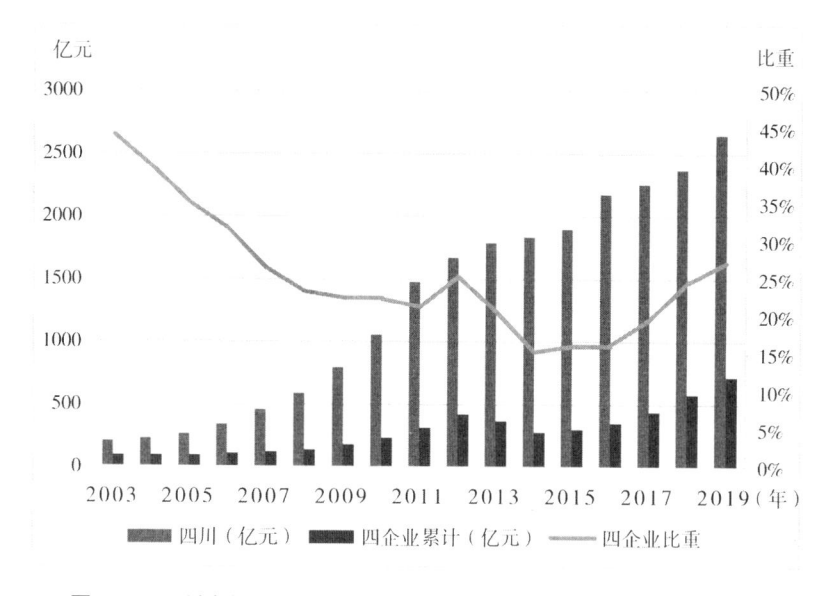

图8-3 四川白酒上市公司主营业务收入占四川白酒产业收入的比重

二、产业集群具有规模优势

（一）产业集群的产生与发展

产业集群是一种通过专业化协作形成竞争优势的产业空间组织形式，

是推动区域经济发展的重要途径。四川白酒产业规模遥遥领先国内其他省市等地区，其白酒产业发展是以地区层面的白酒产业集群为载体和表现形式的。首先是在泸州和宜宾，拥有中国白酒行业的领先企业五粮液和泸州老窖等著名企业，围绕一家或几家领先企业，繁衍生长出众多中小酒厂，以及从事白酒产业链包装、物流、广告、销售等环节的关联企业，形成以白酒生产为核心的产业链上游到中游再到下游的一套完整体系。众多关联企业高度集聚有利于共享公共基础设施和进行专业化分工协作，从而降低生产成本、节约交易成本，形成产业集群的群体竞争优势。这是10余年来四川白酒产量占全国比重大幅度提升的重要原因。

从发展历程看，20世纪90年代末，沱牌舍得成功打造全国首家生态酿酒工业园，在全国首开"生态酿酒"先河，是中国第一个打造生态酿酒工业园的标杆企业。工业园模式是我国白酒行业进行产业集群化发展的初步探索。

泸州酒业集中发展区是我国按照产业集群模式建设的真正意义上的首个白酒产业集群。2006年5月29日，泸州市黄舣镇举行了泸州酒业集中发展区奠基仪式，这标志着中国第一个白酒产业集群崛起。① 泸州酒业集中发展区是为了产业集聚而建成的工业园区，是白酒产业集群的载体，园区运行规范，产业规模大、科技创新能力强、价值创造能力高、竞争力突出，对国内其他地区的白酒产业集群具有引领和示范作用。正因为如此，2017年，泸州荣获"世界十大烈酒产区"；2020年10月，经中国轻工业联合会、中国酒业协会授牌，泸州荣获全国首个

---

① 小雨. 泸州酒业集中发展区奠基典礼在泸州黄舣镇举行［J］. 酿酒科技，2006 (6): 44.

"世界级白酒产业集群"称号。①

四川的另一个重点白酒产业集群是宜宾白酒产业集群。2009年，中国轻工业联合会与中国酒业协会授予宜宾"中国（宜宾）白酒之都"，宜宾此后以五粮液为核心企业，以酿酒原料、包装、物流、销售、金融等相关企业为协作打造产业集群，成为我国目前规模最大的白酒产业集群。2017年，其与遵义、泸州等同获"世界十大烈酒产区"称号。

2011年，德阳市规划建设以剑南春为龙头的绵竹名酒产业园，推动德阳白酒产业集群发展。2011年3月，成都市名优白酒酿造基地——成都邛崃"中国名酒工业园"举行大型项目奠基仪式。金六福酒业和水井坊酒业等名优白酒企业入驻园区，这标志着成都白酒产业集群的诞生。

此外，我国还有两个跨区域的白酒产业集群，即中国白酒金三角产业集群和酱香型白酒产业集群，均由四川省和贵州省联合打造，目标是建设世界著名白酒产业集群。相关白酒产业集群分布见表8-4。

表8-4 四川白酒产业集群地域分布

序号	产业集群名称	发展目标	所属地域	产生时间
1	沱牌舍得生态酿酒园区	生态酿酒	遂宁	1999年
2	泸州白酒产业集群	世界白酒产业集群	泸州	2006年
3	中国白酒金三角	世界白酒产业集群	泸州、宜宾、仁怀	2008年
4	宜宾白酒产业集群	世界白酒产业集群	宜宾	2009年
5	德阳白酒产业集群	区域白酒产业集群	德阳	2011年

---

① 陈荞. 泸州荣获全国首个"世界级白酒产业集群"称号［EB/OL］. 四川新闻网，2020-10-30.

续表

序号	产业集群名称	发展目标	所属地域	产生时间
6	成都白酒产业集群	区域白酒产业集群	成都	2011 年
7	酱香型白酒产业集群	世界酱香型白酒产业集群	仁怀、泸州	2019 年

(二) 产业集群的结构

产业集群是一个复杂的系统，其参与主体以企业为中心，向产业链上游拓展到原料供应等环节，向下游延伸到销售渠道和客户，横向拓展到互补产品制造商和在技术上相关的企业。产业集群的参与主体还包括政府和其他机构，如大学和研究机构、行业协会、职业培训机构以及商会等，这些机构提供专门的科研、培训、教育、信息和其他技术支持等活动。[1]

目前，四川白酒产业集群的结构是围绕头部白酒制造企业建立起来的，包括生产系统、供应系统、服务系统、支持系统和销售系统五个子系统，每个子系统是由多个集群主体组合而成的。[2] 其中，生产系统由白酒制造企业构成，是整个产业集群结构的核心，其他子系统都服务于这个核心（分工与协作）。集群各个子系统之间和子系统内部各主体之间通过集群的社会生产关系网络联结，形成相对稳定的产业集群结构（见图 8-4）。需要注意的是，生产系统中的龙头企业既是生产系统的核心，又是整个产业集群的核心。

由于产业集群各子系统构成的关系网络各有侧重，四川各个白酒产业集群在运行中表现出不同的特征和竞争优势。其中，泸州酒业集中发

---

[1] 谢友才，陈涛. 基于 Web 信息的产业集群判断方法 [J]. 情报杂志，2005 (9)：40-43.

[2] 李茜. 基于嵌入性角度的四川白酒产业集群演化研究 [D]. 雅安：四川农业大学，2012.

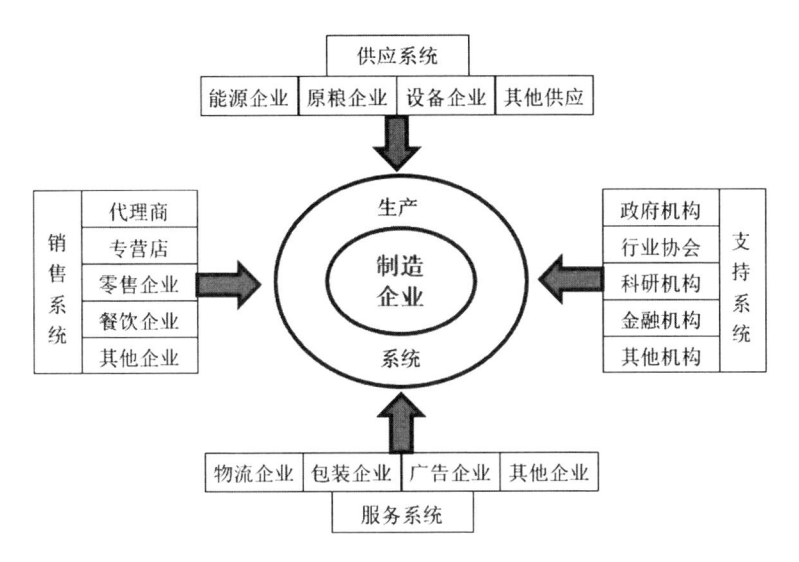

<<< 第八章 四川白酒产业组织结构分析

图 8-4 四川白酒产业集群的结构

展区在发展初期主要围绕泸州老窖进行配套服务，目前围绕泸州老窖、郎酒、川酒集团三大核心白酒企业，形成酿酒原料供应、基酒生产与成品酒制造、包装、物流等全产业链的纵向交易关系，以及研发、金融、法律服务等横向协作关系。集群内部结构不仅具有明显的链条特征，而且在外部力量（如政府）的推动下形成了比较稳定的横向协作关系，因此泸州白酒产业集群具有比较稳定的网络结构。这类产业集群的一体化程度和组织化程度都最高。[①] 另外，围绕五粮液产业链形成的产业集群组织与行业协会、研究机构等支持系统之间仍然保持着较为松散的网络结构，这使宜宾白酒产业集群呈现出纵向网络结构紧密、横向网络结构松散的组织特征。

---

① 任太增. 产业集群的内部结构与治理 [J]. 河南师范大学学报（哲学社会科学版），2015，42（2）：36-40.

三、其他组织形态不断完善

四川白酒产业纵向组织的其他组织形态主要有战略联盟和企业集团。其中，战略联盟的主要形式为契约式战略联盟，联盟企业拥有较多的自主性和灵活性。目前，四川白酒行业的战略联盟类型主要有以下几种。（1）技术创新联盟。四川省白酒产业技术创新联盟于2009年5月25日在中国酒城泸州成立，该创新联盟致力于发展四川白酒科技，为打造长江上游白酒经济带提供最佳的发展队伍和"产、学、研"相结合的科技平台。① 此外，2014年10月，中国白酒产业技术创新战略联盟成立，② 推动了我国白酒行业科研创新平台的建设。（2）产业发展联盟。2019年2月26日，四川名优白酒联盟在成都成立，旨在提升四川白酒的品牌力、产品力与渠道力和核心竞争力，引领四川白酒走向全国，走向国际市场大舞台。（3）企业联盟。2019年7月，川酒集团与全兴酒业建立战略联盟合作伙伴关系，双方将在白酒产品、品牌、团队、研发、渠道等方面资源共享，发挥各自优势，整合产业资源，实现商业价值最大化（见表8-5）。

表8-5 四川白酒产业纵向产业组织形态

序号	产业组织形态类型	组织功能	成立时间
1	四川省白酒产业技术创新联盟	四川白酒产学研相结合的科技平台	2009年

---

① 邓姗. 四川白酒产业技术创新联盟成立［J］. 食品与发酵科技，2009，45（3）：25.

② "中国白酒产业技术创新战略联盟"已经更名为中国白酒产业技术创新战略发展委员会。参见《关于"中国酒业协会白酒酒庄联盟"等8个联盟更名的通知》。

续表

序号	产业组织形态类型	组织功能	成立时间
2	中国白酒产业技术创新战略联盟	中国白酒产业科技创新与合作平台	2014年
3	四川原酒产业联盟	原酒企业合作发展平台	2018年
4	川酒集团与全兴酒业建立战略联盟	供应链、运营、研发、技术、市场等板块深入合作	2019年
5	四川名优白酒联盟	名优白酒联动发展合作平台	2019年
6	川酒产业法治联盟	四川白酒法治服务合作平台	2020年

第二节 四川白酒产业组织结构存在的问题

四川白酒产业组织结构在横向层面存在的主要问题是腰部企业发展不充分，呈现出行业两头大、中间细的不合理结构，在纵向层面存在的主要问题是产业集群发展不成熟、产业集群内部协作专业化程度低，以及战略联盟、企业集团等中间性组织发展不充分等。

一、腰部企业发展不充分

四川白酒产业的头部企业市场份额较多，行业集中度超过40%，已经进入寡头垄断的市场结构。因此，四川白酒产业组织结构方面存在的问题并非行业集中度低，而在于"腰部太细"，即构成市场中坚力量的大中型企业的市场份额太少，或者说，企业梯队发展不平衡，由此将直接影响全省白酒产业梯度发展战略。

四川白酒产业的腰部企业主要包括"十朵小金花""小巨人"企业

等具有较好品牌声誉和较大生产规模的白酒企业，它们是四川名优白酒企业的重要组成部分，是四川白酒产业未来的中坚力量，具有较高的培育潜力。其中，"十朵小金花"企业是四川白酒行业腰部企业的代表，是四川白酒产业的主要后备力量。从企业经营数据来看，2019年"十朵小金花"企业实现主营业务收入69.3亿元，实现利润4.2亿元，主营业务收入、利润分别只占四川白酒行业规模以上企业的2.6%、0.9%（见图8-5）。平均而言，"小金花"企业的平均营业收入不到7亿元，利润不到5000万元，不少"小金花"企业的年营业收入在4亿元以下，它们属于中等规模的企业。可见，"十朵小金花"企业目前的体量和规模太小，盈利能力有限，与成为四川白酒产业的中坚力量还有很大差距。

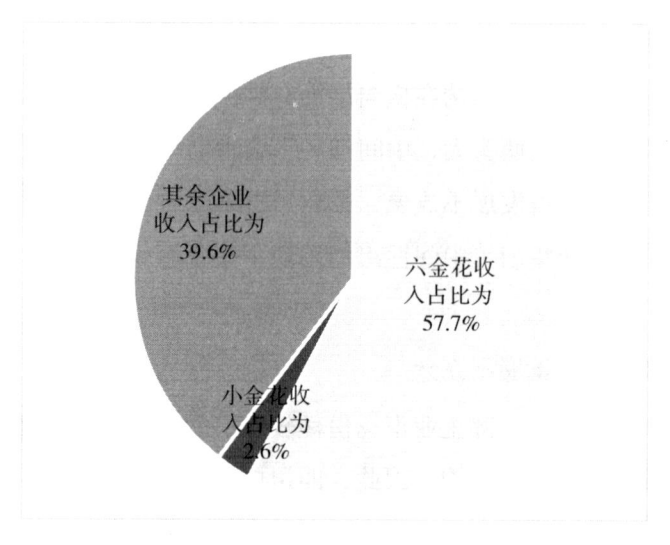

图 8-5 十六朵金花营业收入占四川白酒产业营业收入比重

数据来源：四川省政府网。

除了"小金花"企业，腰部企业还包括"小巨人"企业等名优白酒企业。这些企业大多属于中型企业,也具有一定的规模和品牌声誉,但面临着资金、技术、人才和管理模式等方面的发展瓶颈。

二、产业集群发展不成熟

(一) 产业集群同质化竞争突出

第四章的分析指出,白酒行业的市场规模已经饱和。一方面,从白酒行业供给情况看,行业产量在2016年达到历史最高值1358.4万千升,从2017年开始,白酒产量连续3年大幅度下降,2019年的产量只有786万千升(见图8-6),相对于2016年下降了42%。另一方面,白酒消费观念和消费模式正在发生改变,洋酒、葡萄酒、果酒等替代性产品不断冲击白酒市场,白酒市场规模已经饱和,白酒产量的急剧下降不过是对白酒消费规模下降的反映。

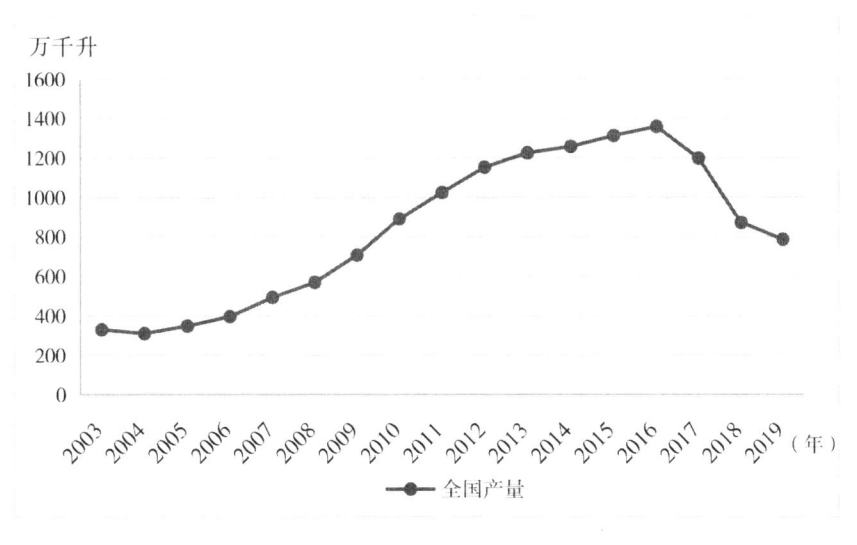

图 8-6 我国白酒产量变化

数据来源:中国国家统计局、中国酒业协会等。

由于白酒市场规模已经饱和，企业之间的竞争、产区之间的竞争都在市场存量规模上展开。作为占据我国白酒行业半壁江山的四川白酒，既面临其他省区市白酒产业集群的竞争，又面对本省内部各白酒产业集群之间的竞争，并且由于各品牌白酒酿造环境和酿造工艺十分接近等，四川各地白酒产业集群之间的竞争激烈程度比与省外的竞争程度高。以宜宾白酒产业集群和泸州白酒产业集群为例，二者的产业基础和集群内部结构相似，主要体现为两大产区的地理临近、规模接近，酿酒自然环境基本一致，酿造工艺均采用传统纯酿固态酿造方式，都拥有全国知名的白酒龙头企业和高端品牌，都拥有比较完善的产业链，都能够获得来自政府、科研机构等方面的大力支持，以至两大产业集群之间存在直接竞争。同样，这种竞争关系在省内其他产区之间也存在。从产业集群之间竞争的内容看，不少产业集群的发展定位接近、战略布局相似、发展途径趋同。例如，宜宾被称为"酒都"，泸州被称为"酒城"，绵阳也曾一度标以"酒城"[1]，宜宾和泸州都在打造世界级白酒产业集群，等等。各地白酒产业集群之间的竞争造成了四川白酒产业内部的分化和各自为政，导致产业资源内耗，不利于产业资源在全省范围内的优化配置。此外，各地白酒产业集群之间在微观层面的竞争方式主要表现为价格、品牌等方面的竞争。在存量模式下，四川白酒内部竞争激烈，大企业之间不断掀起价格战、广告战，而有些中小酒厂在竞争中则采取极端手段，以次充好，或者仿冒名优白酒品牌，严重扰乱了酒类市场秩序，对整个四川白酒产业造成了恶劣影响。[2]

---

[1] 现在一般称为"酒乡"。
[2] 李茜. 基于嵌入性角度的四川白酒产业集群演化研究［D］. 雅安：四川农业大学，2012.

(二) 产业集群的专业化协作水平低

产业集群化发展是四川白酒产业壮大的重要途径。目前，四川以重点白酒产区为产业集聚空间，以知名白酒龙头企业为核心，以园区为载体形成多个白酒产业集群，如泸州白酒产业集群、宜宾白酒产业集群、德阳白酒产业集群等。从产业集群的结构和功能看，由于地理上的邻近和产业关联性，产业集群中的企业一方面在纵向供应链内部进行相互合作，另一方面，不同企业在横向进行跨链间竞争和协作，由此形成良好的网络协作关系，从而降低生产成本和交易成本，发挥产业集群的竞争优势。从实际的运行情况看，四川白酒产业集群整体上存在区域分隔化、技术溢出不足等问题，① 具体表现为地区之间的交流和联系少，并且缺乏良性竞争，没能形成良性循环体系。从各地的具体情况来看，产业集群的社会化、专业化水平不高，产业集群内核心企业的关联企业偏少且关联的紧密程度不高，对产业集群的整体带动力不足，② 产业集群内酒类企业间的协作较少，专业化分工协作程度较低，没有形成紧密的利益联盟。企业之间缺乏良性竞争，集群内企业之间抱团意识不强，缺乏一个政策、技术信息、人力资源、市场信息等资源共享的平台。有些集团虽然建立了公共平台，但平台功能存在缺陷，区域内的交流和联系较少，其合作内容限于原料采购、共同完成订单等方面，其他如项目研发、营销合作、人员培训等方面的深层次合作太少，增加了集群企业间的交易成本，不利于四川白酒产业集群竞争力的提升。

在产业链层次看，产业集群仍然以产品制造为导向，尚未形成与核

---

① 张敏，彭宇泓，吴书，等. 地方产业集群锁定效应研究：以中国白酒金三角（川酒）为例 [J]. 软科学，2018，32 (11)：109-112.
② 黄元斌，樊玉然，叶文明. "中国白酒金三角"产业链垂直专业化的治理优化研究 [J]. 酿酒科技，2014 (9)：119-121.

心企业配套的比较完善的研发、酿造、包装、物流、营销等专业化分工协作体系，尤其是产业链前端的研发设计、产业链后端的以白酒品牌策划和包装为主业的高端价值链发展滞后。相较于贵州白酒，四川白酒的效益和品牌价值偏低，包括五粮液在内的知名企业对品牌价值的挖掘仍显不够。例如，茅台以76.08亿美元位列2015年"最具价值中国品牌"榜（中国）第14位，五粮液和泸州老窖分别以7.86亿美元、6.91亿美元居第53位和第58位；到了2020年，茅台、五粮液和泸州老窖分别为537.55亿美元、80.34亿美元、22.87亿美元，品牌价值有拉大的趋势。

表8-6 贵州茅台、五粮液、泸州老窖品牌价值对比

品牌	2015年		2020年	
	品牌价值	排名	品牌价值	排名
茅台	76.08亿美元	14	537.55亿美元	3
五粮液	7.86亿美元	53	80.34亿美元	26
泸州老窖	6.91亿美元	58	22.87亿美元	64

数据来源：标志情报局。

第九章

四川白酒产业产品结构分析

产业层面的产品结构是指该行业面向市场提供的各类产品的数量比例关系。产品分类没有统一的标准，通常可根据研究需要从产品的生产方式、技术水平、成本构成、性能或质量、功能或用途、价格档次等角度进行划分。本书借鉴前述科特勒等人的产品层次理论，根据白酒产业特点和本研究需要，将四川白酒产业的产品结构分为品种结构、品质结构、品牌结构三个维度。

四川白酒享誉全国，主要采用纯粮固态酿造生产工艺，以浓香型为主，同时酱香型白酒也具有较高的品牌知名度，此外其还有清香型等产品。四川有优异品质的白酒众多，有获得历届中国名酒称号的白酒六种，号称"六朵金花"，也有区域性名优白酒"十朵小金花"等。经过"黄金十年"高速增长和近年的行业深度调整，四川白酒的产品结构总体上不断优化，但是品种结构、品质结构、品牌结构仍然存在一些不足之处。

第一节　四川白酒品种结构

一、白酒品种结构发展状况

中国白酒是在特定的自然和地理环境中发展起来的，其工艺和产品具有较强的地方特色，我国目前还没有统一的品种结构分类法。本研究根据研究需要将品种结构分为三类。

（一）按照生产方式划分

白酒生产方式是指白酒的酿造方式，白酒一般分为纯粮固态发酵法白酒、液态法白酒、固液法白酒三种。

1. 纯粮固态发酵白酒。这是采用传统的酿酒工艺，以粮食为原料，经粉碎后加入曲料，在泥池或陶缸中自然发酵一定时间，经高温蒸馏后生产出来的白酒。[①] 固态酿酒工艺流程最复杂，通常包括粮食原料处理—泡粮—沥干—初蒸—闷水—复蒸—摊凉—下曲—培菌—发酵—蒸馏，及其他一系列操作。四川白酒以固态法白酒为主，尤其是"六朵金花"和"十朵小金花"等名优白酒都是采用固态法酿造的。固态法白酒的执行标准是按照香型来分类的。两种香型的国家标准见表9-1所示。

表9-1　白酒酿造方式及部分香型标准

标准编号	标准名称	实施日期
GB/T10781.1-2021	浓香型白酒	2022年4月1日
GB/T26760-2011	酱香型白酒	2011年12月1日

---

① 杨柳，饶志誉. 中国白酒质量可视化研究［J］. 酿酒，2017，44（6）：6-9.

续表

标准编号	标准名称	实施日期
GB/T20821-2007	液态法白酒	2007年7月1日
GB/T20822-2007	固液法白酒	2007年7月1日

2. 液态法白酒。液态法酿酒是指以粮谷、薯类、糖蜜等为原料，它们经液态发酵、蒸馏，成为食用酒精，然后以液态发酵生成的酒基为基础，经过串香、调香、勾调生产出白酒。[①] 白酒液态酿造工艺流程一般是蒸酒—除杂—复蒸—增香。液态酿造工艺流程相对简单，有些酒厂会直接购买食用酒精来勾兑，这是不合法的。

纯粮固态发酵白酒与液态法白酒的差异主要体现在以下几方面。一是工艺流程的复杂程度差别大。固态法的工艺流程比液态法复杂。二是出酒率有差异。固态法工艺复杂，容易受到工艺流程中各个环节因素的影响，出酒率比新工艺要低。液态法因工艺流程少，发酵工程相对传统工艺更容易控制，出酒率更高。三是口感差异。固态法白酒的口感醇和、饱满，白酒中有不少人体必需的营养物质。液态法白酒的口感会辣，新工艺制酒法的优点是品质稳定、成本低，需要什么样的香型就能勾兑出什么样的香型，有利于厂家大规模生产。其缺点是口味单薄、寡、香精味道重，饮后口干、易上头，长期饮用伤胃伤肝。四是成本差异。固态法采用传统工艺，流程复杂，特别是大曲酒烧制所需窖池最起码需要十年以上才能生产出优质浓香型白酒。液态法使用新工艺酿制，白酒成本相对较低，极大地满足了企业的利润要求。五是生产周期。固态法的工艺很复杂，生产周期长，即便是小曲固态法一般也要15~20天；液态法的工艺相对简单，生产周期短，7~15天便可以蒸酒。

---

① 杨柳，饶志誉. 中国白酒质量可视化研究 [J]. 酿酒，2017，44（6）：6-9.

从上面两种不同的酿造工艺可以看出，固态法比液态法操作流程更多，在时间和人力上，固态法的投入比液态法多，两种生产工艺的成本相差较大。

3. 固液态法白酒（或称半固态法白酒）。它的生产方式一般使用液态酿酒法来体现白酒的纯净，用固态酿酒法来体现白酒丰富的口感，通过两者相结合做到扬长避短。

比较而言，固态酿造白酒虽然工艺复杂、时间长、成本高，但酒质更佳，消费者的认可度高。出于逐利考虑，一些企业采用食用酒精生产白酒但没有在配料表中标注"食用酒精"，容易误导消费者。为了加强白酒质量安全监督管理工作，原国家食品药品监督管理总局（现国家药品监督管理局）曾于2013年下发了《关于进一步加强白酒质量安全监督管理工作的通知》，规定：不准将液态法白酒、固液法白酒标注为固态法白酒；液态法白酒标签必须标注食用酒精、水和使用的食品添加剂，不得标注原料为高粱、小麦等；固液法白酒中必须含有30%以上的固态法白酒，其配料表必须标注使用的液态法白酒或食用酒精等内容，不能仅标注为高粱、小麦等。

（二）按照香型分

中国白酒历史悠久，工艺独特，被列为世界六大蒸馏酒之一。20世纪70年代末期，全国名优白酒协作会议及1979年的第三届评酒会正式提出和确立了酱香、浓香、清香、米香四大香型，并且这四个香型的代表酒分别获得国家名酒和优质酒称号。第五届评酒会上提出了"四大香型，六小香型"的概念，并且在1992年，西凤酒被确立为凤型（复合香型），成为第五大香型。[①] 其后又进行了豉香型、兼香型、特香

---

① 赖登燡. 中国十种香型白酒工艺特点、香味特征及品评要点的研究[J]. 酿酒，2005（6）：1-6.

型、芝麻香型、药香型、老白干香型、馥郁香型等香型的评审和确立工作。目前，我国白酒共有12种香型。为了统一和规范白酒行业的执行标准，国家对原有的《白酒工业术语》和白酒香型标准等进行了重新修订，部分香型白酒的国家标准如表9-2所示。

表9-2 中国白酒香型分类及其国家标准

序号	香型	标准	产品名称
1	浓香型白酒	GB/T10781.1	五粮液、泸州老窖
2	清香型白酒	GB/T10781.2	汾酒
3	米香型白酒	GB/T10781.3	桂林三花酒
4	酱香型白酒	GB/T26760	茅台、郎酒
5	凤香型白酒	GB/T14867	西凤酒
6	特香型白酒	GB/T20823	四特酒
7	芝麻香型白酒	GB/T10781.9	景芝白干
8	老白干香型白酒	GB/T20825	老白干酒
9	浓酱兼香型白酒	GB/T10781.8	白云边酒、口子酒
10	馥郁香型白酒	GB/T10781.11	酒鬼酒

资料来源：全国标准信息公共服务平台。

我国的名优白酒品种主要是依据酿造方式、香型和酒质等因素确定的。随着科技进步和白酒酿造工艺的发展，新的白酒香型还会出现和确立。从各种香型的市场发展情况和消费量结构来看，我国的白酒消费以浓香型为主，目前浓香型白酒约占全部白酒市场份额的70%。其次是酱香型与清香型，其中酱香型主要是高端白酒，消费量占比相对较小，但销售收入占比相对较大。

四川白酒以浓香型白酒为主，代表性产品有泸州老窖、五粮液酒、剑南春酒、沱牌曲酒、全兴大曲等，这五家企业2019年的营业收入占全省白酒行业营业收入的一半以上。四川另一种重要的香型白酒是酱香型白酒，代表性产品是郎酒和仙潭，其中郎酒股份2019年的营业收入位列全国白酒行业企业前十。

（三）按照酒度分

酒度的定义是指酒中纯乙醇（酒精）所含的容量百分比。例如，某酒100毫升中纯乙醇含量为10毫升，这种酒的酒度就是10度。不过，酒精容量是随温度高低而增大或变小的，因此我国规定在温度20℃时检测100毫升酒中纯乙醇的含量（毫升），并将其作为该酒的酒度。

中国白酒按酒精含量可以分为以下几类。①高度白酒，酒精度在51%以上，常见的有53%的白酒。从酒的质量来说，在53~54度之间，酒类分子与水分子的亲和力最强，酒的口感柔和，酒味最协调。① ②中度白酒，也称为降度白酒，酒精度在41%~50%②，常见的有45%的白酒。③低度白酒，酒精度在40%以下，低度白酒通常经过降度的酿造工艺过程。

酒的度数并不能代表酒的质量，只是说明酒的乙醇含量。白酒是一种耗用粮食较多的饮料，其酒度的高低也标志着耗用粮食的多少，高酒度耗粮多，低酒度耗粮少。随着健康消费观念的增强和新型消费方式的兴起，消费者对白酒消费的酒度偏好和要求在下降，白酒产品的酒度也在下降，低度白酒的需求比例在提高。

二、四川白酒品种结构存在的主要问题

进入新时代，四川白酒产业供给侧结构的一个主要矛盾是品种结构不合理，如香型结构发展不平衡不充分，产品的酒度偏高等，不能充分

---

① 中国酒业协会. 中国白酒3C计划 [J]. 中国酒, 2013 (9): 31-35.
② 沈怡方. 白酒生产技术全书 [M]. 中国轻工业出版社, 1998: 21.

满足人民日益增长的美好生活需要。

(一) 香型结构发展不平衡不充分

四川白酒香型结构发展不平衡不充分的一个重要表现是酱香型等香型白酒的占比太低。我国白酒目前有12大香型，其中浓香型白酒销售收入占比最高，其次是酱香型白酒和清香型白酒，这三种香型白酒的收入占比达到80%。从全国情况看，近年来，酱香型白酒销售收入增长较快，2018年其约占全国白酒行业销售收入的19%，2019年提高到21.3%，[①] 未来的比重可能会进一步提高到25%~30%。随着酱香型白酒市场的不断开放和全国化进程不断加快，酱香型中高端价位的商务消费将迎来良好的发展机遇。

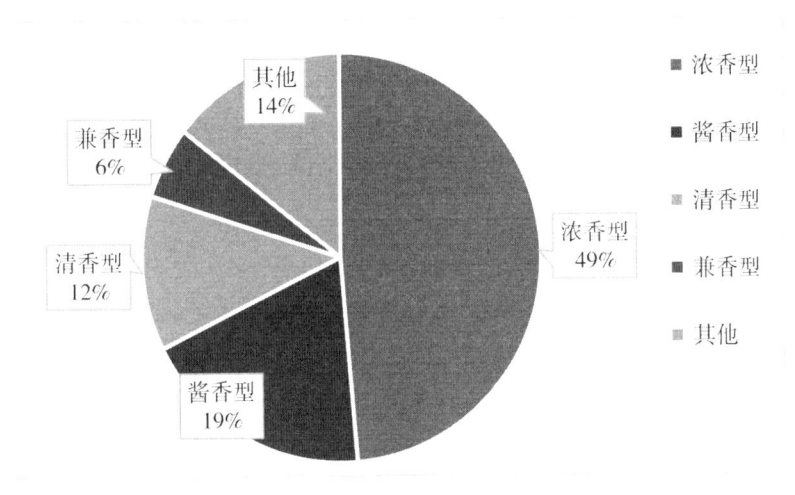

图9-1 中国白酒各香型销售收入占比（2018年）

资料来源：中国产业信息网、凤凰网酒业。

从四川白酒在全国的发展情况看，四川白酒在浓香型领域具有绝对优势，但酱香型白酒的体量和规模偏小。目前，四川的酱香型白酒生产

---

① 六张图带你看懂白酒行业现状和走势 [EB/OL]. 凤凰网，2019-04-20.

企业主要是郎酒股份("小金花"企业仙潭酒业营业收入目前只有10亿多点,占酱香型白酒收入的比例很低,但可重点培育壮大)。郎酒股份最近三年的主营业务收入增长较快,2019年的主营业务收入达到83.5亿元,但是仍然只有全国白酒行业主营业务收入的1.4%左右,约为茅台酒主营业务收入的十分之一。因此,四川的酱香型白酒与贵州的相差较大,同时这也说明其还有很大的提升空间(见表9-3)。

表9-3 茅台与郎酒主营业务收入及占全国的比例(万元)

年份	茅台主营收入	郎酒主营收入	茅台营收占比	郎酒营收占比
2017	5821786	511647	10.3%	0.9%
2018	7363887	747913	13.7%	1.4%
2019	8542957	834827	14.5%	1.4%

资料来源:《贵州茅台年度报告(2017—2019)》《郎酒股份招股说明书》。

茅台与郎酒主营业务收入及占全国比例的组合图如图9-2所示。

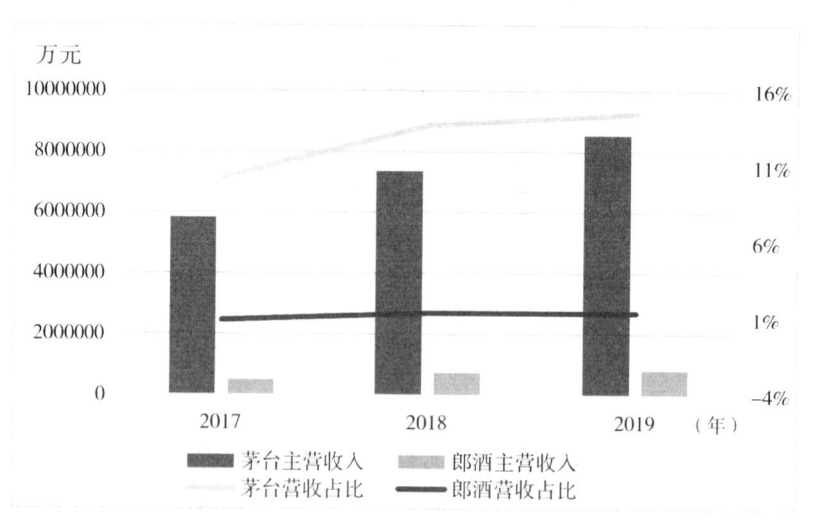

图9-2 茅台与郎酒主营业务收入及占全国白酒行业的比例

资料来源:《贵州茅台年度报告(2017—2019)》等。

（二）产品的酒度结构有待优化

度数是白酒重要的产品属性指标。由于长期以来白酒饮用传统和习惯的影响，相比于国外同类酒精饮品，中国白酒酒精度相对偏高，与消费趋势发展要求不太协调。相关资料显示，50度以下白酒已经占到总产量的90%，其中42度以下的白酒占总产量的50%左右，60度左右的高度酒已经相当少见。[①] 即便如此，我国白酒的酒度仍然偏高，如欧美烈酒的酒度在40度以下、日韩在25度以下。从国内客户消费选择看，调查数据显示，1970年以后出生的消费群体正逐步成为白酒市场的消费主力军，特别是都市白领、中产阶级的自饮需求和社交消费，这将是一块极具潜力的市场。然而，相较于白酒，这一部分消费群体更看重产品的安全、健康及时尚特性，在酒品口感选择上偏爱淡雅、柔和的口感，在酒度选择上偏向低度化。总之，受到人们白酒消费习惯的转变、政府对酒后驾驶打击力度的增大、饮酒的交际性需求凸显等因素的影响，白酒未来的消费主流是低度化。四川白酒需要在保证口感、风味的同时对产品进行降度开发，使之符合消费者对白酒低度化的需求。

第二节 四川白酒品质结构

一、白酒品质概况

白酒的品质结构是指按照白酒性能、质量分类所形成数量比例关

[①] 刘潇潇.白酒低度化成市场新趋势 年轻人消费市场待开发［EB/OL］.中国经济网，2017-08-02.

系。实际中的分类方式多样,如按照产品的检验标准可分为合格产品、不合格产品及假冒伪劣产品,按照白酒独特的技术指标和感官体验等标准可分为国家名酒、国家优质酒、地方名酒、普通白酒等。

(一)按照产品的检验标准分

白酒是我国的一种传统消费品,在商务活动、朋友聚会、家庭日常消费、酒席等场所消费较多。因此,白酒质量安全问题直接影响消费者的身体健康,由此会对产业发展产生影响。为此,国家不仅完善了有关食品安全的立法,而且各级食品安全监管部门加强执法检查,对白酒产品进行抽查,监督白酒市场的运营情况。从检查情况看,白酒产品质量总体稳定可靠。2007年,原国家质检总局对白酒产品质量进行了国家监督抽查,共抽查了北京、天津、河北、内蒙古、山西、贵州、云南、广西、湖南、四川、重庆、辽宁、吉林、黑龙江、安徽15个省、自治区、直辖市221家企业生产的221种产品,产品抽样合格率为77.4%,平均实物质量抽样合格率为85.1%。此次抽查中有17种产品标签标注单项不合格,主要是产品名称不规范、未标注质量等级等,其占不合格产品总数的34%。在2012—2014年对白酒市场进行的部分监督抽查中发现,2012年,四川省以及江苏省的白酒合格率达到了98%,福建省达到95%,其他各省抽查结果均比较好。[①] 抽查结果表明,连续的国家监督抽查促进了企业质量意识的提高,加强了质量管理,使白酒产品实物质量整体水平有所提高。同时,通过产品质量抽检也发现,大中型白酒企业的产品质量继续保持稳定,而部分小型企业产品质量存在较多问题。

(二)按照白酒技术指标分

这里的白酒技术指标是指全国评酒大会的综合评价指标。我国先后

---

① 张艳.我国白酒行业质量调研[J].科技与创新,2017(10):134-135.

开展了 5 次全国评酒大会，主要按照香型、酒度、糖化剂等指标确定产品等级。根据评分划分为名优白酒和普通白酒。其中，名优白酒是指获得国家名酒（国家金质奖）和国家优质酒（国家银质奖）称号的白酒。到目前为止，我国共评选了国家名酒 17 个，国家优质酒 53 个，部分获评的国家级名酒参见下表 9-4。

表 9-4 历届全国评酒大会所评出的国家级名酒（白酒类）

企业名称	注册商标	产品名称	香型	获奖届次
贵州茅台酒厂	飞天牌、贵州牌	茅台酒	酱香	①②③④⑤
杏花村汾酒总公司	古井亭、长城牌	汾酒	清香	①②③④⑤
泸州曲酒厂	泸州牌	泸州老窖	浓香	①②③④⑤
西凤酒厂	西凤牌	西凤酒	其他香	①②④⑤
五粮液酒厂	五粮液牌	五粮液酒	浓香	②③④⑤
亳州古井酒厂	古井牌	古井贡酒	浓香	②③④⑤
成都全兴酒厂	全兴牌	全兴大曲酒	浓香	②④⑤
遵义董酒厂	董牌	董酒	其他香	②③④⑤
绵竹剑南春酒厂	剑南春牌	剑南春酒	浓香	③④⑤
洋河酒厂	羊禾牌、洋河牌	洋河大曲	浓香	③④⑤
双沟酒厂	双沟牌	双沟大曲、特液	浓香	④⑤
武汉市酒厂	黄鹤楼牌	黄鹤楼酒	浓香	④⑤
古蔺郎酒厂	郎泉牌	郎酒	酱香	④⑤
常德武陵酒厂	武陵牌	武陵酒	酱香	⑤
宝丰酒厂	宝丰牌	宝丰酒	清香	⑤
鹿邑宋河酒厂	宋河牌	宋河粮液	浓香	⑤
射洪沱牌酒厂	沱牌	沱牌曲酒	浓香	⑤

资料来源：第五届全国评酒会国家名优白酒名单——国家技术监督局公告（第二十二号）。

四川省在历届中国名酒评比中获得国家名酒 6 个、国家优质白酒 7

个。其中，获得中国名酒称号的六种白酒被称为"六朵金花"，它们分别是五粮液、泸州老窖、剑南春、沱牌曲酒、全兴大曲、郎酒。其中，郎酒属于酱香型白酒，其余五种属于浓香型白酒。7个国家优质白酒都是浓香型白酒，但部分品牌后期发展乏力。四川名优白酒是指以"六朵金花"为代表的头部领军企业、以"十朵小金花"为中坚的腰部品牌、以地方名酒和优质纯粮固态原酒为特色的川酒品牌体系。2019年，以五粮液、泸州老窖、剑南春、郎酒等"六朵金花"为创始成员单位的四川名优白酒联盟成立，虽然其产量仅占全省总量的20%左右，但其营业收入接近全省六成。

表9-5 四川省获得的国家优质白酒名单

企业名称	注册商标	产品名称	香型	获奖届次
四川宜宾市曲酒厂	叙府牌	叙府大曲	浓香	④⑤
四川省二峨曲酒厂	二峨牌	二峨大曲	浓香	⑤
四川省眉山市三苏酒厂	三苏牌	三苏特曲	浓香	⑤
四川省沙州三溪酒厂	三溪牌	三溪大曲	浓香	⑤
四川省古蔺县曲酒厂	仙潭牌	仙潭大曲	浓香	⑤
四川省万州区太白酒厂	诗仙牌	诗仙太白陈曲	浓香	⑤
四川省资阳酒厂	宝莲牌	宝莲大曲	浓香	⑤

资料来源：《酿酒科技》1989年第4期。

二、四川白酒品质结构存在的不足

产品质量问题仍然是四川白酒在产品品质方面存在的主要问题，尤其是中小企业白酒产品技术含金量较低、产品质量相对较低。

第九章 四川白酒产业产品结构分析

我国白酒香型众多、标准不一、质量表述模糊，容易引发质量问题。[1] 从实际情况看，近年来，我国白酒行业出现了农药残留、塑化剂、酒精勾兑、添加剂、白酒中毒等质量安全问题，给广大消费者的健康带来了威胁，白酒行业因此陷入了产品质量安全信任危机中。这暴露出有些白酒企业的产品质量安全意识不强，在生产过程中缺少相应的质量管理制度及监督措施。鉴于四川白酒产量占全国半壁江山，其质量安全问题容易引发对川酒整体形象的冲击，需要引起高度重视。

（1）生产管理中的质量问题。白酒安全方面的风险主要是在白酒生产过程中有意或无意引入了外来的有害物质，其主要源于酿造环境、生产原料、生产机器、包装材料和食品添加剂等，有害物质主要有农药残留、真菌毒素、尿烷、生物胺、醛类物质、高级醇、塑化剂、重金属、甲醇及氰化物等。[2] 企业如果超范围超限量使用食品添加剂，则会带来一定的质量安全隐患。通过抽样分析发现，生产环节的不合格率占比达到57%，出现问题最多的是滥用食品添加剂（48%）。从抽样地点来看，生产、流通、餐饮环节不合格率占比最高的分别是成品库已检区域、超市和小杂食店。[3] 总的来看，白酒产品的部分原料问题较多，也有部分白酒企业在不知情的情况下使用添加剂造成产品不合格，这可能会影响最终产品的质量。[4]

（2）散装白酒的产品质量风险。白酒产品质量的另一个重点领域

---

[1] 杨柳，饶志誉．中国白酒质量可视化研究［J］．酿酒，2017，44（6）：6-9．
[2] 刘亚男，刘佳妮．我国白酒质量安全现状浅析［J］．现代食品，2019（12）：129-131．
[3] 胡康，王雅洁，杨冰，等．白酒质量安全风险分析与防范［J］．中国酿造，2019，38（8）：216-223．
[4] 杜翠荣，宋连君，李兴权．白酒行业质量问题调研结果及分析［J］．食品与发酵科技，2019，55（1）：90-94．

是散装白酒。市场上销售的中低端散装白酒一般为液态法白酒，经发酵、蒸馏成为食用酒精，再经串香、勾兑、调配形成白酒，其相关指标只要符合国家标准就可销售。由于生产销售散装白酒的大多数为小微企业或者个体作坊，其规模较小、设备陈旧、技术落后，在生产过程中仅凭经验，缺乏产品质量标准概念，无法从源头上把控产品质量安全。散装白酒在贮存等环节也存在安全隐患。散装白酒还存在部分企业超范围、超限量使用食品添加剂，以低质量液态法白酒或固液法白酒冒充高质量固态法白酒等问题。[1] 此外，散装白酒往往用新蒸馏出来的半成品酒做了酒精度调整，未经勾调标准化和检验，直接销售。有些企业没有标识标签或者标识标签不规范，甚至连最基本的香型、生产日期都未明确，存在安全隐患。从产品终端和消费场所看，散白酒主要用于农贸市场、小杂食店、酒楼、餐馆及自由市场的饮食摊店或者酒厂定点的门市，饮用者众多。散装白酒的质量监管过程中常发现白酒生产者、销售者、消费者分不清原酒和成品原酒的概念，有些半成品酒未经勾调标准化和检验直接作为散酒销售。因此，散装白酒一旦出现问题可能对较大范围的消费人群产生不利影响。

（3）假冒伪劣产品问题。白酒的高利润回报对不法分子具有巨大的吸引力，使得白酒行业的假冒伪劣产品发生频率较高。尤其是高端白酒售价高，不法分子以"特供""专供""专用""特制""特需"白酒等名义制售假冒名优白酒，引诱消费者，这不仅对市场环境造成巨大的破坏，而且会危害消费者的生命安全。另一种假冒伪劣产品问题是便宜假酒，如以液态法白酒或固液法白酒冒充固态法白酒，甚至采用食用酒精+香精+糖精+水+食品添加剂等方式进行生产，采用低成本生产、低

---

[1] 张莉，李娜，党蓉. 散装白酒监管过程中的质量管控［J］. 食品安全导刊，2020（27）：98.

价格销售的方式进入市场，这同样会对市场环境和消费安全造成破坏。

第三节 四川白酒品牌结构

一、白酒品牌结构概述

美国市场营销协会（AMA）将品牌定义为用以识别一个或一群产品或劳务的名称、术语、象征、记号或设计及其组合，来与其他竞争者的产品或劳务相区别。[1] 对白酒企业而言，本企业的产品区别于其他企业的产品需要进行准确的市场定位，使之具有难以模仿的差异化优势。不管企业是如何考虑的，影响消费者是否购买这个产品的最重要的因素是价格。因此，从消费者最容易感知的价格变量角度看，品牌结构可以大致划分为高端、中端、低端三个档次。我们可以看出，高端、中端、低端白酒实际上是以消费者的购买力（收入）作为划分标准的，对应的是白酒的消费档次。当然，在白酒销售环节，行业人士更喜欢采用高端、次高端、中低端的分类法。按照价格进行的两种分类法都是从销售或消费者收入角度划分的。比较而言，高端、次高端、中低端的分类法在档次差距和档次衔接上不明确，而高端、中端、低端的划分定义明确、档次清楚，其分类更规范。从具体价格来看，终端价600元以上的可称之为高端白酒，100元以下的可称之为低端白酒，300元左右的可称之为中端白酒。当然，如果细分的话，考虑到价格差较大，我们在高端、中端之间可以增加一个中高端甚至次高端档次，在中端、低端之间

---

[1] 蒋璟萍．企业品牌内涵及其生成模式[J]．北京工商大学学报（社会科学版），2009，24（3）：41-44．

也可以增加一个中低端档次。五粮液的普五、国窖1573零售价通常在1000元以上，属于高端品牌中的奢侈品。

四川白酒品牌众多，涵盖了各层次产品，并形成了"高端、中端、低端"全覆盖的白酒产品线。其中高端品牌主要以五粮液的普五、泸州老窖的国窖1573为主，中高端品牌主要以剑南春、郎酒、水井坊、舍得为主，大量中低端品牌主要来自大量知名度不高的中小型品牌，丰谷、仙潭等"十朵小金花"目前处于由中低端向中高端品牌优化的初步阶段。总体上看，四川白酒的品牌结构基本上为"金字塔"结构，即一小部分高端品牌、较多的中端品牌和大量的低端产品。

表9-6 四川主要名优白酒列表

称号	企业名称	香型
六朵金花	泸州老窖股份有限公司	浓香
	宜宾五粮液股份有限公司	浓香
	四川水井坊股份有限公司	浓香
	四川剑南春（集团）有限责任公司	浓香
	四川郎酒股份有限公司	酱香
	舍得酒业股份有限公司	浓香
十朵小金花	四川省绵阳市丰谷酒业有限责任公司	浓香
	四川省文君酒厂有限责任公司	浓香
	四川泸州三溪酒类集团有限公司	浓香
	四川省古川酒业有限公司	浓香
	四川远鸿小角楼酒业有限公司	浓香
	四川省宜宾市叙府酒业股份有限公司	浓香
	四川江口醇酒业（集团）有限公司	浓香
	四川仙潭酒业集团有限责任公司	酱香、浓香
	四川广汉金雁酒业有限公司	浓香
	四川省泸州玉蝉酒类有限公司	浓香

资料来源：四川省经济和信息化厅等。

二、四川白酒品牌结构存在的问题

（一）低端白酒产量占比过高

在四川白酒产业的营业收入中，"六朵金花"的优势非常突出，中低端白酒处境堪忧。以 2019 年为例，该年"六朵金花"企业的营业收入占全省白酒行业营业收入的 57.7%，利润占全省白酒行业的 82.2%。与此同时，"十朵小金花"企业的主营业务收入和利润占全省白酒行业的比例分别为 2.6%、0.1%。剩下的几百家规模以上白酒企业的产量占比接近九成、主营业务收入占比为 39.7%、利润占比为 17.7%。这充分说明，四川白酒产业的产值和利润主要集中于头部企业，中小企业产量规模非常大，但产品价格低、附加值低。从供求作用机制看，价格低实际上反映了行业供给过多，具体表现为低端产能过高。

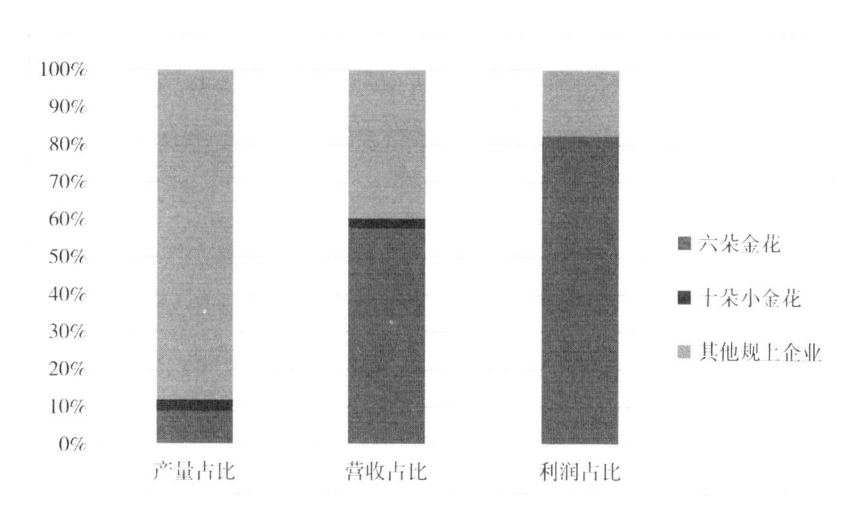

图 9-3 四川白酒产业不同梯队企业的产量、收入、利润结构

四川白酒产业出现的这种低端产能过高现象背离了市场发展趋势。随着我国居民收入的持续增长，人们的消费结构也在升级，体现为对中端、中高端等优质产品的消费逐步替代对低端产品的消费。欧瑞数据显示，2019年的低端白酒消费量占比为29.43%，相较2014年下降了16.35个百分点。与此同时，2019年的高端白酒消费量占比为8.65%，相较2014年上升了3.81个百分点。[①] 市场的变化反映在企业的经营业绩中。2017年以来，白酒行业出现了恢复性增长，不少全国性品牌白酒企业实现营业收入、净利润双位数增长。白酒行业整体供大于求、产大于销的根本状况没有改变，低端白酒供大于求、产大于销的形势反而更加严峻，以至于多家地产酒的业绩不高，低端酒占比过大、中高端发展不力成为拉低地产酒业绩的主要因素。[②] 为此，一些企业，如舍得酒业砍掉了大部分低端产品，下定决心去低端化，同时提振以舍得为代表的中高档系列酒。经过品牌结构优化，舍得酒业的业绩出现了显著提升，从2017年到2019年，舍得酒业的营业收入分别增长了12.1%、35.0%、19.8%，利润分别增长了79.0%、138.0%、48.6%。经营业绩明显向好，这说明舍得酒业对产品和品牌结构的升级符合市场需求的变化方向。

　　四川原酒缺乏品牌效应是四川白酒品牌结构发展不平衡不充分的一个突出问题。四川原酒是支撑全省白酒产业发展的重要基础力量，为四川白酒获得"浓香天下"的优势地位做出了重大贡献，也为中国白酒产业健康持续发展贡献了巨大力量。2000年左右，四川原酒迎来鼎盛

---

① 孙姗姗. 业绩创新高背后，五粮液蓄势下一个五年 [EB/OL]. 中国财经新闻网，2020-11-01.
② 常佳瑞. 白酒结构性复苏持续 中低端酒处境尴尬 [EB/OL]. 中证网，2018-04-28.

时期,并形成以邛崃、大邑为代表的川西原酒和以泸州、宜宾为代表的川南原酒两大原酒产区。随着白酒行业步入深度调整期,白酒市场需求紧缩,尤其是近年来白酒消费持续升级,四川原酒企业逐渐显现出产品附加值低、产能过剩、缺乏品牌效应、抗风险能力差等问题,原酒产业发展面临严峻的挑战。[①]

(二) 中端品牌发展不充分

四川白酒在高端和次高端布局合理,具有行业优势。其中,中国高端白酒主要由53度茅台酒、五粮液的普五和国窖1573组成,市场份额集中度高。根据前瞻产业研究院的数据,2019年中国高端白酒行业CR_4为91%,这说明行业处于强寡头垄断市场结构中,代表品牌有茅台、五粮液、国窖,四川占有2个品牌。中高端白酒市场的代表品牌有剑南春、水井坊、红花郎等,品牌较多,行业竞争比较激烈,品牌之间并未形成稳定的竞争格局,而四川白酒品牌具有一定的优势。根据智研咨询的数据,2018年,三家企业的CR_3为40%,行业处于低集中竞争市场结构中。

中端白酒市场的代表品牌有海之蓝、古井贡、汾酒等。2018年,中端白酒行业CR_3为6%,行业处于高度竞争市场结构中。中端白酒市场的一个重要特征是其主要客户群体集中在低端商务场合,因此呈现出比较明显的区域性特色。

可以看出,中端白酒市场缺少具有一定竞争力的四川品牌,这说明四川白酒在中端市场缺乏竞争力。中端白酒的饮用场景多为自饮或亲友聚会,其消费规模取决于居民的收入水平和收入结构。从市场规模看,随着我国由全面建成小康社会向建设社会主义现代化强国迈进,中产阶

---

① 郭茂瑜.四川原酒如何"冲出重围"?[N].四川日报,2019-04-11(10).

产业供给侧结构性改革新路径研究：以四川白酒产业为例 >>>

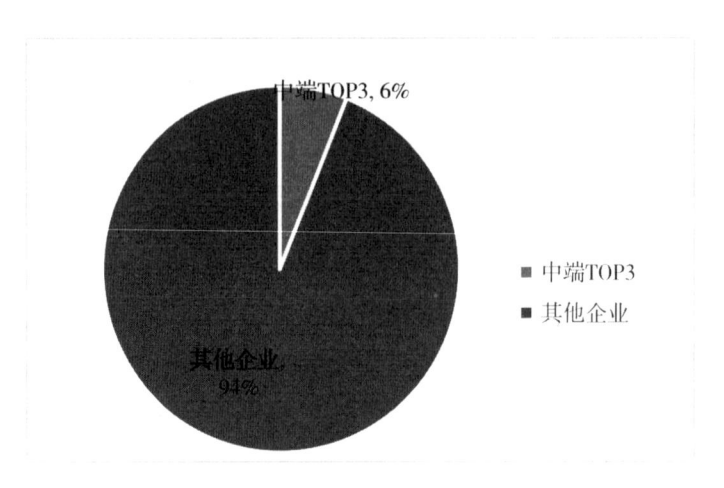

图 9-4 中端白酒市场集中度（2018 年）

数据来源：智研咨询网站。

层成为最大的消费群体，其消费能力进一步提高，总体需求规模不断扩大，因而对中端白酒的需求会保持较高的稳定增长态势，市场规模前景向好，但目前的四川白酒在中端市场存在明显缺位。

第十章

四川白酒产业供给侧结构性改革的思路

四川白酒产业供给侧结构性改革需要立足我国社会主义新时代背景，积极融入国家和地区发展战略，抓抢我国白酒产业政策调整的机遇，抓住四川白酒产业的主要矛盾，紧紧围绕我国打通内需这一战略基点，畅通白酒产业国内国际双循环，优化四川白酒产业发展的政策，科学设计四川白酒产业供给侧结构性改革的思路，逐步形成政府推动、市场主导、企业运作、社会各种资源要素参与的白酒产业持续发展机制，推进四川白酒产业基础高级化和产业链现代化。

第一节 紧抓产业政策调整契机，优化地方政策

较长时期以来，出于提高资源配置效率，包括降低粮食消耗等因素的考虑，白酒产业被归入"限制类"产业，我国明确禁止投资新建白酒生产线，并且在白酒生产许可证、用地、信贷、环保等方面有严格的限制。由于我国的"粮食安全"问题早已缓解，我国对白酒产业的限制性政策不仅没有促进白酒产业优化升级，相反还因为缺乏有效退出机制，导致白酒行业始终无法贯彻市场公平竞争原则和自然淘汰机制，这

些已经成为白酒行业持续健康发展的最大瓶颈。

为了争取合适的产业政策环境，破除产业发展的瓶颈，中国酒业协会和白酒企业曾多次向国家有关部门呼吁取消或者调整白酒行业限制性政策。2019年年底，国家发展改革委公布了《产业结构调整指导目录（2019年本）》。新版指导目录中，"限制类"目录删除了"白酒生产线"，这意味着白酒生产线从"限制类"产业调整为"允许类"产业，本质上就是白酒产业限制政策取消。这将促进行业产能、销量向名优白酒企业和优质产区集中，进而改变白酒行业的竞争态势和运行效率，加快形成有效竞争环境，如此将为白酒行业的发展开启新篇章。

白酒产业限制性政策的解除对企业竞争、地区竞争和行业管理带来新的挑战。产业限制性政策的解除使白酒产业进入门槛降低，东部和中部地区的资金和市场优势进一步发挥，四川白酒产业的优势地位将受到冲击和挑战。此外，产业限制政策解除后行业竞争更加激烈，中小酒企生存空间被压缩，尤其是基酒企业会面临更严峻的冲击，以大量小酒厂集聚为特征的四川白酒产业集群式发展模式将遭受冲击。因此，白酒产业限制政策解除短期内将对四川白酒产业产生不利影响。鉴于四川白酒产业振兴发展事关四川省"5+1"现代产业体系建设和高质量发展，我们要迅速采取有效应对策略，按照高质量发展要求，加快推进供给侧结构性改革，着力优化政策环境，大力弥补四川白酒产业发展的短板。

我国要积极推进政府部门职能转变。政府部门要科学决策，持续做好白酒产业发展规划，发挥地方产业政策导向功能，统筹协调四大白酒产区的功能定位和发展重点，形成各产区的区块特色，提高产业集聚效率和发展的协同性。政府要主动作为，加强政策扶持，推进金融、财税、社会保障、科教等方面的制度建设与创新，从土地、资金、人才等方面给予名优白酒相关优惠和支持，提高龙头企业的发展带动力。将制度的增量调整与结构优化紧密结合起来,牵头带动和促进跨区协同条件下的组织建设与制度供给。要推进产权制度改革,主要针对国资国企白酒企业进行混合所有制改革探索,巩固企业的市场主体地位,充分发挥市场机制在企业生产经营中的基础性作用。推进企业制度改革,完善企业治理结构和治理机制,激发企业活力。对民营企业实施公平竞争的政策,促使民营企业在土地、资金、人才等方面获得更好的发展机会。以名酒名企为龙头,带动行业的组织资源建设与行业规范建设。设立白酒产业发展基金,对白酒企业科技创新、产品研发、企业上市、品牌建设等进行奖励。加强白酒非正式制度供给,加快构建以酒文化为核心的多层次非正式制度供给体系,以白酒文化打通白酒供给与需求的对接渠道。

第二节 围绕"5+1"产业完善产业培育方案

白酒产业是四川"5+1"现代产业体系中的重要支撑。四川白酒产业具有显著的规模优势,但其盈利能力和竞争力与其规模和体量并不相配。从2003年到2019年,四川白酒的产量占全国的比重由15.7%上升到46.7%,但利润占比反而由55.4%下降到32.0%(2015年曾下降到25.6%),四川白酒产业大而不强的特征较为明显。为此,四川省出台了一系列政策文件支持白酒产业发展,包括《关于推进白酒产业供给侧结构性改革加快转型升级的指导意见》(2017)、《优质白酒产业振兴发展培育方案》(2019)、《四川白酒"十朵小金花"及品牌企业三年培育计划》(2020),旨在通过供给侧结构性改革加快产业转型升级,促进四川白酒产业高质量发展。系列政策支持目前已经取得显著成效,四川白酒产业步入了持续快速健康发展之路。四川今后需要重点加强白酒产区发展、企业梯队建设等方面的工作。

一、建立白酒产区差异化培育方案

成都、德阳、泸州、宜宾四大优质白酒主产区既相互竞争又各有特色。我国要加快建立良性竞合机制，避免同质化竞争导致的产业资源内耗，重点发展各产区的特色，按照产业全生命周期发展趋势和专业化要求，统筹四大优势产区白酒资源配置，协同产业布局和功能分工，形成高端要素聚集、产业链条完善、企业梯度支撑发展的良好态势，将白酒产业打造成具有世界竞争力的白酒产业集群。

第一，构建四川白酒产业"4+X"发展新格局。"4"是指四大主产区，"X"是指若干特色区域。各白酒产业集群必须功能明确、定位清晰，绝不走盲目引进、重复建设的老路。我国要做大做强现有优势产业，积极引进大项目，加大招商引资的工作力度，大力发展腰部企业，以"六朵金花"为中心，发展若干个规模庞大的产业集群，提高产业集聚专业化协作水平，从而在巩固四川白酒产业规模优势的同时提升其整体竞争实力，促进产业高质量发展。根据四川白酒产业地理分布情况和区域集中程度，四川白酒形成成都、德阳、泸州、宜宾四大主产区和遂宁、绵阳、巴中等特色区域错位发展的格局。四大主产区加快白酒产业强链、补链和延链，通过集链成群、集群成网，构建白酒产业协同发展的集群链网，增强白酒产业的综合竞争力。特色区域要加强产业链分工，科学谋划产业突破方向，扩大白酒产业规模和区域品牌影响力。

第二，明确各产区的功能定位。四川白酒品牌众多，全面覆盖高、中、低端消费市场，除了与外省白酒企业和品牌有竞争，四川白酒企业之间也存在着激烈的竞争关系，部分超一线白酒企业进入"腰部"市场，一定程度上挤压了地方名酒和次高端白酒企业产品的生存空间。四川白酒要明确各产区的功能定位，实现错位互补发展。支持宜宾产区和泸州产区形成各具特色的白酒产业集群，支持自贡发展特色白酒产业，构建川南白酒产业新格局。充分利用成都的区位优势，支持建设四川白酒品牌营销、研发创新、人才引育、产融结合、公共服务等平台，支持名优白酒企业在成都设立品牌、营销等功能性总部，支持成都原酒企业开展酒旅融合，建设集展示、体验、美食、休闲娱乐等于一体的新型酒庄。支持德阳通过补链、延链来完善产业链，建立独立的区域供应链，强化剑南春的带动功能，提升产业价值。

第三，加快构建川南白酒产业发展新格局。支持泸州、宜宾顺应科技革命和产业变革前沿趋势，加快产业转型升级，推进智能制造、绿色制造、高端制造，激发产业活力，争取将泸州、宜宾建设成"世界级蒸馏酒产业集群"。推动泸州、宜宾两大产区差异化发展。泸州要加快发展酱香型白酒，实施浓香型、酱香型白酒双轮驱动发展战略，同时大力发展白酒酒庄新业态，推动白酒产业与旅游业融合发展，打造世界级白酒酒庄集群。宜宾要加快大数据、物联网技术与白酒产业深度融合，探索以五粮液为核心的白酒平台化发展模式。

二、加快打造四川白酒企业梯队

合适的大、中、小企业的数量结构既有助于促进市场竞争，也能够满足市场多层次需求，提高市场运行效率。具体而言，我国要打造四个层级的四川白酒企业梯队。

第一梯队：五粮液、泸州老窖和郎酒；

第二梯队：剑南春、舍得、水井坊、川酒集团；

第三梯队：川酒"小金花""小巨人"；

第四梯队：其余规上企业。

从政策支持看，不同层级的企业采取不同的支持方式和政策导向。其中，第一梯队是四川白酒行业的领头羊，其目标是发展为全国性乃至世界性优秀白酒企业集团，需要省地两级倾力扶持。相对于黔酒、苏酒，川酒大型企业多，这导致了企业之间对有限的酒业资源的争夺，因此第一梯队不宜过多。五粮液和泸州老窖在消费领域和资本市场具有很高的知名度，理应作为第一梯队；郎酒也具有很高的知名度，并且是四川酱香型白酒的领头羊，因此也应该纳入第一梯队。当然，除了政府支持，郎酒自身也需要完善治理机制，尽快做好上市的各项准备工作，借助资本市场实现腾飞。

第二梯队、第三梯队是四川白酒行业的中坚力量，需要重点培育，但其发展目标和支持方式与第一梯队有区别。其中，第二梯队的目标是发展为国内重点区域领先品牌，需要省地两级大力支持。需要强调的是，川酒集团作为平台型企业，应在组织结构、经营模式和政策支持等方面大胆探索，走出一条特色的白酒企业发展道路。第三梯队的目标是发展为特色区域性主导品牌，主要通过地方支持。

从产业组织角度看，一要大力发展各层级企业，促使其做大做强；二要通过良性竞争，建立各层级企业的进入和退出机制；三要支持企业战略性并购整合，包括同一层级企业之间的并购，也包括上级企业对下级企业的并购，通过战略并购提高企业综合竞争力。

三、着力推动四川白酒国际化

一方面，改革开放的持续深入和白酒产业限制性政策的解除会导致外资更充分地参与国内白酒行业的竞争。另一方面，四川白酒的体量和规模已接近极限，通过"走出去"参与国际竞争是川酒振兴发展的重要途径。一是在中国白酒文化的大框架下，加大四川白酒文化宣传的力度，通过各种文化节、展览会、公益活动等，把四川白酒的概念与理念分享、传播给海外的消费者，树立中国四川白酒的品牌形象。二是以白酒技术标准体系的国际化为保障，积极主动谋求白酒在海外市场的法律地位和技术理论支撑，推动白酒标准在世界范围内得到认可。三是以产品技术创新为推动力，在技术上突破口感关。四是以管理模式尤其是营销队伍国际化为实施手段，健全白酒人才队伍机制，加强国际化人才队伍建设，构建白酒国际营销网络，从文化和管理手段上达到国际化的标准。五是以行业联盟开拓模式为组织架构，集中力量进行共同开拓。具体而言，组建以五粮液、泸州老窖、剑南春、郎酒等知名品牌为主的川酒国际化企业联盟，联盟要从国际化的战略高度做好组织结构、发展战略、贸易壁垒、产品标准、技术开发、资源共享等工作，从而能够以最具竞争力的态势积极、有效地参与全球竞争。

第三节 深入实施创新驱动战略

创新是经济发展、社会进步的基本动力，我国要深入实施创新驱动战略增强发展动能。改革开放以来，我国根据自己的资源禀赋和比较优势，选择了由投资带动的要素驱动发展模式。然而，一方面，随着人口红利的逐步衰减和资源环境约束的强化，"高投入、高消耗、高污染、低质量、低效益"的经济发展模式已难以为继，不可能继续支撑我国向高收入国家迈进。[①] 另一方面，当今世界新科技革命方兴未艾，新一

---

① 李忠鹏. 为何要实施创新驱动发展战略 [N]. 人民日报，2013-03-22 (7).

轮产业革命蓄势待发，这将重塑比较优势与竞争优势，刷新世界经济版图，调整全球利益分配格局。在此背景下，发达国家通过"再工业化"战略占据产业链高端，发展中国家以更低成本优势切入产业中低端领域，对我国产业的发展进行双重挤压。与此同时，科技革命加速推进，并引发产业革命。新一轮科技和产业革命的核心是现代信息技术与制造业的深度融合，并将带动整个产业形态、制造模式和组织方式等领域的深度变革。

面对科技和经济的双重压力，党的十八大明确提出要坚持走中国特色自主创新道路、实施创新驱动发展战略，认为实施创新驱动发展战略，是加快转变经济发展方式、解决经济发展深层次矛盾和问题、增强经济发展内生动力和活力的根本措施。2015年3月，中共中央、国务院印发的《关于深化体制机制改革加快实施创新驱动发展战略的若干意见》，从思路目标、创新环境、创新导向、创新金融、政策激励、科研体系、创新人才、开放创新、统筹协调等方面对创新驱动发展战略的实施做出了部署。党的十九大报告进一步指出：创新是引领发展的第一动力，是建设现代化经济体系的战略支撑。

白酒行业同样面临产业转型和国际竞争的压力。"黄金十年"的高增长是以政商消费需求拉动和投资扩张驱动为起因，通过需求—价格—产能扩张的作用机制，实现行业繁荣与增长，即政商消费刚性增长带动了高端白酒需求增长，而需求扩大引起高端白酒涨价，进而刺激中端和低端白酒提价扩产，最终带动整个白酒市场繁荣。① 然而，随着外部环境的转变，白酒产业发展的动力机制也在发生转变。从需求看，政务消费退出，消费需求将以个人消费、商务消费、国外需求为主，并且个人

---

① 曾祥风.我国白酒产业战略转型路径研究[J].四川理工学院学报（社会科学版），2017，32（1）：1-13.

消费稳中有降，国外需求遥遥无期。从供给看，粗放发展模式面临资源、环境压力，并且重复投资、低效投资严重，产能过剩突出，行业内部竞争激烈。因此，经济环境改变和市场供求条件的变化，决定了原有的粗放式发展模式已难以为继，通过科技创新推进产业转型发展是唯一的出路。另外，研发投入低、创新能力不强、创新模式落后是四川白酒产业发展的突出短板，这意味着四川白酒产业的创新既有巨大的压力也有巨大的潜力。我国要充分发挥科技支撑作用，推动创新驱动发展，充分发挥名优白酒企业的创新引领作用，增强内生动力，加强企业技术中心和重点实验室建设，研发具有自主知识产权的核心技术。推动全省酒类科研资源整合，加快建立以名优白酒企业为主体、市场为导向、政产学研用协同的技术创新体系。加快推进创新成果产业化，促进管理创新和商业模式创新，积极培育四川白酒产业新业态。

第四节 大力推动质量变革，满足美好生活需要

随着我国经济发展从高速增长阶段转向高质量发展阶段，企业需要提供高质量的产品满足人民在生活理念、生活方式等方面的美好需求。白酒是我国的传统消费产品，也是满足人民对美好生活需要的重要载体，我国可通过结构性政策从微观层面和中观层面推动四川白酒产业质量变革。

一、推动微观层次的质量变革

新时代人民群众的需求呈现多样化、个性化、不断升级的特点。因此，高质量发展应当以产品供给高端化为路径，满足人民群众日益增长

的美好生活需要。这主要表现在三个方面：一是企业具有高质量投入，通过对酿酒材料、酿造工艺、流通等环节的控制，确保白酒产品和服务符合法律法规提出的质量要求，增加产品的附加值，增强产品的个性化和品牌化；二是强调精益生产理念和发扬工匠精神，通过酿造工艺创新、流程创新、管理创新等提高产品质量，生产出更加满足人们美好生活需要的产品，增强四川白酒在产业链中的竞争优势，从而改善市场竞争环境和优化价值链的分布结构；三是推动产品服务化发展，大力发展酒庄体验，发挥白酒的服务功能，增强消费者的满足感。

二、推动中观层面质量变革

中观层面的质量变革主要是指四川白酒产业要从中低端结构增长向中高端结构增长转变。四川白酒产业目前仍然锁定于价值链低端，产业链的制造环节具有较大的优势。"六朵金花"享誉国内，产业规模优势突出但经济效益落后于全国平均水平。我国要深入推进供给侧结构性改革，构建促进要素自由流动的体制机制，着力补齐创新短板，加快向产业链的两端延伸，加强对产业链前端的研发、设计环节进行控制，提升产业链后端的营销和服务质量；大力打造个性化品质，酿造新时代的美酒，推动传统酿造与智慧酿造并举；建立以消费者为中心、以美酒消费和美酒服务为主要内容的中国白酒品质与价值表达体系，提高产品附加值，推动产业优化升级，实现四川白酒产业向中高端结构增长转变。

第五节 更好利用两个市场、两种资源

当今世界正经历百年未有之大变局，新一轮科技革命和产业变革蓬

勃兴起，同时"逆全球化"倾向和新冠疫情在全球蔓延，这些导致全球产业链、供应链面临着一定程度的撕裂或脱钩的风险。我们必须充分发挥国内超大规模市场优势，通过繁荣国内经济，畅通国内大循环为我国经济发展增添动力，带动世界经济复苏；我们要继续深化供给侧结构性改革，提升我国产业链、供应链现代化水平，大力推动科技创新，加快关键核心技术攻关，打造未来发展新优势，提高国内经济供给质量，坚定实施扩大内需战略。内需是我国经济发展的基本动力，扩大内需是满足人民日益增长的美好生活需要的必然要求。牢牢把握扩大内需这个战略基点，把我国超大规模市场优势和内需潜力充分激发出来，这是应对单边主义和新冠疫情冲击的方式，是保持我国经济长期持续健康发展的方式，也是满足人民日益增长的美好生活需要。

中国白酒产品国际市场占有率低，我国需要提升整体竞争力来走向国际市场。当前的重大机遇是深度融入"一带一路"倡议和《区域全面经济伙伴关系协定》（RCEP）。"一带一路"倡议的推进为名优白酒开拓海外市场创造商机。"一带一路"倡议和"文化走出去"战略构筑了良好的国际交流合作平台，为中国白酒产业扬帆出海提供了重要的发展机遇。近年来，越来越多的中国企业到"一带一路"沿线国家投资建设，当地居民生活中出现了更多的中国元素，这为中国白酒的国际化奠定了基础，有助于中国白酒企业打开国际市场。以"六朵金花"为代表的四川名优白酒，正在世界酒业竞争格局中发出越来越响亮的"中国之声"。

《区域全面经济伙伴关系协定》（RCEP）是中国进一步改革开放的重要标志。[1] RCEP成员国包括东盟10国与中国、日本、韩国、澳大利

---

[1] 区域全面经济伙伴关系协定（RCEP）15日正式签署 中国加入全球最大自贸区[EB/OL]. 中国政府网，2020-11-16.

亚、新西兰，共15个成员国，总人口、经济体量、贸易总额均占全球总量的约30%。这意味着全球约三分之一的经济体量形成一体化大市场，货物贸易零关税产品数整体上超过90%，服务贸易和投资开放水平显著高于原有的"10+1"自贸协定。RCEP新增了中日、日韩两对重要国家间的自贸关系，使区域内自由贸易程度显著提升。鉴于RCEP国家与我国具有深厚的地理、历史和文化渊源，四川名优白酒企业应抓住这个重大机遇积极融入RCEP中，大力开拓东亚地区国际市场，为全国白酒的国际化树立榜样。

除了"一带一路"倡议和区域全面经济伙伴关系协定带来的白酒国际化机遇，我们未来还会有更多的国际合作机会，如中欧经贸合作深化等。因此，四川白酒应在立足国内超大规模市场优势和内需潜力的同时，大力开拓国际市场。

第十一章

优化四川白酒产业制度结构

　　深入推进体制机制改革创新是供给侧结构性改革的基础。四川白酒产业供给侧结构性改革的体制机制就是激励要素与资源流向高质量部门和领域的体制机制，完善使市场在资源配置中起决定性作用和更好发挥政府作用的体制机制，提高资源配置的效率效能。因此，我国要实现有效的制度供给创新，为白酒产业提供优质的制度保障，需要通过修正制度框架、兼顾协调正式制度和非正式制度、改善动力机制等推动制度创新，提升制度资源供给的质量，形成宏观、中观和微观三个不同层次但又相互支撑的制度体系。从微观上讲，要保障企业的效率与质量；从中观上讲，要促进白酒产业资源跨部门、跨领域流动，重点是在四大产区内部有效配置资源。可见，推进四川白酒产业供给侧结构性改革，在微观层面需要完善企业制度和对资源配置起基础性作用的价格与竞争机制，在中观层面需要推动产业政策向竞争政策转变，要根据国家白酒产业政策来优化地方产业管理模式和政策支持的方式，形成以供给侧体制机制为主体、需求侧体制机制为引领的制度结构。

第一节　深入推进改革开放，优化营商环境

营商环境是企业从事各项经营活动的外部条件，通常包括政务环境、市场环境、法治环境、人文环境以及国际经贸环境等，是一个系统性的商业活动环境。良好的营商环境有利于吸引资金、人才、技术等各种发展要素，有利于激发白酒行业各类市场主体的活力，是四川白酒在产业竞争中制胜的基本因素。四川的营商环境仍然存在市场运行成本较高、制度性交易成本较高、市场环境不优等问题。与此同时，白酒产业限制性政策的解除将对白酒行业的区域竞争模式和竞争格局产生重大影响，未来的区域竞争模式从以酿酒资源为基础的产区竞争转变为"产区+资本+市场"的综合竞争，这将使四川白酒产业的传统区域优势在这两个层面都受到较大冲击。鉴于川酒振兴发展事关四川省"5+1"现代产业体系建设和高质量发展，我们要迅速采取有效应对策略，按照高质量发展要求，加快推进供给侧结构性改革，着力优化政策环境，大力弥补四川白酒产业发展的短板。

我国要以成渝地区双城经济圈、四川自贸试验区建设等为契机，深度融入长江经济带战略、"一带一路"倡议，深入推进改革开放，优化营商环境。一要创新优化营商环境的制度体系。打造公平、透明、便捷、有序的市场环境，激发市场活力和提高社会创造力。完善产权保护制度，优化公司治理结构，完善产权纠纷多元化解机制，保护少数投资者权益，积极吸引国际国内优质资源进入白酒行业，补齐四川作为内陆地区的资金和技术短板。优化税收和融资担保体系，搭建银企融资对接平台，构建大数据平台，降低四川白酒企业获得信贷的难度和成本。规

范白酒市场准入制度，建立健全破产程序启动机制和破产重整企业识别机制，推进破产制度体系建设，完善市场退出机制，提高四川白酒产业供给效率。

二要着力强化管理，不断改善营商环境。要以大力提高政府效能为目标，推进政府职能转变，发挥政府在推进全省白酒产业高质量发展和区域协调发展方面的引导作用，深化"放、管、服"改革，大力精简审批程序，明确涉酒行政权力目录，提高办事流程透明度，加快项目立项、环评等事项的审批进程。创新白酒行业管理方式，聚焦重点产区、重点企业，推动产业全域开放合作，完善产业发展的政策保障措施，引领四川白酒产业高质量发展。建立并完善涉企收费、监督检查等清单制度，加强中介服务收费监管，降低行政审批中介成本。在企业发展方面，对五粮液等大型国有白酒企业，可鼓励其借助混改引入优质战略伙伴或战略投资者，充分吸引优质资本和管理技术，进一步提高企业管理模式、产品质量、营销渠道、品牌发展等方面的综合竞争优势。提升贸易便利化水平，推进国际贸易"单一窗口"建设，推行通关无纸化作业，压缩通关时间，大力支持四川白酒"走出去"。例如，在白酒产业平台建设方面，实行负面清单制度，大力支持平台类的技术、品牌、电商模式发展，打造高效的酒业产业链，放松产业管制。[1] 白酒行业是竞争性行业，政府要明确自身的功能界限，逐步减少对白酒企业不必要的管制。我国未来需要对白酒生产许可证进行清理，规范白酒小作坊企业的生产。

三要破除体制机制障碍，充分发挥市场的主导作用，强化主体责任，遵循市场经济规律，激发企业创新活力，逐步形成政府推动、市场

---

[1] 樊玉然.科技创新促进白酒产业转型升级作用机理探析［J］.经济研究导刊，2017（29）：64-65.

主导、企业运作、社会各种资源要素参与的白酒产业发展机制。

第二节　推动产业政策向竞争政策转型

竞争中性原则已经成为国际区域贸易协议中的重要组成部分,[①] 也是我国下一步市场化改革的重要内容。白酒行业属于竞争性行业,2019年年底的产业政策调整是白酒行业市场化改革的阶段性措施,对完善白酒行业的市场竞争、提高白酒行业的资源配置效率具有重要作用。随着我国改革开放的继续深入和国际经济合作的深化,政府主导产业政策向政府中性竞争政策转型。打造市场化、法治化、国际化的营商环境,对各类所有制企业一视同仁、平等对待,有助于解决不同类型企业公平竞争的问题,进一步推动产业转型升级。

推动白酒行业的产业政策向竞争政策转型,我国需要做好以下几方面。

（1）降低人为的进入门槛,对内资和外资企业、国有企业和民营企业采取一视同仁、公平竞争的市场准入标准,扶持壮大民营白酒企业。采用市场准入负面清单制度,列举禁止类清单和限制类清单,规范政府与市场的关系,界定政府与市场的边界,划分政府与市场的权利和责任;明确企业审批条件和流程,对所有市场主体公平公正、一视同仁,减少自由裁量权,在市场准入、审批许可、投资经营等方面,打破各种形式的不合理限制和隐性壁垒,营造稳定、公平、透明、可预期的营商环境。

[①] 《竞争中性原则的形成及其在中国的实施》课题组. 从政府主导产业政策到政府中性竞争政策［EB/OL］.第一财经,2019-08-02.

(2) 在经营运行方面，制定价格、质量、供应度、实销性等方面的法律规则。促使国有企业成为真正的市场主体，按照非歧视和商业原则与非国有企业展开公平竞争，并受到竞争法的同等监管。在国有企业混合所有制改革中，平等对待所有股东和其他投资者，避免国家作为占有支配地位的股东滥用权力，运用规则避免不当关联交易、偏袒性的业务决策，以及对资本结构做出有利于控股股东的变更等。

(3) 取消不必要的政府补贴，确保市场公平竞争。减少国有企业的政府补贴资金，迫使国有企业主动优化运营模式，提高企业的竞争力，从整体上提高社会资源的配置效率。取消政府对国有企业的隐性补贴，包括政府对国有企业的隐性担保、政府对国有企业提供的低标准融资条件。

第三节 优化产业管理模式

白酒产业政策调整对行业发展模式、企业竞争方式、产区竞争模式和行业管理模式都会产生重大影响，因此国家需要据此及时调整四川白酒产业的管理模式。取消白酒产能限制政策，行业竞争将加剧，以此为契机将推动四川白酒落后产能企业淘汰，促进白酒产业转型升级和结构调整。为此，我们建议缩减四川白酒产业管理层级，增强省国资委监管职能，调整四川白酒产业管理模式。四川省国有大中型酒企的高管人员的绩效考核等，由省国资委统一管理，同时省政府要加强对川酒产业整体做大做强的战略指导、规划引领和资源调配，来确保四川白酒产业振兴战略有效实施，避免四川白酒企业之间的恶性竞争，减少内耗，增强四川白酒企业的整体竞争力。在确保地市存量利益不变的条件下，我国建立四川省与地市之间的利益共享与分配机制，充分调动省政府、地方政府和酒企的积极性。具体措施：推进白酒行业整合兼并，出台政策支持省属国有企业参与川酒企业培育和组建大集团，来增强规模优势；以省级国有平台运营公司为核心，以股权为纽带，建立四川白酒企业共生利益体，增强川酒振兴发展战略的整体协调性；健全行业标准体系，加强对小酒厂和酿酒作坊企业的管理和引导。

第四节　加快完善现代企业制度

一、建立健全特色现代国有企业制度

国有龙头企业要建立健全特色现代国有企业制度。作为四川白酒行业龙头的五粮液、泸州老窖，它们是四川国有企业的优秀代表，但其管理体制和经营机制仍然需要进一步完善。具体的措施有以下几种。一要完善国有资产监管体制，防止国有资产流失，全面推进依法治企，以提高国有资本效率、增强国有企业活力为中心，完善产权清晰、权责明确、政企分开、管理科学的现代企业制度。二要健全法人治理结构。进一步理清"四会"职责边界，重点推进董事会建设，建立健全权责对等、运转协调、有效制衡的决策执行监督机制，规范董事长、总经理行权行为，充分发挥董事会的决策作用、监事会的监督作用、经理层的经营管理作用、党组织的政治核心作用，实现规范的公司治理。按照从管资产向管资本转型要求，通过治理结构改革，压缩管理层级，划小核算单位，进一步推进组织结构变革，简化决策流程，提高决策效率。三要推进公司制、股份制改革。以提升企业核心竞争力、增强国有经济活

力、放大国有资本功能、提高国有资本配置和运行效率为目标，加大集团公司制改革力度，积极引入各类投资者实现股权多元化，大力推动集团有条件的企业改制上市。四要深化人事制度、用工制度、薪酬分配制度改革，建立以效率为目标的人力资源配置优化机制、以业绩为标准的干部评价机制和与贡献紧密挂钩的分配机制，充分调动广大员工的积极性和创造性。

二、推动民营企业加快建立现代企业制度

大中型民营企业同样需要加快建立或完善现代企业制度。民营经济是国民经济的重要组成部分，是创造税收、促进投资和技术创新的主要力量，更是保持和扩大就业的主力军。为此，四川省人民政府办公厅2016年1月29日印发《促进民营企业建立现代企业制度实施方案》（川办发〔2016〕9号），① 提出要促进民营企业完善现代企业制度，实现民营企业产权结构向股份化转变、企业决策向民主化转变、企业班子向职业化转变、企业经营向规模化转变、融资渠道向多元化转变、员工管理向人性化转变的"六大转变"。到2020年，全省有条件的民营企业基本建立现代企业制度。在国家层面，党和政府在2019年12月发布了《关于营造更好发展环境支持民营企业改革发展的意见》，② 其鼓励有条件的民营企业加快建立治理结构合理、股东行为规范、内部约束有效、运行高效灵活的现代企业制度，完善内部激励约束机制，规范优化业务流程和组织结构，建立科学规范的劳动用工、收入分配制度，推动

---

① 四川省人民政府办公厅关于印发促进民营企业建立现代企业制度实施方案的通知［EB/OL］. 四川省人民政府网站，2016-02-06.
② 中共中央 国务院关于营造更好发展环境支持民营企业改革发展的意见［EB/OL］. 中国政府网，2019-12-22.

质量、品牌、财务、营销等精细化管理。国家和地方层面的政策文件为加快推进民营企业完善现代企业制度、提升企业管理效率提供了良好的制度环境。

第五节 加强非正式制度供给

以酒文化为统领,加快构建以酒文化为核心的多层次非正式制度供给。政府搭建平台,牵头打造区域性的酒文化资源集聚区,具体措施有一是以名酒名企为引领,打造具有代表性的酒文化资源供给体系;二是引导中小型白酒企业培育个性化的特色酒文化资源;① 三是通过体验消费等形式,打通白酒供给与需求通道。政府推动成立白酒文学艺术协会、白酒品鉴协会、酒文化国际交流协会等,通过科研平台、酒文化论坛等交流平台,推动酒文化在价值观念、消费体验、国际交流等层面的发展和传播;加强酒文化传统资源保护,推动白酒跨界融合发展,大力发展白酒酒庄等新业态,推进酒旅融合发展,鼓励支持成立美酒饮食协会等跨界产业协会,以酒文化厚实产业发展为基础,来反馈酒文化建设;加强对旧俗酒礼等传统酒文化的凝练,突出、优化其呈现形式,规范、引导白酒消费,倡导理性消费、健康消费、绿色消费,增强酒文化的魅力与影响力。

---

① 苏奎,何凡. 四川白酒产业制度供给现状、问题及创新研究[J]. 现代商业,2019(26):50-52.

第十二章

推动四川白酒产业新旧动能转换

加快新旧动能转换是深化供给侧结构性改革的关键。面对四川白酒产业低端产能过剩、中高端供给缺口并存的结构性问题，我们要加快新旧动能转换，从要素投入质量、技术进步、管理优化等方面入手，优化四川白酒产业动能转换机制，推动产业发展方式转变，完善产业创新体制机制，加强技术创新，提高产品质量，向消费者提供更多品种、更高品质、更好品牌的优质产品，有效填补供给缺口，实现四川白酒产业高质量发展。

第一节 供给侧结构性改革要求新旧动能转换

白酒产业经过深度调整，已经进入中高速增长阶段，需要通过新旧动能转换实现高质量发展。随着我国经济发展进入新时代，原有的粗放式数量型增长模式面临日益严峻的资源和环境压力，其增长速度明显放缓，并在产业层面充分表现出来。

2016年，我国规模以上白酒企业营业收入6125.7亿元，达到近年高峰，之后逐年下降，2018年为5363.83亿元。从增长速度看，2011

年后白酒行业进入深度调整期，其增长速度总体上呈现下滑趋势，并且2014年至2016年保持在10%以下的增长，甚至在2017年和2018年出现负增长，如下图12-1所示。

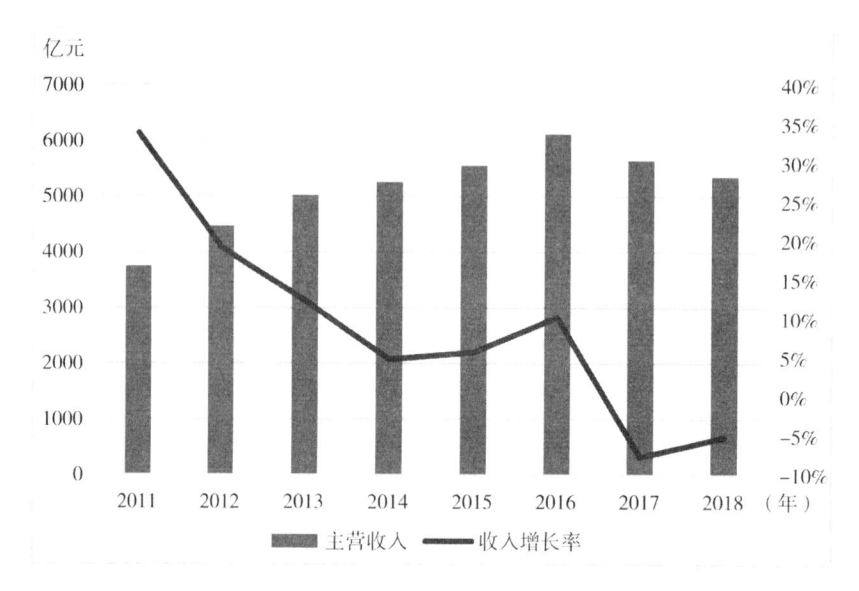

图12-1　规模以上白酒企业营业收入及增长率

2012年至今，四川白酒行业与全国白酒行业一样进入波动增长期，虽然营业收入仍然保持每年正增长，但营业收入增长幅度变缓，增长率中轴在10%左右，远低于此前的增长幅度，这意味着四川白酒行业进入中高速增长阶段，如下图12-2所示。

总之，白酒产业已经进入发展新阶段，从表面看是增长速度的下移，但其本质是经济结构转型升级过程中新旧增长动能转换不及时、不充分的结果。因此，白酒产业需要通过新旧动能接续转换，促进效率变革，追求效率更高、供给更有效、结构更高端、更绿色可持续的增长，最终实现质量变革。

<<< 第十二章　推动四川白酒产业新旧动能转换

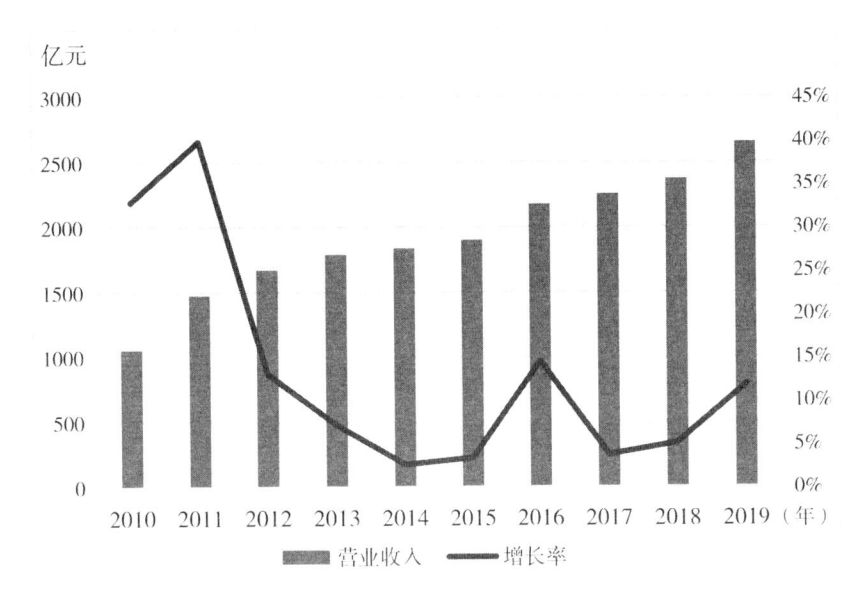

图 12-2　四川白酒产业营业收入及增长率

数据来源：中国产业信息网。

第一，高效率增长需要通过新旧动能转换来实现。高效率增长是指以较少的投入获得最大的收益的增长。[1] 高效率增长需要通过要素质量、技术进步和管理效率提高来实现。要素质量决定着产品质量，由此决定着产业发展质量和供给体系质量。[2] 就四川白酒行业而言，生产要素整体质量不高。一是四川白酒行业人力资源水平不高，一方面，人才结构及分布不合理，高端专业人才比重过低、数量偏少，具有大学以上文化水平的专业技术人才比例不高。例如，即便是人才数量和结构人才较好的五粮液，其大专以上人员的比例也不到20%。另一方面，人才培

---

[1] 魏杰，汪浩. 转型之路：新旧动能转换与高质量发展［J］. 国家治理，2018（21）：31-38.
[2] 涂圣伟. 我国产业高质量发展面临的突出问题与实现路径［J］. 中国发展观察，2018（14）：13-17.

养模式落后，主要依靠口传心授、学徒制等传统方式，知识传承缺乏系统性，而且培养时间长。总之，四川白酒人才缺乏导致企业在市场开发和品牌发展方面往往心有余而力不足。从技术水平看，技术创新能够以较少的投入实现收益最大化。作为传统产业的白酒产业，其技术积累缓慢，大多数白酒企业（包括部分头部企业）的研发投入强度偏低，发展模式仍然主要依靠要素投入、规模扩张，创新能力和核心竞争力不强，难以支撑产业高端化发展。因此，为了实现四川白酒产业的高效率增长和高质量发展，国家就必须有效推动技术进步。

第二，中高端结构增长需要通过新旧动能转换来实现。高质量发展要求实现中高端结构增长。四川白酒产业已经形成了较为完善的产业链，尤其是泸州、宜宾等主要白酒产区已经涉及产业链的原粮种植和采购、酿造、储存、灌装包装、物流、金融、营销等环节。其产业链存在的问题很突出，主要表现为创新开发不足，技术装备水平不高、专业化水平较低，品牌运营能力不强，产品服务能力不高，绝大多数产品位于产业价值链低端，导致产品竞争力不强、产品附加值不高、抗风险能力不强，在面临内外各种因素的冲击时，其容易发生大幅度波动。因此，在转向高质量发展阶段，其需要通过新旧动能转换，推动制造环节服务化转型升级，加快向产业价值链两端攀升。

第三，提高供给体系质量需要通过新旧动能转换来实现。经过"黄金十年"高速增长，白酒行业进入成熟期，增长速度放缓，呈现供大于求的状态，产能过剩突出。有研究指出，到"十三五"后期，整个白酒行业潜在产能已超过2000万千升，远远高于近年实际产量。总量过剩状态在四川白酒产业更加突出，四川白酒产量在16年内提高了31个百分点，目前接近全国白酒产业的1/2。如此高的供给总量必然会加剧市场竞争。在总量过剩的同时，四川白酒行业还存在明显的结构性过剩，主要表现为中低端产能过剩，突出表现为原酒产量过剩。从市场运行情况来看，2017年以来，高端名酒与区域龙头品牌出现新一轮增长，中小型酒企发展面临困境，行业呈现出结构性繁荣新特征。以五粮液、郎酒、剑南春为代表的龙头企业短期内走出行业调整期而且不断突破前期新高，但大多数企业（包括"小金花"企业）发展不甚理想。同时，未来行业整体消费总量将趋于稳定甚至下降，供大于求的市场运行状态将会持续。这种产能过剩、供大于求的市场状态，单靠市场调节是难以快速见效的。为此，国家需要创新体制机制，推动供给侧结构性改革。一方面，去产能、去库存、去杠杆，消除无效供给、削减低端供给；另一方面，通过降成本补短板，提高有效供给，使供给结构与需求结构匹配，能够满足我国对美好生活的需要。通过两手抓，在微观层面，满足居民消费结构升级的需要，不断跟上结构升级的步伐，提供更多高质量、高品质的产品和服务；在中观层面，优化四川白酒产业内部结构，并且促进白酒产业与相关产业协调发展。

第二节 四川白酒产业新旧动能转换的内容

新旧动能转换是四川白酒产业供给侧结构性改革的关键环节。根据前文提出的新旧动能结构，我们提出，四川白酒产业供给侧结构性改革的新旧动能转换思路是通过体制改革和机制创新，推动微观层面的要素质量、技术水平、管理模式变革，实现新旧动能转换，进而为产业组织结构优化和产品结构升级创造条件。其基本思路见下表12-1。

表 12-1 四川白酒产业新旧动能转换的基本思路

动能类型	要素投入方式	技术类型	管理方式
旧动能	要素数量	传统技术	传统管理
新动能	要素质量	新兴技术	新型管理
转换思路	要素优化	技术创新	管理创新

鉴于上一章已经分析了制度结构改革，下两章将分析产业组织结构和产品结构改革，为了避免内容交叉重复，本章只分析狭义角度的创新性动能。

一、完善产业创新机制

白酒行业属于传统行业，不仅企业规模小、布局分散、劳动强度大、生产效率普遍较低，而且依靠经验传承、企业管理粗放、科研投入不够、科技创新不足、技术人才匮乏，形成对白酒行业的科技现代化和管理科学化，以及产品创新、产业升级、食品安全、节能环保等各方面的限制和桎梏。[1] 就四川而言，四川白酒过去的高增长主要依靠要素投入增加和投资扩张驱动，属于典型的粗放式发展模式，面临资源、环境压力，重复投资、低效投资严重，产能过剩突出，并且产业盈利能力不强、抗风险能力弱。因此，四川白酒行业在科研投入、创新人才、创新资源和政策制度等方面有待进一步提高。[2] 随着经济环境改变和白酒行业供求条件的变化，原有粗放式发展模式已经难以为继，增强产业发展的动力、实施集约型发展、推进效率变革是唯一的出路。我国要大力实施创新驱动发展战略，强化创新激励，形成有利于创新的环境，大力推

---

[1] 马勇．马勇：以创新驱动白酒产业发展 [J]．酒世界，2015 (01)：52-53．
[2] 刘康，杨晓宇，凌泽华．四川省白酒制造行业科技创新环境评价与优化对策 [J]．酿酒科技，2015 (7)：127-131．

进白酒产业从要素投入数量、投资规模驱动向依靠要素质量和科技进步的创新驱动模式转变。

要建立与创新发展相匹配的体制机制。以进一步完善产权制度和要素市场化配置为重点，加快产权制度、金融制度和财税制度改革，提高劳动力、资本、土地、技术、管理等资源要素在白酒产业的配置效率。推动酒类产学研一体化体制机制，建立多层次立体型技术创新体系，包括建立以大中型白酒企业为主要载体的产品技术中心、建立行业共性技术中心，共同推进企业采用新技术、新工艺，开发新产品，大力促进企业技术进步、创新发展。强化知识产权创造、保护、运用，不断完善白酒产业人才激励机制和流动机制，培养造就一批具有国际水平的科技领军人才和高水平创新团队，提高白酒产业的创新水平。强化省部院产学研合作，搭建产业技术转移转化平台，形成科研院所与产业紧密联结的技术研发与产业孵化网络体系，建立完善产学研深度融合的协同创新体系。创新科研组织方式，探索"悬赏式""科研众包式"资助。关于部分产业技术类研究，由企业提出研发需求，科技主管部门和企业共同进行"悬赏"。对部分重大关键共性技术，采取"科研众包"的方式，省级科技主管部门组织行业领军机构、企业、首席科学家成立"科研众包"组织，协调相关机构、企业和科研人员参与研发，并负责"任务分包"和经费分配。改革研发费用税收抵免模式，加大对白酒产业名品研发的支持力度，鼓励企业加大研发投入力度，用于新产品的研制、新技术的攻关、新工艺设备的开发，尤其是对智能制造、绿色制造、精益制造工艺技术的开发，以白酒生产智能化，推动整个白酒行业科技创新、工艺创新和管理创新。[①] 大力提高白酒行业要素质量，激发和保护

[①] 张崇和. 四项建言助力破解白酒发展多重掣肘 [EB/OL]. 新华网, 2017-09-26.

企业家精神，加大人力资本投入力度，建立适应创新要素市场化配置的制度环境，实现企业内部资源和生产方式的有效组合，提高管理效率。

二、提高全要素生产率

党的十九大把提高全要素生产率，作为促进经济高质量发展的重要措施。全要素生产率本质上是一种资源配置效率，产业结构优化、企业竞争、创新竞争带来的资源重新配置都能提高全要素生产率。[①] 因此，我们要从优化产业内部结构、市场竞争机制、创新机制等方面推动全要素生产率提高。

首先，要通过提高产业资源配置效率来提高全要素生产率。基本途径是通过体制机制创新，促使生产要素从低生产率部门或地区进入高生产率部门或地区。[②] 因此，我们要通过优化四川白酒产业内部结构来提高全要素生产率，通过新技术应用或产业融合等方式发展白酒产业新业态，消除生产要素自由流动的体制机制障碍，打破地区分割，促进产业资源在四大产区内部、四大产区与非重点产区之间流动。

人才资源是企业最重要的战略资源。四川省要采取多种方式加大四川白酒行业的人才培养和人才储备。白酒行业目前采用经验传授型人才培养方式，这种方式不仅知识体系缺乏系统性，而且培养速度慢、培养数量少，已经不能适应信息社会对知识学习和知识更新的要求。四川白酒企业"走出去"的发展战略需要掌握白酒领域系统性知识并且具有国际视野的白酒专业人才来破局。因此，我们要大力加强四川白酒产业

---

① 以提高全要素生产率推动高质量发展：中国社会科学院副院长蔡昉访谈[J]. 宁波经济（财经视点），2019（8）：3-4.

② 以提高全要素生产率推动高质量发展：中国社会科学院副院长蔡昉访谈[J]. 宁波经济（财经视点），2019（8）：3-4.

的人才培养，按照产业发展趋势和科技创新方向全盘考虑、统筹发展、多层次培养，以四川轻化工大学等普通高等学校和部分职业技术学院为依托，通过行业或企业与高校联手培养白酒专业型人才，破解四川白酒行业专业人才不足的难题。

其次，发挥市场竞争机制的作用。通过市场竞争，行业中的企业进入、退出以及企业的破产或发展能够促进全要素生产率的提高。因此，要完善白酒行业的进入和退出机制，对低效率企业要采取有效措施进行重组盘活，对"僵尸企业"要清理退出，对名优白酒要加大政策支持力度，大力破除无效供给，推动化解过剩产能，逐步淘汰落后企业，增强名优白酒的发展带动力。

最后，鼓励创新。经济学理论表明，创新会带来规模收益递增，而规模收益递增会对企业产生巨大的激励作用。因此，国家要优化创新环境，鼓励企业积极创新，形成企业为主体、市场为导向、产学研相结合的利益分享型创新体系。

总之，要大力实施创新驱动战略，通过多种途径提高产业资源配置效率。为此，我们需要着力清除制约效率提升的各种体制机制障碍，激发企业主体活力，改善供需关系，提高四川白酒产业的配置效率。

三、加快产品和工艺创新

科技创新是增加产品技术含量、降低成本、提高效率的根本途径。从白酒行业来看，产品创新和工艺创新是科技创新的重点领域，是产业发展新动能的重要来源。产品创新将提升白酒的产品差异化程度，增强产品的竞争优势，进而提高企业的利润率水平。其作用机理在于，白酒工艺创新提供了新的生产方法，改变了生产函数的形式，从而降低成本，提高了生产要素的利用效率。此外，现代信息技术在白酒产业的运用降低了市场交易费用，从而促使白酒产业链出现纵向非一体化和垂直分工深化的趋势，即导致白酒产业链纵向产业组织结构重构。[①]

要加强纯粮固态酿造技艺的传承与创新。大力弘扬传统纯粮古法固态酿造技艺，坚持科技创新，围绕微生物群体结构及功能研究，发展群体微生物改良转化技术、新型发酵方式等，改造传统白酒工艺，同时以现代生物技术改进固态发酵方法，实现行业酿造技术突破发展。提高产品质量，推广和使用"纯粮固态发酵白酒标志"，打造四川白酒纯粮固态原酒品牌和特色产品品牌。鼓励新用途白酒的研发、宣传和推广，做优现调鸡尾酒、预调鸡尾酒等新生代白酒新品牌，提升四川白酒品质，提高四川白酒美誉度。

推动名优白酒企业机械化、智能化、绿色化转型。紧密围绕白酒生产关键环节，开展新一代信息技术与装备制造融合的集成创新和工程应用。鼓励名优白酒企业深入推进关键工序智能化、生产控制自动化和供应链优化，大力推广加压蒸粮、固态培菌、控温糖化、小曲低温槽车发酵、机械上甑蒸馏等新技术，逐步向机械化、自动化、信息化酿造生产模式转变，实现酿酒现代化，降低白酒企业生产成本。搭建智能制造网络平台，运用大数据技术加强灌装、包装、成品库、智能管理等领域的研究和运用，推动白酒行业走新型工业化道路。按照绿色发展理念，大力推行清洁生产和低碳发展，严格控制水、电、煤等资源能源消耗，控制排放总量和排放浓度，实现污染防治由末端治理向预防转变，改变重生产、轻环保的现状。开展有关降低粮耗、提高出酒率、废水综合利用、旧瓶循环利用的技术研究，建立生态园区，并解决PET瓶的应用。

强化产品溯源体系建设，全面提升白酒质量可视化水平。鼓励名优

---

① 樊玉然. 科技创新促进白酒产业转型升级作用机理探析 [J]. 经济研究导刊, 2017 (29): 64-65.

白酒企业利用智慧技术，围绕原辅料进行进货查验、生产过程控制、白酒出厂检验三大关键环节，对产品档案、进货记录、原辅材料检验、包材检验、原辅料出库、制曲记录、原酒生产原始记录、勾调记录、灌装记录、基酒平衡管理、风险物质检验、过程检验、成品检验、成品入库、成品出库销售等15大信息进行可视化记录，确保每一瓶酒都可以溯源，让消费者放心。

对四川白酒风格特征进行总结与推广。坚持风味与健康双导向，积极探索四川白酒的独特性，鼓励有条件的企业与科研院校开展多层次合作，从自然资源、酿酒技艺、人文历史等多角度全方位进行研究，总结提炼四川白酒风格特征及其形成机理。进一步挖掘四川白酒品牌价值、浓香内涵和经典意义，提升消费者对四川白酒风格特征的认同度，提炼四川白酒核心口号并加以宣传推广，提升四川白酒整体的影响力和辐射度。

四、促进科研资源整合

四川白酒产业的发展促进了白酒科研的兴起。然而，不可回避的问题是，目前省内白酒相关研究力量过于分散，四川大学、西南财经大学、四川轻化工大学、宜宾学院、四川省和白酒产区市社科联等均有相关研究机构，但没有形成协同研究合力，四川省迫切需要整合省内酒类科研资源，形成科研合力，更好地发挥产业支撑功能。

酒类科研资源整合思路。我们建议以四川轻化工大学为主要依托单位，按照研发设计、产业运营、人才培养三大领域整合省内白酒科研力量。其中研发设计、产业运营以企业需求为中心、以高校和科研院所为依托力量，双方建立常规合作机制，通过项目发布、委托研究等多种方式实施。人才培养由高校承担，其中四川轻化工大学承担研究生和本科层次人才培养，高等职业学院承担职业技能培训。在机构设置上设立独立的白酒大学或学院以便集中高等教育资源；在专业设置和招生人数上要结合白酒企业和行业需求；在培养方式上要加强与企业的合作培养，增强解决实际问题的能力。

酒类科研资源的组织方式。一是组建省级层面的白酒产业高等研究院，以四川轻化工大学为主要依托单位，下设若干研究室（研究方向）和一个项目管理办公室，研究室以现有研究机构（白酒产业研究机构、白酒文化研究机构、白酒技术研究机构）为基础进行整合，项目管理办公室负责项目对接与管理。高等研究院聚焦全国领先、世界一流的蒸馏酒产业政策、营销模式、技术研发于一体的白酒产业发展与技术研究，致力于白酒基础研究和应用研究，是白酒基础研究的探索者、技术和营销创新的引领者、酒体设计的先行者，为白酒这一传统行业不断注入现代科学要素，推动行业高位发展，引领中国白酒走向世界。

二是成立学术性团体四川白酒研究学会。学术性团体具有知识的权威性、学术的前瞻性与领军性和对社会发展的指导性与推动性，是推动白酒学术研究、提高白酒基础研究和应用研究的尖端力量。除了在法律层面规范社团活动，政府还应以省级财政资金设立基本运行基金，保障白酒领域基础性研究，同时多渠道筹措学术性社团的运行资金。在运行模式上，政府除了设立常设机构和理事单位，还要以项目和学术性刊物等为依托，弃置挂靠体制，下放政府职能，提升白酒学术性社团的权威性。

三是加快创办白酒研究的学术期刊。白酒学术期刊是四川白酒研究学会的重要依托，是发布学术成果、进行学术交流的阵地，也是四川白酒发出自己声音的重要渠道。因此，国家要加大对白酒学术期刊的支持力度，提高白酒学术期刊的学术影响力和行业影响力。

通过这些措施，国家最大限度地整合现有研究资源，大力推进政产学研用融合，推动行业技术研发和人才培养，加快科技创新成果转化应用，加固四川白酒产业发展的科技和人才基础。

第三节 优化四川白酒产业的动能转换机制

推动四川白酒产业新旧动能有效转换，需要优化四川白酒产业的动能机制，即根据四川白酒产业各动能的构成及其内部联系，通过一定的方式和途径促使各个动能充分发挥作用，并且获得系统性的动力效果。从前文所述的三种动能的构成来看，体制性动能是基础，创新性动能是关键手段，结构性动能是产业运行状态，三者密切联系。它涉及四川白酒产业的参与主体、动力结构、产业内部结构、产业绩效，需要从参与主体与动力结构、动力结构与产业结构、产业结构与产业绩效等各个部分的关系中来理解。其理论依据源于产业组织理论的 SCP 分析框架，即市场结构决定市场行为，进而决定市场绩效。经济学家迟福林也提出，要以动力变革来推动效率变革，进而促进质量变革，由此形成质量效益明显提高、稳定性和可持续性明显增强的高质量发展新局面。[1]

因此，我们认为，四川白酒产业动能转换的机理在于通过体制改革和机制创新，促进微观、中观层面的动力结构及其作用机制转换，推动产业优化升级，进而实现产业链和产业结构高质量发展。

---

[1] 迟福林．推动高质量发展要加快动力变革［J］．中国中小企业，2018（4）：68-69．

一、协调推进四维度结构变革

（一）以体制机制创新为动能转换提供制度环境

体制机制障碍是供给侧结构性矛盾的内在原因，因此破除体制机制障碍是推进四川白酒产业供给侧结构性改革的先决条件。其作用机理在于，以体制改革和机制创新诱发各类市场主体深入实施供给侧结构性改革，大力推动产业高质量发展。有效的制度安排及其实施机制能够诱发白酒企业提高人力资源水平、提升投入要素质量，能够诱发企业积极进行技术创新和产品研发，也有助于促使创新成果转化为生产力，提高生产率。因此，我们要统筹规划和系统推进白酒行业体制机制创新，协调好国家产业发展的顶层设计和地方具体政策实践，协调好产业管理与企业发展，明确政府和市场各自的功能界限，有效激发和保护企业家精神，促使要素和资源流向富有活力的企业和产区，通过企业家对创新要素的组合运用提高企业管理效率，促使行业持续稳定健康发展。

（二）以动能结构转换为供给侧改革的关键抓手

由高速增长阶段转向高质量发展阶段的重要变化是动能转变。[①] 因此，推动动力结构变革、实现新旧动能转换是推进四川白酒产业供给侧结构性改革的关键。如果动能不转变，改革有可能变成低速度、低质量；如果动能转换顺畅，改革有可能一方面有高速度，一方面又有高质量。

白酒产业属于传统产业，长期以来形成的粗放式发展模式主要关注要素数量投入，忽视要素质量、技术创新和管理因素，并且在实践中重

[①] 郭庆旺，陈诗一，林伯强，等．增长动力转换与高质量发展 [J]．经济学动态，2019（6）：63-72.

转型轻升级。事实上，这些因素不但是白酒产业新动能的主要来源，而且较低的基础或起点还可能使这些新动能具有更大的发展潜力。进一步而言，要素质量、技术创新和管理因素属于微观层面的动能，结构优化属于中观层面的动能。微观层面的动能决定了企业的规模、成本和生产率水平，从而决定了企业的竞争力。具有不同竞争力的企业通过市场机制的调节将决定行业中企业的数量和规模，从而决定产业组织结构。我们由此可以认为，微观层面的动能是产业发展的基本动能，它决定了中观层面的动能，这就要求我们在推动新旧动能转换时注意处理好二者之间的关系。

因此，面对白酒产业的新旧动能转换，我们需要通过制度变革有效激发企业等各类行为主体的活力，大力提高新动能，促使其在微观层面优化要素结构、推动技术创新、提高管理效率。我们通过市场竞争机制推动中观层面的横向产业组织结构和纵向产业组织结构优化，即从微观层面和中观层面加快新旧动能转换，推动形成产业发展的新动能，提高产业发展效率，促进白酒产业优化升级，使其向市场提供优质的产品和服务，推动白酒产业链向中高端迈进，以便更好地满足人民群众多样化、个性化、不断升级的需求。

(三) 以产业质量变革为供给侧改革的目标

四川白酒产业供给侧改革就是要实现产品档次结构、产业链和产业组织结构、产业结构的高级化和现代化发展，是效率变革所要实现的目标。首先，推动商品和服务质量普遍持续提高。为适应新时代满足人民日益增长的美好生活需要，四川白酒产业应当不断提供更新、更好的白酒产品和服务，满足人民群众多样化、个性化和不断升级的需求，既不断改善、丰富人民生活，又引领供给体系和结构优化升级，反过来催生新的需求。如此循环往复、相互促进，就能推动社会生产力和人民生活不断迈上新台阶。因此，四川白酒企业要牢固树立质量第一的理念，把提高四川白酒产业供给体系质量作为主攻方向，开展质量提升行动，向国际先进标准看齐，加强企业、行业的质量管理，在生产流通的各个环节严把质量关。

从产业链看，中国白酒、四川白酒仍然以产品制造为主，总体上处在产业链、价值链的中低端。因此，四川白酒需要抓住供给侧结构性改革这条主线，以动力变革为抓手，以效率变革为方向，以质量变革为目标，围绕产业运行中的新常态、新现象、新问题，着力发展新技术、新产品、新模式、新业态，推动四川白酒产业向产品高级化、产业高端化、产业增长持续化发展。

二、加快推动市场主体行为变革

行为结构变革是指不同的经济活动主体在一定的经济环境中的活动方式所形成的结构的变化，是四川白酒产业供给侧结构性改革的能动力。一般，经济活动的主体主要有政府、企业、消费者，每种类型的主体在经济中的作用和功能不同。本书主要从供给侧角度进行分析，因此涉及的经济活动的主体有政府和企业。

在数量增长阶段，政府具有多重角色：一部分最终产品的购买者、社会管理者、公共服务的提供者、产品或服务的提供者（通过国有企业）。显然，政府既可以影响供给侧，也可以影响需求侧。在新旧动能转换的问题上，国家应该从政府做起，通过处理好政府和市场的关系，带来生产效率的提升。[1] 政府要在保证市场发挥决定性作用的前提下，管好那些市场管不了或管不好的事情。凡属市场能解决的，如生产哪种

---

[1] 郭庆旺，陈诗一，林伯强，等．增长动力转换与高质量发展［J］．经济学动态，2019（6）：63-72.

白酒、生产多少白酒这类问题，政府要放权到位、支持到位、服务到位，不要乱插手乱干预；凡属市场机制无法发挥作用、靠市场不能有效解决的，如打击假冒伪劣商品、加强白酒知识产权保护等方面，政府应当主动补位，该管的要坚决管好，主动把资源配置的主导权让给市场，集中精力做好弥补市场失灵、保持市场稳定、优化公共服务、营造公平竞争环境等方面的工作。

企业是推动新旧动能转换的基本主体。作为市场主体的企业是落实从四川制造向四川创造转变、从四川速度向四川质量转变、从四川产品向四川品牌转变的实施主体。四川白酒产业的转型升级需要以白酒企业的转型升级为前提和基础。当前，企业所处经营环境正面临前所未有的深刻变化，传统产业、传统业务、传统模式面临巨大的挑战，企业原有的竞争优势正被逐步蚕食，新产业、新业态、新模式逐渐展现出前所未有的活力和机遇。面对新时代、新要求，企业不仅要破解当下难题，还要着眼长远，以转型升级应对经济周期、产业更迭和产业政策等的变化，不断适应市场，做大做强，努力实现更高质量的发展。[①]

[①] 聂凯. 以转型升级推动企业实现高质量发展 [J]. 中国产经，2018（6）：64-67.

第十三章

优化四川白酒产业组织结构

产业组织结构优化,其本质含义和要求体现为行业市场绩效的提升。这与四川白酒产业提质增效的方向是一致的。研究表明,产业组织结构优化与行业市场绩效提升之间是一个双向作用的关系。产业组织结构的优化可以促进行业市场绩效的提升,而行业市场绩效的提升又往往需要通过产业组织结构的优化来实现。因此,推动川酒振兴发展需要加快优化产业组织结构,在具体实施中从横向和纵向两个方面进行。

第一节 优化横向产业组织结构

一、横向产业组织优化的标准

（一）以市场绩效作为优化的目标和判定标准

白酒行业产业组织结构优化的目标和判定标准应在于改善行业市场绩效,而不在于盲目反对"垄断"的市场结构即过高的市场集中度。从经济学的视角看,良好的行业市场绩效并不是指较强的行业盈利能力或高额利润率,而是指较高的生产效率和资源配置效率。这是因为,行业在长期中拥有的高额利润率往往是由垄断势力而非高效率带来的。高效率长期带来的较高利润率将会由于竞争对手对高效率管理和技术的模仿以及新企业的加入而趋于消失。这样，长期存在的较强的行业盈利能力必然是由垄断势力带来的，不符合资源配置的效率标准。因此，白酒行业产业组织结构优化的行业市场绩效目标，不应以超额利润来衡量，而应提高生产效率和资源配置效率。

（二）以市场结构适度集中化作为手段

白酒行业横向产业组织结构的优化，应以市场结构的适度集中为手段。白酒行业横向产业组织结构优化的目的在于改善行业市场绩效，且优化程度是以行业市场绩效来衡量的。白酒行业市场结构适度集中，有助于生产效率的提升，从而促进横向产业组织结构的优化。这是因为，一方面，市场结构适度集中有助于规模经济效应的发挥，降低企业平均成本，从而促进行业整体效率提升。同时，适度提高市场集中度，并不必然导致垄断势力的增强。因此，可在降低市场进入退出门槛的同时，适度提高市场集中度，从而提升行业市场绩效。另一方面，市场结构适度集中一般是由优胜劣汰的竞争所导致的，白酒行业内企业之间以生产率差异为基础的竞争，会导致市场份额向生产率高的企业集中，这种集中会使行业整体绩效提升，从而市场结构适度集中会提升行业市场绩效。从资源配置角度看，这个集中是行业内资源跨企业优化配置的过程，即产业组织结构优化的过程。研究表明，有效率的企业可以取得较多的市场份额，这不仅会提高行业市场集中度，还会提高以加权平均数（权数为企业规模）表示的行业利润率。[1] 我国学者简泽对制造业的经验研究发现，企业规模和劳动要素质量对生产率产生正向影响，企业间

---

[1] HAY D A, MORRIS D J. Industrial Economics and Organization: Theory and Evidence [M]. New York: Oxford University Press, 1991: 543-546.

的生产率差异导致了产业重组和经济资源跨企业的再配置：一方面，生产率低的企业逐步退出市场，新企业不断进入市场；另一方面，高生产率的企业不断增加市场份额，而低生产率的企业则不断减少市场份额。产业总量生产率增长的主要原因是跨企业资源配置效率的改善。①

二、横向产业组织优化的原则

基于产业组织理论，四川白酒产业横向产业组织结构优化应遵循以下原则。

第一，以市场绩效为导向。横向产业组织结构的优化，其本质在于良好的市场绩效的实现。经济学所说的良好的市场绩效，是指产业实现较高的资源配置效率和生产效率，而不是获取超额利润。这其实也是产业组织理论各流派的共识。

第二，促进形成可竞争市场条件。具体而言，横向产业组织结构的优化，应尽可能打破非经济因素的进入壁垒。垄断的主要原因则在于非经济因素的进入壁垒，如政府的进入规制。如果没有进入壁垒，企业在技术、生产、组织和管理方式等方面的高效率可以在短期内带来超额利润，但这一超额利润在有效竞争的市场中不可能长期维持。因此，长期超额利润是由进入壁垒所导致的垄断带来的，而不是由大企业的高效率导致的。所以，我们应尽力打破行业进入壁垒。

第三，实现规模经济和有效竞争的协调。具体而言，横向产业组织结构的优化，应注重行业市场集中度的适度提高。市场集中度的适度提高，意味着企业规模的适度扩大。规模的适度扩大可以充分利用规模经济效应，提高生产效率。企业规模适度扩大来解决规模经济效应与行业

---

① 简泽. 企业间的生产率差异、资源再配置与制造业部门的生产率 [J]. 管理世界，2011（5）：11-23.

竞争效应之间存在的矛盾，即"马歇尔冲突"。按照前面第二点的分析，只要不存在进入壁垒，企业规模扩大并不必然导致长期超额利润，亦即并不必然导致垄断。这正是鲍莫尔的可竞争市场理论。

需特别指出的是，行业市场集中度的适度提高，应在市场机制的引导之下进行，而不应由其他力量主导。这是因为，市场集中度适度提高，其目的在于提升全行业的生产效率，来实现较好的行业市场绩效。这一目的的实现，必须遵循优胜劣汰的效率原则，即必须在市场竞争机制的作用下，使市场份额更多地向高效率企业集中。

三、横向产业组织优化的措施

（一）大力发展"腰部"企业

白酒行业的"腰部"企业通常是区域龙头，企业具有一定的规模、产品有一定的特色、品牌有一定的知名度，在创造就业、壮大行业发展力量方面具有重要作用。四川白酒行业的"小金花"企业、"小巨人"企业都属于"腰部"企业。相对于头部企业，这些"腰部"企业获得的政策支持并不多。作为一个产业集群，一方面，没有"腰部"企业的支撑，其发展很难持续；另一方面，"腰部"企业的发展壮大有利于提高产业的整体竞争优势和盈利能力，提高行业市场绩效，因此要高度重视四川白酒行业"腰部"企业的发展壮大。

"腰部"企业在发展中面临双重挤压，即上有一线二线知名白酒企业相关产品和品牌的竞争，下有众多中小型白酒企业的价格竞争。"腰部"企业总体上与行业具有较强的相关性，因此要从产业集群整体角度思考"腰部"企业自身的发展定位，从产业价值链角度思考"腰部"企业自身的竞争优势，加强技术创新，提高产品品质，打造特色产品，从为顾客创造价值的角度，更多关注价值链中的顾客以及产业链上下游企业等相关方，通过差异化的价优产品、配合差异化的细分市场、营销手段和零售渠道，为消费者创造独特价值。"腰部"企业应大力加强专业人才培养，优化企业经营模式，提升企业盈利能力。

从政策角度看，要加大对"腰部"企业的政策支持力度，大力提升"十朵小金花"企业和"小巨人"企业等行业"腰部"的、品牌影响力和竞争优势，促使这些品牌的白酒企业实力稳步提升，打造一批10亿级、30亿级、50亿级白酒"腰部"企业，壮大产业"腰部"力量。

（二）推动产业横向整合

横向整合是按照产业链的某个环节进行横向合并。从产业组织结构角度看，产业集中与集聚是提高资源配置效率和竞争优势的重要途径。我们要加强产业链核心环节的横向合并。关键性整合包括三个方面。一是制造环节整合，提高产品竞争力。通过扩大企业规模，推动市场结构优化。合理的市场结构能够降低生产成本、获取规模经济收益。除了以五粮液为首的"六朵金花"，四川白酒产业中大多数企业平均规模偏小，不仅导致平均成本较高，而且在技术研发、品牌建设方面的投入受到较大限制。另外，区域竞争和世界市场竞争往往要求具有大规模和先进的经济效率，从这个意义上讲，省市政府应鼓励省内白酒企业兼并重组，做大做强一批大型企业集团，同时加快培育一批小巨人企业。四川加强宜宾、泸州、邛崃、绵竹四大原酒供应基地建设，提高原酒质量，整合原酒企业，提高原酒企业竞争力。二是推动白酒产业链酿造设备、物流、营销等核心环节整合，适度提高这些环节的市场集中度，培育发展具有行业影响力的大企业，强化产业集群的重要网络节点的支撑功能。三是大力推进四川白酒企业强强合并，以五粮液、泸州老窖、郎酒为牵头企业，通过并购、重组、联合等方式合并相关优势企业，推动资源向名优白酒企业集中，打造四川白酒行业企业航母，强化优势龙头企业的前向带动力和后向集聚力,充分发挥白酒优质产区带动力,提升四川名优白酒竞争力。关于这方面,川酒集团通过整合国家优质酒、部级优质酒和省级优质酒等实力型优势品牌,丰富产品体系,打造国优品牌矩阵,推动形成四川白酒产业发展新格局。其独特的发展模式值得研究,一些经验值得借鉴。

第二节 优化纵向产业组织结构

合理的纵向产业组织结构能够降低交易成本、提高效率,因此要把形成合理的纵向产业组织结构作为四川白酒产业供给侧改革的重要抓手。我们当前需要重点抓好产业集群的专业化协作,积极发展企业集团,优化战略联盟治理机制等。

一、提升产业集群协作水平

产业集群是一种介于市场和一体化企业之间的中间组织。这种中间组织表现为对完整产业链进行更为合理的分割和整合,也表现为产业链上下游企业之间的紧密合作关系,其依靠产业集群内部企业之间的合作机制、信任机制来配置资源。因此,四川白酒产业集群的优势或经济效应在于,产业集群中的核心企业和协作配套企业实行高度分工协作,专注酒类产业链上自己的核心优势环节,实现规模经济,并通过地理上的邻近和相互之间的信任机制节约交易成本,以及通过集群学习效应增强集群的创新能力。因此,针对四川白酒产业集群存在的问题,我们需要采取以下措施。

（一）强化核心企业的带动力

白酒产业集群内产业链上，处于纵向各环节的企业，它们之间的关系属于前述企业网络组织的范畴。该关系既非纯粹的市场关系，又非一体化科层组织的内部关系，而是兼具了二者的部分特点。在该产业集群的企业网络组织中，核心酿造企业（如五粮液、泸州老窖、剑南春等）应专注自己的核心能力，将价值链上的非核心环节分离出去，与上游供应商、下游物流服务商、渠道商等配套协作，使企业之间结成紧密合作的关系。[①] 这样，核心酿造企业凭借其强大的核心能力，使自己的权威力量跨越企业边界而涉足企业网络组织内，从而增强核心企业的带动力。同时，非核心环节由独立企业承担，它可以发挥规模经济效应，提高效率。例如，核心企业对原材料供应商的技术指导、质量监控就是上述权威力量的跨越现象。核心企业与配套企业之间的这种关系，一方面节约了市场交易费用，另一方面又节约了一体化组织内部的协调和激励成本。这种关系也顺应了当今产业组织的垂直解体和网络化的大趋势。

（二）提高产业集群内部专业化协作能力

专业化分工系统与协作网络是产业集群的生命力。通过专业化分工协作能够提高生产效率、降低市场交易成本。具体来说，产业集群的大型核心白酒酿造企业应"归核化"，聚焦核心能力的培养，重视专业化分工协作体系的构建，与原材料供应商、工具及机械生产供应商、包装供应商、物流服务供应商之间建立稳定的供应、生产、销售等协作关系，提高专业化协作水平，从而降低交易成本。中小协作配套企业及其他社会服务机构应注重专用性投资的投入，提升中间产品及生产性服务的质量，增加合作收益，从而提升产业链整体效率。提高产业链条上各

[①] 黄元斌，樊玉然，叶文明."中国白酒金三角"产业链垂直专业化研究 [J]. 食品工业科技，2014，35（7）：28-31.

链环产业的集中度，使其协调发展，避免产业链单个环节的跨越式发展导致产业链失衡。泸州酒业集中发展区模式值得借鉴。该园区以白酒生产加工为枢纽，连接上下游产品配套产业，吸纳了包材、物流等企业入驻园区。这种产业集群发展模式，通过园区把白酒产业链上的有关环节整合起来，形成一种契约式的发展关系，最大限度地降低了企业发展的风险。当然，这需要产业链纵向治理机制的优化设计，来确保合作收益的合理分配、激发产业链上游供应商的积极性。

（三）推动全省白酒产业集群协调发展

四川要统筹各白酒产业集群的发展目标、发展方向、发展重点，改变目前四川白酒产业内部的同质化竞争方式，推动形成四川白酒产业发展新格局。一方面，要推动各产业集群差异化发展，根据各产业集群的特色和优势，按照产业全生命周期发展趋势和专业化要求，统筹四大优势产区白酒资源配置，形成错位发展的格局。另一方面，要建立各产业集群之间的交流与合作机制，加强产品技术标准、人才培养等领域的交流与合作，形成良性竞合关系。我们建议四川成立以白酒头部企业为核心的全省白酒产业集群协调发展委员会，形成定期和不定期联席会议制度，共商四川白酒产业千年发展大计。四川已经成立的一些白酒产业联盟可作为具体领域的合作平台纳入协调发展委员会中进行统筹。

（四）完善产业集群基础设施

不断完善白酒产业集群的制度基础设施和技术经济基础设施，加快完善产学研用协同创新网络，采取多种形式建立白酒产业集群研发中心、设计中心和工程技术中心等。加快建设白酒产业集群展览展示平台、电子商务平台等公共营销渠道。支持白酒产业集群公共服务平台建设，采取多种形式扩大公共服务的覆盖面和受益面，不断降低市场交易成本，推动四川白酒产业集群转型升级。

二、推动产业链高端化

产业链高端化不仅能够提升产业附加值,而且契合我国消费结构升级大趋势,是推动四川白酒产业供给侧结构性改革的重要途径。我们要加快推动四川白酒产业链由价值链低端向中高端转变升级,推动高附加值产品替代低附加值产品。四川白酒产业链升级路径有以下几种。

(一) 产业价值链向中高端升级

充分利用我国经济高质量发展和消费结构升级带来的机遇,树立创新驱动和品牌立业的战略理念,推动酿造工艺升级和产品升级,引导企业努力向"微笑曲线"两端攀升(见图13-1),加快产品研发、设计、售后服务、品牌运作等生产性服务业领域的升级步伐。① 尤其是五粮液、泸州老窖、郎酒、剑南春等龙头企业,它们应遵循产业价值链高端化发展趋势,根据自身发展战略和发展定位,对白酒产业链的相关环节进行垂直整合,提高企业核心竞争优势,带动产业集群发展。

(二) 产业价值链再造

通过"新分工"和"新价值"发展白酒产业价值链中高端,如研发设计可拆分为工艺设计、产品开发、设备研发,这为大型名优企业提供了占据价值链高端的商业机会;发展第三方检验检测认证服务,加强原料供应、基酒酿造、调制贮存、包装物流等重点环节的检测,通过产品质量检测服务创造价值;构建白酒生态圈、延伸产业链,整合多方资源,使白酒生产、流通、消费、投资有机结合,形成良性互动,从而产生新的竞争优势。近年来,正在兴起的白酒酒庄是一种新的产业业态,

---

① 曾祥凤.我国白酒产业战略转型路径研究[J].四川理工学院学报(社会科学版),2017,32(1):1-13.

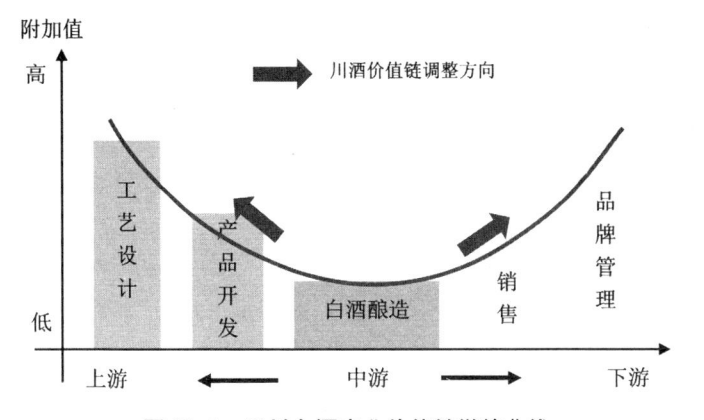

图 13-1 四川白酒产业价值链微笑曲线

应支持具备条件的龙头企业加快发展白酒酒庄，加强规划引领，促进白酒酒庄集群化发展。

第十四章

优化四川白酒产业产品结构

产品结构的调整和优化，不仅要考虑不同市场结构对提高竞争力的要求，还要考虑消费趋势和消费结构的变化。按照增品种、提品质、创品牌的要求，我们着力优化四川白酒产品结构，向市场提供符合美好生活需要的优质白酒。因此，四川白酒产品结构优化的基本思路是在坚持纯粮固态酿造白酒的基础上，提高浓香型白酒的优势，加快发展酱香型白酒，进一步优化品种结构；大力推动技术创新，全面加强质量管理，提高四川白酒产品品质；以"四川白酒"地理品牌为统领，以做强中高端品牌、做大做优"小金花"等中低端品牌为重点优化四川白酒品牌结构。

第一节　优化白酒品种结构

一、提升纯粮固态酿造白酒工艺

纯粮固态酿造工艺是四川白酒酿造工艺的优势，虽然工艺流程复杂，但口感醇和、饱满，而且该方法酿造的白酒含有不少人体健康所必需的营养物质，酒质好，能够更好地满足人民日益增长的美酒需要。要推进纯粮固态酿造工艺的传承和发展，发挥四川浓香型白酒的优势，做优做强现有白酒品种。深入挖掘纯粮固态酿造文化，大力弘扬传统纯粮古法固态酿造工艺，推广和使用四川"纯粮固态发酵白酒标志"，巩固和增强四川白酒的酿造优势。加强纯粮固态酿造技艺创新，鼓励发展新生代白酒新产品，满足人民对美酒的多样化需求。优质白酒离不开优质原粮，后者在保障白酒品质、提升出酒率及酒体风味方面都有不可替代的作用。我们要加强酿酒专用粮基地建设，优化与农户合作发展模式，确保优质原粮供应，打牢品质基础，以纯粮固态酿造助推四川白酒产业高质量发展。

二、大力发展酱香型白酒

随着我国居民收入的持续增长，未来消费结构将进一步多元化，人们对香型的多样性需求会增加。从四川的自然环境看，浓香型的体量和规模已经接近瓶颈，发展酱香型白酒具有四大优势：一是茅台留下的巨大价格空间，未来拥有较大的发展空间，也可以在一定程度上回避四川白酒企业之间的竞争和内耗；二是酱香型白酒产能稀缺，并且全国化的品牌稀少，未来增长空间很大；三是产业集群成熟，具有技术和成本优势；四是自然条件，川南具有发展酱香型白酒的优越条件，尤其是泸州位于酱酒黄金产区——赤水河流域，具有独特的气候条件和最佳的酿酒环境。

"十四五"期间，四川白酒产业除了巩固郎酒的现有竞争优势外，可从以下方面加快酱香型白酒的发展。（1）大力发展中端酱香型白酒。茅台留下了巨大的价格空间，其高端价格由郎酒发力填补，新企业、新产能的重点是发展中端市场。一方面，弥补四川白酒在酱酒中端市场的不足；另一方面，避免与郎酒直接竞争。仙潭酒业具有较好的规模和品牌优势，可作为重点培育企业。（2）发展模式可通过与特色旅游相结合，发展酒庄白酒，走中小型企业高端化的发展模式。（3）以文化促品牌，注重酱酒品牌的文化建设，讲好品牌故事。以质量强品牌，通过过硬的质量满足人民日益增长的美好生活需要。以数字化技术传播品牌，大力发展品鉴体验，加强模式创新。（4）加快酱酒领域的专业人才培养。

三、积极开发新产品

随着我国居民收入的快速增长和消费能力的不断提高，人民的消费观念和消费模式也在不断改变，消费结构不断升级，消费理念呈现理性、个性、多元的新特征，人们在消费中更加注重产品和服务的质量。因此，白酒企业应主动调整产品结构，开发符合消费趋势的新产品。

（一）加大低度白酒开发力度

低度白酒逐步成为白酒消费的主流。目前，国内白酒消费形态发生很大变化，主要表现为个体饮用比例下降，社交饮用占比提高。由于社交饮酒频次较多，饮用时比较注意个人形象，消费者更希望酒入口具有柔和、淡雅的特点，不容易喝醉，而低度白酒正适合这样的消费诉求。我们要坚持中国白酒的纯粮固态发酵独特技术路线，加大技术攻关力度，在保持口感、风味等原酒型风格的情况下不断降低酒度，大力开发中高端低度系列产品，满足消费者的新型消费需要。

（二）积极发展白酒新产品

积极发展预调鸡尾酒等新生代白酒新产品。当前，社会经济环境正在发生重大变化，我们要遵循白酒消费升级大趋势，通过白酒行业供给侧结构性改革，持续推进以工艺创新、酒体创新为核心的产品创新，破解白酒消费年轻化、国际化难题，研发面向年轻化、时尚化、国际化市场的白酒产品，继续推进融合香型白酒研发，打造更具多样性的白酒产品，打通国内外新兴酒饮市场。鼓励名优白酒企业通过产业联盟方式，在巩固传统酿造技艺的基础上，引入生物工程、基因工程、现代信息技术，研发更适合消费大众新口感、新要求的新产品。

第二节　优化白酒品质结构

四川白酒企业众多，中小企业数量大、占比高，但不少中小企业的产品科技含金量较低、产品质量相对较低，不能满足人民对美好生活的需要。产品质量问题是生产中质量安全管理缺陷的直接结果，因此我们要在白酒生产过程中采取措施，深入践行工匠精神，练好品质内功，推动四川白酒品质结构优化。

一、强化企业产品质量管理

目前，白酒生产仍存在一定的质量安全隐患，如个别地方白酒生产许可管理不严，企业存在超范围超限量使用食品添加剂、以液态法白酒或固液法白酒冒充固态法白酒、白酒中邻苯二甲酸酯类物质污染等问题。为进一步提升白酒生产企业质量安全保障能力和白酒质量安全整体水平，我们需要采取有效措施进一步加强白酒质量安全监督管理工作，督促企业切实保障白酒质量安全，促进白酒行业持续健康发展。

（一）推动建立白酒行业产品质量标准体系

产品品质是决定企业发展的核心。原中国酒业协会理事长王延才强调，白酒企业要专注质量品质提升，传承经典，专注品质不懈创新、精益求精，酿造极致化的产品。① 白酒企业要以产品品质为导向，建立白酒行业产品质量标准体系，严格落实白酒生产企业主体责任，从源头上保障白酒质量安全。企业应严格依照法律法规、食品安全标准和生产许可条件组织生产，落实对已发现的质量安全问题进行整改的措施，不使用非食品原料生产白酒，严禁超范围超限量使用食品添加剂，加强白酒出厂检验，严格规范标签标注行为，通过建立质量安全授权人等制度，落实白酒生产企业的主体责任，从源头上保障白酒的质量安全。② 提高四川白酒中坚力量的产品质量，推动十朵小金花和小巨人企业的产品质量提升，支持这类企业建立技术中心、重点实验室，加强技术创新，稳步提升白酒出酒率、优质率。

(二) 日常检查与重点环节的监督管理相结合

我国要加强日常监督检查，将白酒作为高风险产品从严监管，对获证白酒生产企业全面实施风险等级评定，并根据监管情况进行动态调整。增加日常监督检查频次，对发现的问题责令限期整改并加强跟踪督促；持续加大对白酒产品的抽检监测力度，做到企业、品种、项目全覆盖。加强白酒行业重点环节的监督管理。从产业链的生产、流通、餐饮三个不同环节来看，生产领域白酒监督抽检不合格样品比例高，发生食品安全问题的概率较大。因此，白酒的监督管理工作，需要将重心向生产领域倾斜。③ 大力提高酿酒原料质量，强化生产酿造过程中入窖水分、发酵酸度、发酵温度、淀粉含量等关键指标监测，严厉打击非法使

---

① 王延才．白酒行业、产量相对稳定产业结构和产品结构发生巨大变化 [EB/OL]．证券日报网，2019-03-25．
② 郑淼，岳红卫，钟其顶．白酒质量安全风险及其控制 [J]．食品科学技术学报，2016，34 (2)：18-23．
③ 胡康，王雅洁，杨冰，等．白酒质量安全风险分析与防范 [J]．中国酿造，2019，38 (8)：216-223．

用添加剂和超量使用添加剂行为。加强四大白酒产区的产品质量监管，严厉打击制售假冒伪劣白酒产品的违法犯罪行为。

（三）强化产品溯源体系建设

鼓励名优白酒企业利用大数据和智能化技术，围绕原辅料进货查验、生产过程控制、白酒出厂检验三大关键环节，对产品档案、进货记录、原辅材料检验、包材检验、原辅料出库、制曲记录、原酒生产原始记录、勾调记录、灌装记录、基酒平衡管理、风险物质检验、过程检验、成品检验、成品入库、成品出库销售等进行可视化记录，确保每一瓶酒都可以溯源，让消费者放心消费。

二、加强散装白酒的全流程监管

散装白酒的质量安全隐患不仅是在生产环节，在流通环节往往还会出现销售者掺假的现象。散装白酒的消费群体广、消费范围分布广，这给监管带来了很大困难。因此，在有限的行政资源下，我们要提高散装白酒监管工作的效率。在监督抽检力量分配方面，我们应将有限的监督管理力量，向乡村、散装白酒等发生质量安全风险较高的区域倾斜。[1]国家要根据白酒技术标准和市场实际情况，适时调整和完善散装白酒行业的相关政策制度。政府要健全监督体系，加大白酒监督抽检和风险监测工作力度，以白酒生产加工企业、白酒小作坊、经营散装白酒的餐饮单位、白酒现制现售经营户、小摊贩和散装白酒经营户为重点单位，以白酒及散装白酒批发市场、城乡结合部和农村、人流量大的食品集会市场、农村集体聚餐地点为重点场所，以甲醇、杂醇油、塑化剂、甜味剂

---

[1] 胡康，王雅洁，杨冰，等. 白酒质量安全风险分析与防范 [J]. 中国酿造，2019，38（8）：216-223.

等为重点项目，加大散装白酒从生产到流通到消费的全过程监督检查和抽检监测力度，增加抽检监测频次，增加抽检监测数量，提高监督抽检和监管执法效能。政府要重视社会监督，积极宣传散白酒知识，提高人们的质量安全意识，同时为消费者提供方便有效的投诉、反馈渠道，及时维护消费者的权益。

第三节 优化白酒品牌结构

品牌建设事关供给侧结构性改革和产业高质量发展。四川白酒尤其是名优白酒要树立品牌立业的企业理念，深入践行工匠精神，打造更多的百年老店，大力培育四川品牌、宣传四川品牌，推动四川白酒品牌提升市场竞争力。

一、完善四川白酒品牌结构体系

适应消费结构升级大趋势，完善品牌发展战略，实施错位竞争，形成高端品牌、中端品牌、低端品牌组成的品牌结构体系。

（一）巩固提升高端品牌

五粮液、泸州老窖（国窖1573）等一线名酒要坚持高端品牌战略，深入拓展高端商务市场。这类高端白酒在历史文化、酿造工艺、品质各方面超越了同类产品，具有发展为奢侈品的条件，并要瞄准国际知名品牌的目标，加强酒文化建设，加大品牌运作力度，以"工匠精神"大力打造世界白酒名牌，提升国际竞争力。

（二）做强中高端品牌

剑南春、水井坊、沱牌舍得等二线名酒品牌要进行全国重点市场布局，提升国内知名度，打造超级大单品，通过大单品带动系列酒发展。要扩大四川酱香型白酒中端品牌的规模和提高其竞争力。郎酒应针对高端消费提出更有吸引力的品牌价值主张，加强酒文化建设，通过科技创新和品牌运作提升竞争力，争取进入一线名酒集团。

（三）做大做优中低端品牌

十朵小金花、小巨人企业和其他名优白酒等三线品牌要立足本区域市场，解决品牌诉求同质化现象，实施"特色化""差异化""区域化"品牌发展战略，打造区域强势品牌，壮大四川白酒"腰部"集团。这样可以推动具有品牌和市场优势的企业进入二线名酒梯队。

（四）规范发展低端品牌

其余规上企业要积极推进品牌建设，开发大众型产品，紧随潮流、控制数量、提升质量，打造"亲民""实惠""时尚"的品牌形象，精耕区域细分市场。

（五）推进原酒品牌化发展

政府要严格执行《固态法浓香型白酒原酒》标准评价体系，加大对优质原酒企业的扶持力度，通过建立原酒股权投资基金等方式解决原酒企业的资金难题，支持原酒企业加强品牌建设；推动原酒产区差异化发展，打造原酒区域品牌；通过原酒企业联盟推动原酒企业之间的合作，推进原酒企业的技术创新和人才培养共享。

二、做强四川白酒地理品牌

政府、行业协会和企业等多方主体共同构建四川白酒区域品牌体系，充分利用四川白酒行业内部大量企业以及相关配套形成空间集聚，推动集群内众多企业品牌快速发展，形成以"四川白酒"品牌为统领，各类产品品牌协同共进、充分发展的川酒地理品牌体系。[1] 这个体系包括两大类：一类是区域品牌体系，一类是企业品牌体系。其中，四川白酒区域品牌体系属于区域公用品牌，由"1+4"区域品牌组成，即"四川酒"+"泸州酒""宜宾酒""绵竹酒""邛酒"，并且"泸州酒""宜宾酒""绵竹酒""邛酒"都要标识"四川酒"；企业品牌体系由四个层次的品牌梯队组成，即五粮液、泸州老窖、郎酒（争取"十四五"进入）为代表的一线高端品牌，以剑南春、水井坊、沱牌舍得等二线品牌为代表的中高端品牌，以十朵小金花和其他名优白酒等三线品牌为代表的中低端品牌，以其余规上企业为支撑的低端品牌，企业获得许可才能标识区域公用品牌。

---

[1] 杨柳，伏伦，王建民. 四川白酒区域品牌伞：理论逻辑与实施框架［J］. 酿酒科技，2019（8）：132-138.

参考文献

一、著作

[1] 陈郁. 企业制度与市场组织：交易费用经济学文选［M］. 上海：上海三联书店，上海人民出版社，1996.

[2] 马克思. 资本论：第二卷［M］. 北京：人民出版社，1975.

[3] 毛泽东. 毛泽东选集：第一卷［M］. 北京：人民出版社，1991.

[4] 沈怡方. 白酒生产技术全书［M］. 北京：中国轻工业出版社，2007.

[5] 孙宝国. 中国传统酿造食品行业技术与装备发展战略研究［M］. 北京：科学出版社，2020.

[6] 王延才，宋书玉，杨柳. 中国白酒产业发展报告（2017—2018）［M］. 北京：中国轻工业出版社，2018.

[7] 杨蕙馨，冯文娜. 中间性组织研究：对中间性组织成长与运行的分析［M］. 北京：经济科学出版社，2008.

[8] 杨柳，胡建中，杨毅，等. 四川白酒产业发展报告［M］. 北京：中国轻工业出版社，2015.

[9] 中共中央马克思恩格斯列宁斯大林著作编译局. 马克思恩格斯选集：第2卷 [M]. 北京：人民出版社, 2012.

[10] 中共中央文献研究室. 三中全会以来重要文献选编：下 [M]. 北京：中央文献出版社, 2011.

[11] 中国酒业协会, 中国酒业年鉴编委会. 中国酒业年鉴（2012—2013）[M]. 北京：中国轻工业出版社, 2015.

[12] 中国酿酒工业协会, 中国酿酒工业年鉴编委会. 中国酿酒工业年鉴（2009）[M]. 北京：中国轻工业出版社, 2011.

[13] 中国酿酒工业协会, 中国酿酒工业年鉴编委会. 中国酿酒工业年鉴（2010—2011）[M]. 北京：中国轻工业出版社, 2012.

[14] 中华人民共和国国家统计局. 中国统计年鉴2015 [M]. 北京：中国统计出版社, 2015.

[15] 中华人民共和国国家统计局. 中国统计年鉴2020 [M]. 北京：中国统计出版社, 2020.

二、译著

[1] 波特. 竞争优势 [M]. 陈小悦, 译. 北京：华夏出版社, 1997.

[2] 柯武刚, 史漫飞. 制度经济学：社会秩序与公共政策 [M]. 韩朝华, 译. 北京：商务印书馆, 2000.

[3] 科斯. 论生产的制度结构 [M]. 盛洪, 陈郁, 等译. 上海：上海三联书店, 1994.

[4] 诺思. 制度、制度变迁与经济绩效 [M]. 杭行, 译. 韦森, 译审. 上海：格致出版社, 上海三联书店, 上海人民出版社, 2014.

[5] 施蒂格勒. 产业组织和政府管制 [M]. 潘振民, 译. 上海：

上海人民出版社，上海三联书店，1996.

［6］瓦尔拉斯．纯粹经济学要义［M］．蔡受百，译．北京：商务印书馆，1989.

三、期刊

［1］四川省酒类管理条例［J］．四川政报，1991（9）．

［2］产业结构调整指导目录（2005年本）［J］．中华人民共和国国务院公报，2006（3）．

［3］2006年白酒产品质量国家监督抽查：合格率77.4%［J］．中国酒，2007（10）．

［4］商务部关于废止和修改部分规章和规范性文件的决定［J］．中华人民共和国国务院公报，2016（35）．

［5］艾四林，康沛竹．中国社会主要矛盾转化的理论与实践逻辑［J］．当代世界与社会主义，2018（1）．

［6］白显良，崔建西．中华人民共和国成立70年来我国社会主要矛盾变化的三重逻辑［J］．思想教育研究，2019（8）．

［7］鲍芳修，刘海燕．政府管制过程中的制度供给过剩［J］．湖北社会科学，2010（9）．

［8］本刊讯．四川名优白酒联盟成立［J］．中国酒，2019（3）．

［9］边菲斐．中国制造业行业供给侧改革对产品结构的影响分析［J］．商业经济研究，2017（8）．

［10］以提高全要素生产率推动高质量发展：中国社会科学院副院长蔡昉访谈［J］．宁波经济（财经视点），2019（8）．

［11］蔡旺．不平衡不充分发展的政治经济学审视及其对策［J］．

改革与战略，2018，34（12）.

［12］陈灿芬．我国社会主要矛盾变化的依据、意义及要求［J］．学习与实践，2018（2）.

［13］陈红儿，刘斯敖．中间性组织理论评析［J］．经济学动态，2003（7）.

［14］陈理．深刻理解新时代的依据、内涵和意义［J］．党的文献，2019（3）.

［15］陈奇斌．供给侧结构性改革中的政府与市场［J］．学术研究，2016（6）.

［16］陈树文，庞坤缺．新中国成立以来党对社会主要矛盾的认识［J］．马克思主义理论学科研究，2019，5（6）.

［17］迟福林．以高质量发展为核心目标建设现代化经济体系［J］．行政管理改革，2017（12）.

［18］丛松日，李昭昱．供给侧结构性改革：化解我国当前社会主要矛盾的主线［J］．江西社会科学，2019，39（1）.

［19］崔万田，周晔馨．正式制度与非正式制度的关系探析［J］．教学与研究，2006（8）.

［20］邓姗．四川白酒产业技术创新联盟成立［J］．食品与发酵科技，2009，45（3）.

［21］董小君．如何认识新时代我国社会主要矛盾的变化［J］．理论探索，2020（3）.

［22］窦玲．东西部区域经济制度供给的差异及其原因［J］．西北大学学报（哲学社会科学版），2010，40（5）.

［23］段治文．70年来社会主要矛盾的逻辑演变［J］．人民论坛，

2019（33）.

［24］樊玉然．科技创新促进白酒产业转型升级作用机理探析［J］．经济研究导刊，2017（29）.

［25］樊玉然，李一鸣．基于机制创新的产业链纵向治理优化研究［J］．商业研究，2011（12）.

［26］方敏．政治经济学视角下的供给侧结构性改革［J］．北京大学学报（哲学社会科学版），2018，55（1）.

［27］冯俏彬，贾康．投资决策、价格信号与制度供给：观察体制性产能过剩［J］．改革，2014（1）.

［28］高敏，刘清华．中国酒业应通过数字化和智能化实现转型升级［J］．金融世界，2019（11）.

［29］高培勇．深刻理解社会主要矛盾变化的经济学意义［J］．经济研究，2017，52（12）.

［30］高培勇．理解、把握和推动经济高质量发展［J］．经济学动态，2019（8）.

［31］高培勇，杜创，刘霞辉，等．高质量发展背景下的现代化经济体系建设：一个逻辑框架［J］．经济研究，2019，54（4）.

［32］高文兵．供给侧改革须重视新技术革命和产业变革背景［J］．学习月刊，2016（3）.

［33］郭国祥，丁建芳．准确把握新时代论断的科学内涵［J］．毛泽东思想研究，2019，36（6）.

［34］郭建．关于新时代社会主要矛盾转化的再思考［J］．思想理论教育导刊，2020（7）.

［35］郭克莎．坚持以深化供给侧结构性改革推进产业结构调整升

级［J］．经济纵横，2020（10）．

［36］韩喜平，金光旭．准确把握新时代社会主要矛盾的科学内涵［J］．马克思主义理论学科研究，2018，4（2）．

［37］贺强，王汀汀．供给侧结构性改革的内涵与政策建议［J］．价格理论与实践，2016（12）．

［38］胡鞍钢，程文银，鄢一龙．中国社会主要矛盾转化与供给侧结构性改革［J］．南京大学学报（哲学·人文科学·社会科学），2018，55（1）．

［39］胡鞍钢，王然．科学把握中国特色社会主义新时代的强国战略：访清华大学文科资深教授胡鞍钢［J］．高校马克思主义理论研究，2018，4（1）．

［40］胡鞍钢，鄢一龙．我国发展的不平衡不充分体现在何处［J］．人民论坛，2017（S2）．

［41］胡洪彬．十九大以来新时代社会主要矛盾若干问题研究述评［J］．理论月刊，2019（9）．

［42］胡志刚．市场结构理论分析范式演进研究［J］．中南财经政法大学学报，2011（2）．

［43］黄群慧．论中国工业的供给侧结构性改革［J］．中国工业经济，2016（9）．

［44］黄勇．供给侧结构性改革中的竞争政策［J］．价格理论与实践，2016（1）．

［45］吉嘉伍．新制度政治学中的正式和非正式制度［J］．社会科学研究，2007（5）．

［46］贾康．中国供给侧结构性改革中创新制度供给的思考［J］．

区域经济评论，2016（3）.

［47］贾康. 从我国社会主要矛盾的转化看供给侧结构性改革［J］. 经济，2017（23）.

［48］贾康. 建设新时代的现代化经济体系：从我国社会主要矛盾的转化看以供给侧结构性改革为主线［J］. 人民论坛·学术前沿，2018（5）.

［49］贾康，苏京春. 论供给侧改革［J］. 管理世界，2016（3）.

［50］简泽. 企业间的生产率差异、资源再配置与制造业部门的生产率［J］. 管理世界，2011（5）.

［51］江飞涛，李晓萍. 改革开放四十年中国产业政策演进与发展：兼论中国产业政策体系的转型［J］. 管理世界，2018，34（10）.

［52］金碚. 供给侧政策功能研究：从产业政策看政府如何有效发挥作用［J］. 经济管理，2017，39（7）.

［53］柯颖，王述英. 模块化生产网络：一种新产业组织形态研究［J］. 中国工业经济，2007（8）.

［54］赖登燡. 中国十种香型白酒工艺特点、香味特征及品评要点的研究［J］. 酿酒，2005（6）.

［55］李丹，吴祖宏. 产业组织理论渊源、主要流派及新发展［J］. 河北经贸大学学报，2005（3）.

［56］李光宇. 论正式制度与非正式制度的差异与链接［J］. 法制与社会发展，2009，15（3）.

［57］李尽梅，王凯. 供给侧结构性改革背景下传统产业不同组织模式的效率研究：基于新疆36个棉纺企业的DEA模型实证分析［J］. 学术论坛，2017，40（5）.

[58] 李君如. 社会主要矛盾新变化和中国特色社会主义新时代 [J]. 中共党史研究, 2017 (11).

[59] 李凯, 郭晓玲. 产业链的垂直整合策略研究综述 [J]. 产经评论, 2017, 8 (3).

[60] 李慎明. 正确认识中国特色社会主义新时代社会主要矛盾 [J]. 红旗文稿, 2018 (5).

[61] 李晓华. 产业组织的垂直解体与网络化 [J]. 中国工业经济, 2005 (7).

[62] 李志俊, 原鹏飞. 产业供给侧结构性改革的影响及效果研究: 基于产业结构变动的视角 [J]. 经济经纬, 2018, 35 (2).

[63] 梁强, 李新春, 郭超. 非正式制度保护与企业创新投入: 基于中国民营上市企业的经验研究 [J]. 南开经济研究, 2011 (3).

[64] 林涛. 供给侧结构性改革推动经济增长动力转换研究 [J]. 理论探讨, 2016 (6).

[65] 林兆木. 坚持以供给侧结构性改革为主线 [J]. 新湘评论, 2019 (5).

[66] 郭庆旺, 陈诗一, 林伯强, 等. 增长动力转换与高质量发展 [J]. 经济学动态, 2019 (6).

[67] 刘海凌, 何眉. 从我国经济发展"新常态"看供给侧改革 [J]. 财会研究, 2016 (1).

[68] 刘和旺, 王春梅. 西方新产业组织理论述评 [J]. 学习与实践, 2013 (7).

[69] 刘戒骄, 张小筠, 王文娜. 新中国70年产业组织政策变革及展望 [J]. 经济体制改革, 2019 (3).

[70] 刘世锦. 推进供给侧结构性改革, 促进产业升级 [J]. 全球化, 2016 (2).

[71] 刘同舫. 新时代社会主要矛盾背后的必然逻辑 [J]. 华南师范大学学报 (社会科学版), 2017 (6).

[72] 刘务勇. 制度均衡与制度变革 [J]. 商业时代, 2012 (4).

[73] 刘向耘. 以供给侧结构性改革突破产业结构调整困境 [J]. 南方金融, 2017 (1).

[74] 刘须宽. 新时代中国社会主要矛盾转化的原因及其应对 [J]. 马克思主义研究, 2017 (11).

[75] 刘洋. 纵向一体化理论述评 [J]. 华南理工大学学报 (社会科学版), 2002 (1).

[76] 刘志彪. 均衡协调发展: 新时代赶超战略的关键问题与政策取向 [J]. 江苏行政学院学报, 2018 (1).

[77] 卢现祥. 论制度变迁中的制度供给过剩问题 [J]. 经济问题, 2000 (10).

[78] 陆铭, 李爽. 社会资本、非正式制度与经济发展 [J]. 管理世界, 2008 (9).

[79] 栾亚丽, 宋则宸. 新时代中国社会主要矛盾转化及其深远影响 [J]. 宁夏社会科学, 2018 (1).

[80] 罗朝远. 新时代社会主要矛盾理论的三个解读维度 [J]. 重庆社会科学, 2019 (12).

[81] 罗富政, 罗能生. 地方政府行为与区域经济协调发展: 非正式制度歧视的新视角 [J]. 经济学动态, 2016 (2).

[82] 吕普生. 论新时代中国社会主要矛盾历史性转化的理论与实

践依据［J］．新疆师范大学学报（哲学社会科学版），2018，39（4）．

［83］吕之望，李雄斌．关于制度供给过剩的一个框架［J］．西北大学学报（哲学社会科学版），2004（2）．

［84］马智胜，马勇．试论正式制度和非正式制度的关系［J］．江西社会科学，2004（7）．

［85］聂辉华．社会主要矛盾转化的经济学分析［J］．经济理论与经济管理，2018（2）．

［86］牛丽贤，张寿庭．产业组织理论研究综述［J］．技术经济与管理研究，2010（6）．

［87］牛晓帆．西方产业组织理论的演化与新发展［J］．经济研究，2004（3）．

［88］潘石，尹栾玉．政府规制的制度分析与制度创新［J］．长白学刊，2004（1）．

［89］逄锦聚．马克思生产、分配、交换和消费关系的原理及其在经济新常态下的现实意义［J］．经济学家，2016（2）．

［90］逄锦聚．深刻认识和把握新时代我国社会主要矛盾［J］．经济研究，2017，52（11）．

［91］齐东平．中间性组织的必要性及其组织功能［J］．中国工业经济，2005（3）．

［92］瞿晓琳．新中国成立以来党对我国社会主要矛盾的历史研判及其民生效应［J］．湖北社会科学，2020（2）．

［93］任保平，蒋万胜．经济转型、市场秩序与非正式制度安排［J］．学术月刊，2006（9）．

［94］任毅．供给侧改革背景下我国食品行业转型发展研究［J］．

食品工业科技，2016，37（10）．

［95］沈坤荣．以供给侧结构性改革为主线，提升经济发展质量［J］．政治经济学评论，2018，9（1）．

［96］师博，张冰瑶．新时代、新动能、新经济：当前中国经济高质量发展解析［J］．上海经济研究，2018（5）．

［97］舒展，罗小燕．新时代社会主要矛盾转化的理论渊源与现实依据［J］．南京理工大学学报（社会科学版），2018，31（6）．

［98］苏奎．供给侧结构性改革背景下我国白酒产业新型增长路径探索［J］．四川理工学院学报（社会科学版），2017，32（1）．

［99］苏奎，何凡．四川白酒产业制度供给现状、问题及创新研究［J］．现代商业，2019（26）．

［100］孙建欣，李成勋．推进我国经济高质量发展探论：基于对我国社会主要矛盾的全面剖析［J］．理论导刊，2020（8）．

［101］孙亮．新时代社会主要矛盾的转化与理论分析［J］．学校党建与思想教育，2019（4）．

［102］孙维峰．纵向一体化理论研究［J］．生产力研究，2009（19）．

［103］唐洲雁．正确把握新时代主要矛盾的转化［J］．前线，2017（12）．

［104］王昌林，付保宗，郭丽岩，等．供给侧结构性改革的基本理论：内涵和逻辑体系［J］．宏观经济管理，2017（9）．

［105］王婧．供给侧结构性改革助推产业结构转型升级：基于政府投资引导民间投资的实证分析［J］．经济学家，2017（6）．

［106］王君，周振．从供给侧改革看我国产业政策转型［J］．宏

观经济研究, 2016（11）.

[107] 王喜成. 试论推动高质量发展的路径和着力点 [J]. 河南社会科学, 2018, 26（9）.

[108] 王小广. 加快供给侧结构性改革 促进产业转型升级 [J]. 区域经济评论, 2016（3）.

[109] 王延才. 服务 创新 品牌 改革 发展：中国酿酒工业协会第四届理事会第五次（扩大）会议工作报告 [J]. 酿酒科技, 2012（6）.

[110] 王艳, 余金成. 社会主要矛盾转变与新时代发展主题的确立 [J]. 党政研究, 2020（1）.

[111] 吴小节, 陈小梅, 谭晓霞, 等. 企业纵向整合战略理论视角研究述评 [J]. 管理学报, 2020, 17（3）.

[112] 夏大慰. 产业组织与公共政策：可竞争市场理论 [J]. 外国经济与管理, 1999（11）.

[113] 谢友才, 陈涛. 基于Web信息的产业集群判断方法 [J]. 情报杂志, 2005（9）.

[114] 徐斌. 纵向一体化选择的动因：理论与模型 [J]. 经济问题探索, 2010（1）.

[115] 徐康宁. 供给侧改革的若干理论问题与政策选择 [J]. 现代经济探讨, 2016（4）.

[116] 徐礼伯, 武蓓, 张雪平. 产业结构升级的内在机理与遵循之策：兼论供给侧改革的着力点 [J]. 现代经济探讨, 2016（9）.

[117] 徐岩. 中国白酒国际化进程中的传承与创新 [J]. 酿酒科技, 2012（12）.

[118] 许德友. 供给侧结构灵活性视角下产业与区域的要素梯度

优势分析 [J]．产经评论，2016，7（5）.

[119] 杨丹辉，张艳芳，李鹏飞．供给侧结构性改革与资源型产业转型发展 [J]．中国人口·资源与环境，2017，27（7）.

[120] 杨东伟．供给侧改革与中国工业未来发展 [J]．中国工业评论，2016（1）.

[121] 杨蕙馨，冯文娜．中间性组织的组织形态及其相互关系研究 [J]．财经问题研究，2005（9）.

[122] 杨继国，朱东波．马克思结构均衡理论与中国供给侧结构性改革 [J]．上海经济研究，2018（1）.

[123] 杨曼．我国社会主要矛盾转化的理论实践依据及其政策导向 [J]．前进，2018（2）.

[124] 杨小勇，王文娟．新时代社会主要矛盾的转化逻辑及化解路径 [J]．上海财经大学学报，2018，20（1）.

[125] 杨正军，丁晓强．党的十九大以来我国社会主要矛盾转化研究述评 [J]．云南行政学院学报，2020，22（4）.

[126] 余东华．制造业高质量发展的内涵、路径与动力机制 [J]．产业经济评论，2020（1）.

[127] 曾祥凤，陈一君．白酒产业高质量发展的动能转换研究 [J]．四川轻化工大学学报（社会科学版），2021，36（4）.

[128] 曾祥凤，陈一君．关于重构川酒区域竞争优势的建议 [J]．重要成果专报（四川省社科联），2020（12）.

[129] 曾祥凤，苏奎．我国白酒产业发展方式转型研究 [J]．四川理工学院学报（社会科学版），2016，31（4）.

[130] 曾祥凤．我国白酒产业战略转型路径研究 [J]．四川理工学

院学报（社会科学版），2017，32（1）．

[131] 张富禄．推进工业领域供给侧结构性改革的基本策略［J］．中州学刊，2016（5）．

[132] 张贵，周立群．产业集成化：产业组织结构演进新趋势［J］．中国工业经济，2005（7）．

[133] 张红燕．自主创新在转换经济增长方式中的重要作用：从 GDP 与 R&D 经费、R&D 人员和专利申请量的相关关系分析论证［J］．科技成果纵横，2012（1）．

[134] 张继焦．非正式制度、资源配置与制度变迁［J］．社会科学战线，1999（1）．

[135] 张莉，朱光顺，李夏洋，等．重点产业政策与地方政府的资源配置［J］．中国工业经济，2017（8）．

[136] 张明军，朱玉梅．新时代社会主要矛盾新论断的依据、内涵及价值［J］．湘潭大学学报（哲学社会科学版），2019，43（6）．

[137] 张三元．科学认识新时代中国特色社会主义的主要矛盾［J］．思想理论教育，2017（12）．

[138] 张伟华，郭盈良，张昕．纵向一体化、产权性质与企业投资效率［J］．会计研究，2016（7）．

[139] 张占斌．新时代中国社会的主要矛盾与深化供给侧结构性改革［J］．行政管理改革，2017（11）．

[140] 赵德芳，张艳伟．新时代社会主要矛盾的解决路径探析：以供给侧结构性改革为视角［J］．广西社会科学，2020（7）．

[141] 赵丽娜．产业转型升级与新旧动能有序转换研究：以山东省为例［J］．理论学刊，2017（2）．

[142] 中国酒业协会. 中国白酒3C计划 [J]. 中国酒, 2013 (9).

[143] 周建军. 美国产业政策的政治经济学：从产业技术政策到产业组织政策 [J]. 经济社会体制比较, 2017 (1).

[144] 朱力. 中国社会矛盾70年演变与化解 [J]. 学海, 2019 (6).

[145] 庄雷. 纵向多边网络的产业链组织模式的研究 [J]. 产业经济评论, 2015 (3).

四、报纸

[1] 常佳瑞. 酒类消费出现新趋势 [N]. 中国证券报, 2018-11-13 (A7).

[2] 陈新年. 从消费升级看供给侧改革着力点 [N]. 经济日报, 2018-04-19 (14).

[3] 黄群慧. 推动我国制造业高质量发展 [N]. 人民日报, 2018-08-17 (7).

[4] 李晓华. 加快推进工业供给侧结构性改革 [N]. 经济日报, 2016-04-07 (14).

[5] 李忠鹏. 为何要实施创新驱动发展战略 [N]. 人民日报, 2013-03-22 (7).

[6] 李子. 产教融合匠人匠心 打造校企合作升级版 [N]. 四川日报, 2019-07-09 (11).

[7] 刘鹤. 加快构建以国内大循环为主体、国内国际双循环相互促进的新发展格局（学习贯彻党的十九届五中全会精神）[N]. 人民日报, 2020-11-25 (6).

[8] 刘志超. 以扩大内需为基点畅通双循环 [N]. 黑龙江日报, 2020-11-15 (4).

[9] 盛朝迅. 统筹推进产业基础高级化和产业链现代化 [N]. 经济日报, 2020-07-22 (11).

[10] 王优玲, 陈炜伟. 构建对外开放新格局 推进"一带一路"战略 [N]. 光明日报, 2014-12-08 (10).

[11] 望新. 推动传统制造业高质量发展 [N]. 人民日报, 2020-03-03 (5).

[12] 龙欣雨, 羽客. 决战"双千亿"泸州奋力打造世界级优质白酒产业集群 [N]. 四川日报, 2020-10-31 (4).

[13] 习近平. 决胜全面建成小康社会 夺取新时代中国特色社会主义伟大胜利: 在中国共产党第十九次全国代表大会上的报告 [N]. 人民日报, 2017-10-28 (5).

[14] 郑茂瑜. 四川原酒如何"冲出重围"？[N]. 四川日报, 2019-04-11 (10).

[15] 张燕. 白酒是液态 为什么是"固态发酵"呢 [N]. 企业家日报, 2019-06-22 (12).

[16] 张翼. 中国劳动生产率提升: 增速快但不容歇脚 [N]. 光明日报, 2016-09-18 (2).

[17] 周炜. 优质低度: 白酒供给侧结构性改革新风向 [N]. 四川日报, 2017-08-02 (9).

五、论文、网络资源

[1] 刘斯敖. 中间性组织的制度分析 [D]. 金华: 浙江师范大

学，2003.

［2］冯文娜. 中间性组织的结构、运行及竞争优势研究［D］. 济南：山东大学，2005.

［3］陶爱萍. 网络产业的结构、行为与绩效研究［D］. 上海：上海社会科学院，2009.

［4］王雅洁. 纵向产业组织对信任品质量的影响研究［D］. 大连：东北财经大学，2012.

［5］张汉江. 产业组织结构机制和信息影响企业行为与绩效的机理分析［D］. 长沙：湖南大学，2013.

［6］中央经济工作会议：推动高质量发展是当前和今后一个时期发展的根本要求［EB/OL］. 新华网，2017-12-20.

［7］中华人民共和国食品安全法［EB/OL］. 中国人大网，2019-01-07.

［8］区域全面经济伙伴关系协定（RCEP）15日正式签署 中国加入全球最大自贸区［EB/OL］. 中国政府网，2020-11-16.

［9］食药总局关于进一步加强白酒质量安全监督管理工作的通知［EB/OL］. 国家食品质量监督检验中心，2013-12-02.

［10］李克强强调：着力增品种提品质创品牌［EB/OL］. 新华网，2018-05-10.

［11］川酒集团与全兴酒业建立战略联盟合作伙伴关系［EB/OL］. 四川新闻网，2019-07-23.

［12］白酒产品主要存在7大质量问题［EB/OL］. 食品商务网，2007-06-21.

［13］2020年中国白酒行业细分市场现状及发展前景分析［EB/

OL］．前瞻产业研究院，2020-07-24.

［14］2019年中国各酒类进口量及进口额度分析［EB/OL］．中国产业信息网，2020-03-20.

［15］2018年中国白酒细分行业结构及发展情况［EB/OL］．中国产业信息网，2019-07-26.

［16］169计划，探索产学研新模式［EB/OL］．搜狐网，2018-12-13.

［17］《2018天猫酒水线上消费数据报告》发布［EB/OL］．中国食品报网，2018-09-17.

［18］《竞争中性原则的形成及其在中国的实施》课题组．从政府主导产业政策到政府中性竞争政策［EB/OL］．第一财经，2019-08-02.

［19］常佳瑞．白酒结构性复苏持续 中低端酒处境尴尬［EB/OL］．中证网，2018-04-28.

［20］陈荞．泸州荣获全国首个"世界级白酒产业集群"称号［EB/OL］．四川新闻网，2020-10-30.

［21］戴璐岭．2019年上半年四川城镇就业稳定 三产业吸纳劳动力最多［EB/OL］．四川新闻网，2019-07-15.

［22］管小红．2019年中国白酒行业产量、规模上企业数量、销售收入、利润总额、进出口情况分析及2020年行业发展趋势预测［EB/OL］．智研咨询，2020-01-10.

［23］韩洁，刘羊旸．确立新时代指导思想描绘宏伟蓝图［EB/OL］．中国社会科学网，2017-10-27.

［24］李玲玲．2018年中国白酒产量、消费量及价格走势分析

[EB/OL］．智研咨询，2019-08-14．

［25］刘化雨．推进供给侧结构性改革 全省酒类产业发展实现新突破［EB/OL］．四川省人民政府网，2018-02-23．

［26］刘潇潇．白酒低度化成市场新趋势 年轻人消费市场待开发［EB/OL］．中国经济网，2017-08-02．

［27］彭焘．四川白酒企业数量全国第一，注册资本千万以下酒企占97.3%［EB/OL］．四川在线，2019-10-11．

［28］孙姗姗．业绩创新高背后，五粮液蓄势下一个五年［EB/OL］．中国财经新闻网，2020-11-01．

［29］唐洲雁．正确把握新时代主要矛盾的转化［EB/OL］．人民网，2018-01-02．

［30］佟晓群．从源头解决白酒诚信危机 中国白酒3C计划启动［EB/OL］．中国经济网，2013-08-21．

［31］万钢．科技部长万钢："十二五"研发经费占GDP比重未达标［EB/OL］．观察者网，2016-01-12．

［32］王密．2019年中国果酒行业发展现状及趋势分析［EB/OL］．智研咨询，2020-07-06．

［33］王延才．白酒行业、产量相对稳定产业结构和产品结构发生巨大变化［EB/OL］．证券日报网，2019-03-25．

［34］辛向阳．科学把握新时代的准确内涵［EB/OL］．求是网，2018-05-30．

［35］构建国内国际双循环相互促进的新发展格局［EB/OL］．央视网，2020-05-16．

［36］张崇和．四项建言助力破解白酒发展多重掣肘［EB/OL］．

新华网,2017-09-26.

[37] 2015—2019年中国白酒进出口数量、进出口金额统计[EB/OL].智研咨询,2020-05-18.

[38] 中国食品报中国酒团队.中国酒产区行走进"大国浓香四川"[EB/OL].中国食品网,2020-06-15.

[39] 周显彬,黄大海.宜宾出台支持白酒产业高质量发展实施意见计划三年内主营业务收入突破1500亿元[EB/OL].川观新闻,2018-11-13.

[40] 朱妍,于孟林.我国单位GDP能耗是世界平均水平1.5倍,多地能耗总量超标[EB/OL].人民网,2020-11-25.

六、英文期刊

[1] BAIN J S. Relation of Profit Rate to Industry Concentration: American Manufacturing, 1936—1940 [J]. The Quarterly Journal of Economics, 1951, 65 (3).

[2] CLARK J. Toward a Concept of Workable Competition [J]. American Economic Review, 1940, 30 (2).

[3] DEMSETZ H. Industry Structure, Market Rivalry, and Public Policy [J]. The Journal of Law and Economics, 1973, 16 (1).

[4] GROSSMAN S J, HART O D. The Costs and Benefits of Ownership: A Theory of Vertical and Lateral Integration [J]. Journal of Political Economy, 1986, 94 (4).

[5] HART O, MOORE J. Property Rights and the Nature of the Firm [J]. Journal of Political Economy, 1990, 98 (6).

[6] IRELAND P N. Supply-side Economics and Endogenous Growth [J]. Journal of Monetary Econmics, 1994, 33 (3).

[7] LUCAS R E. Supply-Side Economics: An Analytical Review [J]. Oxford Economic Papers, 1990, 42 (2).

[8] BAUMOL W. Contestable Markets: An Uprising in the Theory of Industry Structure [J]. The American Economic Review, 1982, 72 (1).

[9] MASON E S. Price and Production Policies of Large-Scale Enterprise [J]. The American Economic Review, 1939, 29 (1).

[10] WILLIAMSON O E. Comparative Economic Organization: The Analysis of Discrete Structural Alternatives [J]. Administrative Science Quarterly, 1991, 36 (1).

后　记

本书是我主持的四川省社会科学规划重大课题"四川白酒产业供给侧结构性改革新路径研究"的最终成果。该课题申请书参照国家社科基金重大项目的结构，于我而言是一次具有挑战性的尝试。经过认真准备，课题在2018年喜获立项。

重大课题结构宏大，理论性或应用性要求颇高，如何高质量完成研究工作对我来说是一个很大的考验。因此，课题立项后，我就不时思考课题研究内容，不断搜集研究素材，随时记录研究灵感，也找机会向专家请教或与课题组成员讨论，从结构、理论、方法、逻辑等方面反复推敲，不断打磨，形成了以理论框架、实证分析、政策建议三大部分为总体结构共十四章的研究提纲。我为了提高研究质量，新冠疫情防控期间还随着中国白酒学院杨柳研究员带领的调研队伍到宜宾等地实地调研。该课题经过几易其稿、反复修改，终于成稿。2021年，该课题喜获优秀等级结题。

本课题的顺利开展得益于我在四川大学经济学院获得的系统性经济学教育。特别感谢四川大学的蒋永穆教授以及众多老师，他们的引导对于我树立科学研究意识和态度、形成科学研究思维、夯实学科基础等极为重要。

在课题研究过程中，课题组主要成员（包括但不限于）——陈一君教授、苏奎副教授、李琛副教授、樊玉然副教授等为课题研究提供了许多帮助。中国白酒学院杨柳研究员的一些观点对我启发颇多。研究生王申伟同学做了一些数据分析工作。除此之外，课题申报和研究过程中，管理学院的张勇老师等人也提供了不少帮助。我在此一并表示感谢！

课题研究过程中，我的家人尤其是我的妻子周珊女士不仅要分担不少家务工作，而且经常帮我处理一些资料，使我能够更专注地进行研究工作。此情难以言表！家中小孩不仅是我的小帮手，而且一直是我不断前进的重要动力！

感恩父母养育和家人陪伴！感谢师长教导提携！感谢领导关心！感谢友人帮助！

谨以此书献给所有关心和帮助过我的人！